21世纪经济管理新形态教材

数字经济系列

互联网经济学

姚林青 程静薇 虞海侠 ◎ 编著

清华大学出版社

北京

内 容 简 介

本书运用西方经济学理论与马克思经济学理论系统阐述并分析了互联网经济的新现象、新规律和新实践。全书内容分为三个部分：第一部分互联网经济的新规律，运用西方经济学理论框架式诠释互联网经济的新现象、新特征与新规律；第二部分互联网对社会生产过程的创新，运用马克思政治经济学理论中社会再生产过程的框架分析互联网经济中的生产、交换、分配和消费的创新与变革；第三部分互联网经济商业创新与规制，分析互联网经济中新的经济实践活动与政府管理与规制。

本书为每章设置了学习目标、本章小结和思考题，以便帮助读者更好地掌握所学知识，并且提供了大量案例，设有章前的开篇案例、章末的思考题与案例分析和拓展阅读等互联网资源，力求帮助读者更好地理解互联网经济的实践活动。此外，全书在案例的选择上注重突出思政特色。

本书既可作为高等学校相关专业本科生和研究生的教材，又可作为政府与企业管理者的参考用书。

本书封面贴有清华大学出版社防伪标签，无标签者不得销售。
版权所有，侵权必究。举报：010-62782989，beiqinquan@tup.tsinghua.edu.cn。

图书在版编目(CIP)数据

互联网经济学/姚林青，程静薇，虞海侠编著. —北京：清华大学出版社，2022.1(2024.7重印)
21世纪经济管理新形态教材·数字经济系列
ISBN 978-7-302-58886-3

Ⅰ. ①互… Ⅱ. ①姚… ②程… ③虞… Ⅲ. ①网络经济－高等学校－教材 Ⅳ. ①F49

中国版本图书馆 CIP 数据核字(2021)第 159666 号

责任编辑：徐永杰
封面设计：李召霞
责任校对：王荣静
责任印制：刘　菲

出版发行：清华大学出版社
　　　　网　　址：https://www.tup.com.cn, https://www.wqxuetang.com
　　　　地　　址：北京清华大学学研大厦 A 座　　邮　编：100084
　　　　社 总 机：010-83470000　　邮　购：010-62786544
　　　　投稿与读者服务：010-62776969，c-service@tup.tsinghua.edu.cn
　　　　质量反馈：010-62772015，zhiliang@tup.tsinghua.edu.cn
印 装 者：三河市君旺印务有限公司
经　　销：全国新华书店
开　　本：185mm×260mm　　印　张：14　　字　数：338 千字
版　　次：2022 年 1 月第 1 版　　印　次：2024 年 7 月第 2 次印刷
定　　价：49.00 元

产品编号：089158-01

前言
PREFACE

在互联网覆盖下的世界里,万事万物都变成了网络节点,彼此之间形成了新的连接方式,从而构造出新的社会关系,创造出新的生产与生活方式,由此产生了新的社会与经济形态。习近平主席在第二届世界互联网大会的重要讲话中指出:"纵观世界文明史,人类先后经历了农业革命、工业革命、信息革命。每一次产业技术革命,都给人类生产生活带来了巨大而深刻的影响。现在,以互联网为代表的信息技术日新月异,引领了社会生产新变革,创造了人类生活的新空间。"

在现代经济中,互联网已经成为社会经济的基础设施,数据信息成为重要的生产要素,新的经济现象不断涌现,突破了一些传统经济学的规律。互联网经济学是对数字经济中新的经济现象与经济问题的探索和研究,是对经济学科的补充和发展。互联网经济创造的新经济发展迅速,经济概念不断更新,"数字经济"正在逐渐取代"互联网经济"。实质上,数字经济是互联网经济的高级阶段,是网络与信息技术发展后出现的继农业社会、工业社会之后的一种新的社会经济形态。互联网经济学是阐释建立在网络与信息技术的基础上的数字经济的特征、运行机制与内在规律的经济学科。

为适应数字经济的发展需求,贯彻教育部关于高等院校人才培养的有关精神,本教材在书名、内容与结构等方面都进行了较大程度的创新。从书名上看,国内同类教材大都称为《网络经济学》,本教材选用《互联网经济学》作为书名,一是考虑对标国外同类教材的名称 *Internet Economics*;二是基于内容的准确性,因为网络是一个更大的概念,不仅包括互联网,还包括其他各种网络,而本教材的内容仅局限于互联网应用所衍生出的经济现象与特征,故《互联网经济学》这个书名更为恰当。从内容上看,与国内大多《网络经济学》教材相比,本书不仅注重阐释互联网经济理论知识,还注重对相关实践前沿的介绍。从结构上看,本教材分为三个部分:第一部分互联网经济的新规律,用西方经济学理论与范式诠释互联网经济的新现象、新特征与新规律,这部分内容是国内同类教材的主要内容;第二部分互联网对社会生产过程的创新,贯彻课程思政的精神,运用马克思经济理论中关于社会生产总过程是生产、分配、交换、消费四个环节的逻辑,分析互联网在四个环节中对经济运行的作用与影响机制,这部分内容是本教材的主要创新;第三部分互联网经济的商业创新与规制,是对经济实践的介绍与解释,这部分内容是从理论到实践的扩展。

本书是高等院校"互联网经济"(网络经济学)课程的专业教材,也可作为互联网行业相关专业的培训教材,以及业界经济管理人员的参考读物。本书每章均设有开篇导读、扩展案例、思考题,帮助学生快速理解和掌握互联网经济理论与实践。

本书由中国传媒大学经济与管理学院姚林青教授、程静薇副教授和虞海侠副教授共同编著，姚林青设计框架、拟定大纲，负责对全书进行统稿与最终定稿，具体分工为：姚林青负责编写第一章、第二章、第三章、第五章、第七章、第八章；程静薇负责编写第四章、第六章；虞海侠负责编写第九章、第十章和第十一章；中国传媒大学传媒经济学博士生顾恩澍也参与了第五章和第八章的部分编写工作。另外，感谢中国传媒大学产业经济学硕士研究生陈梦妮、覃红梅等同学对资料收集与文字整理工作所付出的努力。

互联网经济学是一个新的研究领域，尚无成熟、系统的理论体系，相关实践也在飞速发展中不断创新。由于作者水平有限，本教材难免存在疏忽和不当之处，恳请读者批评指正。

姚林青

2021 年 5 月 5 日

目录
CONTENTS

第一部分　互联网经济的新规律

第一章　导论 ··· 3
　第一节　互联网与经济的发展 ·· 4
　第二节　互联网经济学的研究内容及其与传统经济学的比较 ························ 9
　第三节　互联网经济相关产品概念范畴 ··· 12
　【本章小结】 ·· 20
　【思考题】 ··· 20
　【案例分析】 ·· 20

第二章　互联网经济的新特性与新功能 ··· 22
　第一节　互联网经济的网络属性 ··· 23
　第二节　互联网经济的经济特性 ··· 24
　第三节　互联网经济的新功能 ·· 30
　【本章小结】 ·· 34
　【思考题】 ··· 34
　【案例分析】 ·· 34

第三章　互联网经济中的市场均衡 ··· 36
　第一节　消费者均衡 ··· 37
　第二节　生产者均衡 ··· 46
　第三节　市场均衡 ·· 56
　【本章小结】 ·· 57
　【思考题】 ··· 57
　【案例分析】 ·· 57

第四章　互联网经济中的竞争性垄断 ·· 59
　第一节　互联网经济垄断的形成 ··· 60
　第二节　联网经济中竞争性垄断的形成 ··· 63
　第三节　互联网经济中的竞争策略 ·· 68
　【本章小结】 ·· 82

【思考题】 82
【案例分析】 82

第二部分　互联网对社会生产过程的创新

第五章　互联网经济中的生产创新　87
- 第一节　生产模式创新　88
- 第二节　生产组织创新　95
- 第三节　生产系统创新　99
- 第四节　决策管理流程的创新　104
- 【本章小结】　109
- 【思考题】　109
- 【案例分析】　109

第六章　互联网经济中的收入分配　111
- 第一节　收入分配机制理论概述　112
- 第二节　互联网经济中的收入差距　114
- 第三节　互联网对收入分配的影响机制　125
- 【本章小结】　128
- 【思考题】　128
- 【案例分析】　128

第七章　互联网经济中的交换流程　130
- 第一节　互联网经济中交换环节的变革　131
- 第二节　电子商务的发展　135
- 第三节　互联网支付的发展　138
- 【本章小结】　144
- 【思考题】　144
- 【案例分析】　144

第八章　互联网经济中的消费　146
- 第一节　互联网消费概述　147
- 第二节　消费者联系及获取信息渠道　150
- 第三节　消费者的消费行为和特点　153
- 【本章小结】　158
- 【思考题】　159
- 【案例分析】　159

第三部分　互联网经济商业创新与规制

第九章　互联网经济的新业态　163
- 第一节　平台经济　164

第二节　网红经济……………………………………………………………………169
　　第三节　共享经济……………………………………………………………………175
　　【本章小结】……………………………………………………………………………179
　　【思考题】………………………………………………………………………………180
　　【案例分析】……………………………………………………………………………180

第十章　"互联网＋"的经济实践………………………………………………………182
　　第一节　互联网金融…………………………………………………………………183
　　第二节　互联网内容产业……………………………………………………………189
　　第三节　"互联网＋"经济实践的特性………………………………………………196
　　【本章小结】……………………………………………………………………………198
　　【思考题】………………………………………………………………………………198
　　【案例分析】……………………………………………………………………………198

第十一章　互联网经济的宏观规制………………………………………………………200
　　第一节　推动互联网经济发展的一般公共政策……………………………………201
　　第二节　互联网经济与反垄断………………………………………………………203
　　第三节　互联网经济与知识产权保护………………………………………………206
　　【本章小结】……………………………………………………………………………211
　　【思考题】………………………………………………………………………………211
　　【案例分析】……………………………………………………………………………211

参考文献……………………………………………………………………………………213

第一部分

互联网经济的新规律

第一章 导论

【学习目标】
1. 了解互联网与互联网经济的发展历程；
2. 理解互联网经济与其他相关概念的辨析；
3. 掌握互联网经济学和传统经济学的异同点；
4. 了解互联网经济相关产品的概念。

【重要概念】
互联网经济　数字经济　互联网产品

【开篇导读】

让互联网更好造福国家和人民

互联网是20世纪最伟大的发明，引领了社会生产新变革，创造了人类生活新空间。党的十八大以来，习近平总书记准确把握时代大势，积极回应实践要求，站在战略高度和长远角度，就互联网发展尤其是网络强国战略发表了一系列具有重大现实意义和深远历史意义的重要讲话。

2015年12月16日，习近平主席在第二届世界互联网大会开幕式上发表重要讲话，指出："纵观世界文明史，人类先后经历了农业革命、工业革命、信息革命。每一次产业技术革命，都给人类生产生活带来了巨大而深刻的影响。现在，以互联网为代表的信息技术日新月异，引领了社会生产新变革，创造了人类生活新空间，拓展了国家治理新领域，极大提高了人类认识世界、改造世界的能力。"2020年11月23日，习近平在向世界互联网大会·互联网发展论坛致贺信中指出："当今世界，新一轮科技革命和产业变革方兴未艾，带动数字技术快速发展。新冠肺炎疫情发生以来，远程医疗、在线教育、共享平台、协同办公等得到广泛应用，互联网对促进各国经济复苏、保障社会运行、推动国际抗疫合作发挥了重要作用。"

以习近平总书记系列重要讲话精神为指引，我国网络强国建设方向更加清晰，步伐更加稳健。有着5000多年文明史的中国，正以空前博大的胸襟和前所未有的胆识，主动适应新一轮技术和产业革命，把互联网作为经济发展、技术创新的重点，作为谋求竞争新优势的战略方向。

资料来源：https://www.xuexi.cn/27df50d27a5f00e5d592847e9c1314c6/e43e220633a65f9b6d8b53712cba9caa.html.

案例思考：

在互联网经济席卷全球的浪潮中，中国站在了世界前列。通过学习习近平总书记的重要讲话精神，深刻理解为什么中国能够成为互联网经济的引领者。

在本章中需要理解互联网对社会经济发展的重要作用，并了解什么是互联网经济以及什么是互联网经济学。

第一节 互联网与经济的发展

约公元前 3200 年，古苏美尔人发明了书写，人类历史进程得以向前大步推动。至中国唐朝时期印刷术诞生，为知识的传播创造了条件。19 世纪陆续产生电与磁、电报、电话等，这给人类带来了前所未有的便捷。1946 年，第一台电子管计算机问世。1955 年，集成电路研制成功，电子计算机技术开始走向成熟。此后，在计算机技术的基础之上，互联网诞生并从此形成了人类智慧生活的新模式，开启了数字经济时代，变革了传统经济的运行规律，一门探索经济新规律的学科——互联网经济学应运而生。

互联网经济是继农业经济和工业经济之后，人类经济社会发展的新阶段。本节从互联网的兴起入手，探究互联网经济的发展，并对互联网经济的相关概念进行辨析。

一、互联网的发展

互联网的发展分为兴起和商用两阶段。互联网的兴起为互联网经济的出现奠定了技术基础；互联网的大规模商用所产生的新经济现象则为互联网经济学提供了研究对象。

（一）互联网的兴起（1960—1990 年）

1946 年 2 月 14 日，世界上第一台通用电子数字计算机"埃尼阿克（ENIAC）"在美国宣告诞生。正如 ENIAC 的诞生源于弹道分析的军事需求，互联网的兴起也源于战争，确切地说是冷战时期军备角力思维的产物。1957 年，苏联发射了第一颗人造地球卫星 Sputnik。由于担心卫星技术的潜在军事用途，美国国防部建立了国防部高级研究计划署（Advanced Research Projects Agency），研发分组交换网阿帕网（ARPANET），确保在大量通信线路遭到破坏的情况下，指挥中心仍能发出指令指挥战斗。1969 年，具有四个节点的阿帕网正式启用，人类社会迈入计算机网络时代。1973 年，伦敦大学学院（英国）和挪威地震台阵（挪威）接入阿帕网，阿帕网扩展为国际网络。1983 年 1 月，所有连入阿帕网的主机实现了 NCP 向 TCP/IP 协议的转换。阿帕网操作界面如图 1-1 所示。

1985 年，美国国家科学基金会（NSF）通过连接美国的 6 个教育科研超级计算中心和地区网络，建立了国家科学基金网（NSFnet）。次年，NSF 网代替阿帕网成为互联网主干网，"Internet"名称正式使用。由此，"Internet"的使用者不再局限于政府和计算机研究人员，伴随着学术研究机构网络接入，以及部分个人用户的使用，"Internet"作为一种通信交流工具逐渐步入大众视野。1987 年 9 月，在德国卡尔斯鲁厄大学维纳·措恩（Werner Zorn）教授

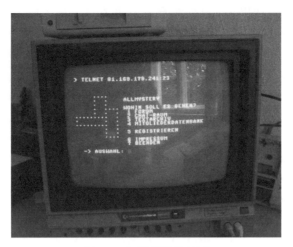

图 1-1　阿帕网操作界面

及其科研小组的帮助下，王运丰教授和李澄炯博士等在北京计算机应用技术研究所(ICA)建成一个电子邮件节点，并于同年 9 月 20 日向德国成功发出了一封电子邮件，邮件内容为“Across the Great Wall we can reach every corner in the world.(越过长城，走向世界)”①，揭开了中国互联网发展的序幕。第一封从中国发出的电子邮件如图 1-2 所示。

(Message # 50: 1532 bytes, KEEP, Forwarded)
Received: from unika1 by iraul1.germany.csnet id aa21216; 20 Sep 87 17:36 MET
Received: from Peking by unika1; Sun, 20 Sep 87 16:55 (MET dst)
Date: Mon, 14 Sep 87 21:07 China Time
From: Mail Administration for China <MAIL@ze1>
To: Zorn@germany, Rotert@germany, Wacker@germany, Finken@unika1
CC: lhl@parmesan.wisc.edu, farber@udel.edu,
jennings%irlean.bitnet@germany, cic%relay.cs.net@germany, Wang@ze1,
RZLI@ze1
Subject: First Electronic Mail from China to Germany

"Ueber die Grosse Mauer erreichen wie alle Ecken der Welt"
"Across the Great Wall we can reach every corner in the world"
Dies ist die erste ELECTRONIC MAIL, die von China aus ueber Rechnerkopplung in die internationalen Wissenschaftsnetze geschickt wird.
This is the first ELECTRONIC MAIL supposed to be sent from China into the international scientific networks via computer interconnection between Beijing and Karlsruhe, West Germany (using CSNET/PMDF BS2000 Version).

University of Karlsruhe	Institute for Computer Application of
-Informatik Rechnerabteilung-	State Commission of Machine Industry
(IRA)	(ICA)
Prof. Werner Zorn	Prof. Wang Yuen Fung
Michael Finken	Dr. Li Cheng Chiung
Stefan Paulisch	Qiu Lei Nan
Michael Rotert	Ruan Ren Cheng
Gerhard Wacker	Wei Bao Xian
Hans Lackner	Zhu Jiang
	Zhao Li Hua

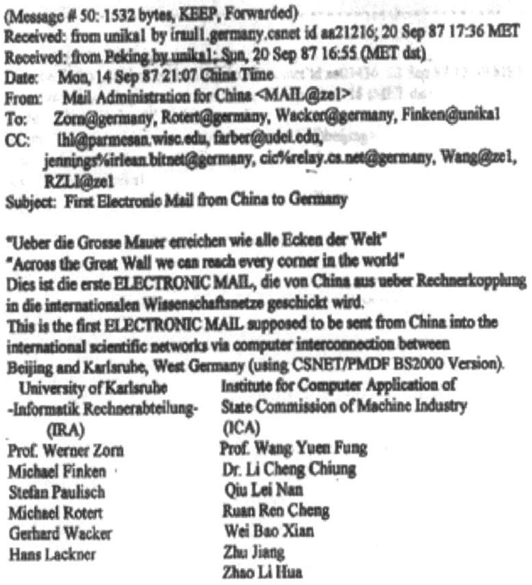

图 1-2　第一封从中国发出的电子邮件

(二) 互联网的商用发展(1991 年至今)

1989 年，英国科学家 Tim Berners-Lee 发明了万维网(World Wide Web)，也就是我们

① CNNIC. 1986—1993 年互联网大事[EB/OL]. http://www.cnnic.net.cn/hlwfzyj/hlwdsj/201206/t20120612_27414.html.

所熟悉的 WWW 或者称为 Web。万维网于 1991 年在互联网上向公众开放,推动了互联网应用的迅速发展。万维网是文件、图片、多媒体和其他资源的集合,资源通过超链接互相连接形成网络,并使用统一资源标志符标识。值得注意的是,万维网并不等同于互联网,除了万维网,互联网还提供诸如 FTP、电子邮件服务等。

20 世纪 90 年代,计算机的商业用户数呈明显上升趋势,互联网也开始真正走进家庭。诸如,通用汽车、波音飞机大型商业机构在互联网上刊登网页广告,传媒行业也逐渐与互联网产业相融合。1995 年 9 月,美国国家科学基金会(NSF)将网络经营权转交给三家私营电信公司(Sprint、MCI 和 ANS),美国带领网络发展进入商业化高速发展阶段。

1. Web 1.0 阶段(1991—2000 年)

Web 1.0 阶段是万维网发展的第一阶段,网络用户多是内容的消费者,内容创作者相对较少。

1994 年,网景(Netscape)和雅虎(Yahoo!)浏览器的最初版本建立。这两家公司分别在互联网史上留下浓墨重彩的一笔。大众通常以 1995 年 8 月 9 日网景公司的首次公开募股为标志,作为互联网商业化热潮的起点。网景公司首次公开募股当日股价从 28 美元涨到 58.25 美元,公司市值达到 21 亿美元。《华尔街日报》评论说:"通用公司花了 43 年,市值才达到 27 亿美元,而网景只花了 1 分钟。"而斯坦福大学研究生杨致远(Jerry Yang)和戴维·费罗(David Filo)所创办的雅虎公司对于互联网的贡献不仅仅在于其是世界上最大的互联网门户网站,更重要的是它所制定的平等、免费和盈利的商业规则,也就是今天常说的"羊毛出在猪身上"的商业模式,即用户和客户并非同一人。

1999 年 7 月,中华网在美国纳斯达克上市。2000 年,新浪、网易、搜狐等门户网站均在美国上市,中国互联网的启蒙阶段由此起步。

网景公司研发出第一个大规模商用的浏览器,雅虎公司创造了互联网黄页,而于 1998 年诞生的谷歌公司(Google)后来居上,推出了搜索引擎服务。也许这也正是互联网商业的魅力,总有企业在衰落,但总有企业正辉煌。

2. Web 2.0 阶段(2000—2010 年)

Web 2.0 是 O'Reilly 媒体公司 CEO 提姆·奥莱理所提出,指的是一种新的互联网方式,即通过网络应用促进用户的信息交换和协同,与 Web 1.0 的以技术为中心相比,Web 2.0 的模式更加以用户为中心。典型的 Web 2.0 服务有:社交网站、博客、播客等。

博客可谓是这一阶段的代表性网络服务,互联网用户可以拥有自己的专栏,为网络提供文字、图片、音视频内容,成为网络内容的生产者。在"9·11"事件中,博客成为灾难亲历者发声的重要渠道。微博(microblog)是博客的精简版,由于其发布流程更简单、有严格的字数限制,大大降低了内容发布的门槛,提高了互联网用户内容生产的积极性。Facebook、YouTube 和 Twitter 的相继推出,标志着 Web 2.0 阶段的全面到来。

3. Web 3.0 阶段(2010—2015 年)

随着大数据、云计算、语义网络、语音识别、视觉搜索、人工智能网络应用技术的普及,互联网进入了知识语义网络的 Web 3.0 阶段。这一阶段,以个性化为特征的互联网平台广泛应用,互联网实现了人与网络、人与人之间的实时信息交互。得益于移动通信终端的应用和普及,Web 3.0 阶段最大的特点是形成了可携式的个人网络世界,用户可以在移动状态下随时随地访问互联网以获取信息和服务。根据中国互联网网络信息中心(CNNIC)的报告显示,截至2015年6月我国手机网民规模达5.94亿,网民使用手机上网比例达88.9%,2010年中国手机网民规模为2.77亿。在这一阶段还涌现了许多优秀的互联网企业和新的商业模式,互联网的入口从PC电脑向手机端分流,覆盖了我们生活的方方面面,一部手机便可解决衣食住行的问题。这一阶段的主要网络应用有:微信、Facebook等。

4. Web 4.0 阶段（2015 年至今）

Web 4.0是具有广泛连接性的网络操作系统,具有共生网络、大规模网络、同步网络和智慧网络的特征。共生网络指的是人、网络、信息、机器设备彼此之间紧密联系,具有共生性;大规模网络则是指数据体量、计算数量和网络运行等方面呈现大规模性;同步网络指的是用户接入网络就完成身份认证和权限识别并进行信息同步;智慧网络则是指 Web 4.0 具有"超智能电子代理人"特征,能以类似人类的思维网络进行分析[①]。这一阶段的主要网络应用有:智慧城市、Amazon 私有云等。

二、互联网经济的发展

（一）互联网经济与其他相关概念辨析

1. 信息经济

信息经济的概念是在20世纪六七十年代先后由马克卢普和波拉特从部门经济的角度提出并发展的。1962年马克卢普发表了专著《美国的知识生产和分配》,提出了"知识产业"概念,分析了美国信息生产的机制和信息产品的重要性,建立了一套信息产业核算体系。1983年,美国经济学家保尔·霍肯在《未来的经济》中从更加宏观的角度以相对"物质经济"的概念提出"信息经济"。他认为,任何商品和劳动都包含物质和信息两种成分,物质经济的特征是商品或劳动中物质成分大于信息成分占主导地位,信息经济的特征是信息成分大于物质成分占主导地位。保尔进一步认为信息经济是一种以新技术、新知识和新技能贯穿于整个社会活动的新型经济形式,这同"知识经济"的思想有相通之处。

在上述研究的基础上,众多专家学者进一步推出了"信息经济"理论体系并拉开了全球范围内探讨信息经济的序幕。专家学者普遍认为信息经济可以从微观和宏观角度进行理解,宏观信息经济研究信息作为生产要素的特征、功能以及对经济系统的作用条件和作用规律,同知识经济相通,属于同一个范畴;微观信息经济是研究在不确定、不对称的信息条件下,当事者的经济行为以及规范当事者经济行为的制度安排。

2. 知识经济

同信息经济相比较,尽管知识经济的概念正式提出较晚,但知识经济的思想,即知识在经济发展中的作用早已引起关注。早在16—17世纪,英国思想家弗兰西斯·培根就从哲学角度论述提出了"知识就是力量"的著名论断,认为:"人类的知识和人类的权力归于一,任何人有了科学知识,才可能认识自然规律,运用这些规律,才能驾驶自然、改造自然,没有知识是不可能有所作为的。"在此之后,亚当·斯密、威廉·汤普逊等人从经济学的角度进一步论述了知识在生产中的应用。亚当·斯密在《国富论》中指出:"一个花费了大量劳动和时

---

① 张庆普,陈茫. Web 4.0 时代的情报学创新探究[J]. 情报学报,2016,35(10):1048-1061.

间教育出来的人,……可以比作一台价值昂贵的机器。"

1996 年经济合作与发展组织在年度报告《以知识为基础的经济》中给出了知识经济的精确定义:知识经济是以知识为基础的经济,它直接依赖于知识和信息的生产、传播和应用。该定义得到广泛的认同。实质上,"知识经济"是同以土地、劳动力、资本和能源为基础的物质型经济相对应,强调以知识为基础和增长驱动器的经济,这种经济的发展直接依赖于知识的创新传播和应用。特别是随着现代信息和通信技术的发展,知识和信息的传播和应用达到了空前的规模;知识对经济增长的影响日益增大,世界主要发达国家的经济发展愈来愈基于知识和信息,知识已成为提高劳动生产率和实现经济增长的引擎。正如学者Tapscott(1996)所言:信息科技强化了以知识为基础的经济。换言之,知识经济最重要的特征,在于其所生产、交换的资源中知识的贡献比重相对地增加了。

3. 数字经济

20 世纪 90 年代中期,美国经济学家唐·塔普斯科特出版了一本名为《数字经济》的著作。随着曼纽尔·卡斯特的《信息时代:经济、社会与文化》、尼葛洛庞帝的《数字化生存》等著作的出版和畅销,数字经济理念在全世界流行开来。中国在 2016 年《G20 数字经济发展与合作倡议》中指出:"数字经济是指以使用数字化的知识和信息作为关键生产要素、以现代信息网络作为重要载体、以信息通信技术的有效使用作为效率提升和经济结构优化的重要推动力的一系列经济活动。"①

数字经济是一场由互联网技术不断创新主导的经济革命。"经济革命"需要满足经济系统三方面的显著变化:社会生产潜力的变化,知识储备的本质变化,实现生产潜力的组织方面的本质变化。

4. 互联网经济

互联网经济是以信息与网络产业为主导产业,以信息、知识和数据为主导资源的经济形态,以计算机信息网络技术为基础,以各种计算机网络为平台所进行的各种经济活动及在此基础上所形成的各种经济关系的总和,其本质是借助互联网进行资源分配的经济形式。

5. 概念辨析

知识经济、信息经济、数字经济和互联网经济之间的确存在差异:知识经济强调知识作为要素在经济发展中的作用;信息经济强调信息技术相关产业对经济增长的影响;互联网经济强调互联网进行资源分配、生产和消费为主的经济形式,当互联网经济发展到数字经济阶段则突出表现在整个经济领域的互联网化,即更高形态的互联网经济。但正是存在差异,才有可能产生必然的联系性。知识在经济发展中的作用早已提出,但最近十年以"知识经济"概念提出并受到重视是人类发展过程中知识积累到一定程度的结果,并最终孕育了信息技术和互联网的诞生。信息技术和互联网的广泛应用更加促进人类知识的积累,并加速人类向互联网时代的过渡。知识经济、信息(产业)经济、网络经济这些概念在同一个时代提出并不是相互矛盾或重复,而是从不同方面描述当前正处于变化中的世界。"知识经济—信息(产业)经济、网络经济—数字经济"之间的关系是"基础内容—催化中介—结果形式"。知识的不断积累是当今世界变化的基础;信息产业、互联网经济的蓬勃发展是当代社会发生根本变化的催化剂;数字经济是发展的必然结果和表现形式。因此,这几个概念相辅相成,一

---

① 裴长洪,倪江飞,李越. 数字经济的政治经济学分析[J]. 财贸经济,2018,39(09):5-22.

脉相传。

（二）互联网经济发展历程

以互联网为标志的信息革命推动人类社会进入信息网络化时代，信息、知识、数据成为主导资源，丰富了经济社会的生产要素，突破了工业经济时代对资本、劳动力及物质资源的依赖，互联网经济的出现使得人类社会进入新的发展时代。互联网经济的发展经历了从边缘到核心、单一行业到经济领域全覆盖的过程。

20世纪90年代初，互联网应用正由学术、科研用途转向商业化用途，逐渐成长为一种信息传播的电子化媒介。彼时的互联网经济更注重的是互联网的"连接"和"服务"属性，门户网站、电子商务、即时通信和搜索引擎其本质都是提供信息服务。众多企业利用互联网作为企业发布信息、拓展销售市场和维护客户关系的重要手段，电子邮件、网络传真、电子商务和即时通讯社交媒体也被广泛应用到企业的经营活动中。由于大众对互联网认识的局限性，以及互联网对第二产业和第三产业渗透率不高，这一阶段的互联网经济发展更多是在消费领域，并未对经济社会的生产方式和产业结构有显著的改变。

伴随着互联网技术与社会经济各个领域的深度融合，互联网经济也不再局限于信息服务、软件等行业，一切基于互联网技术的经济活动都将囊括在内。互联网融入商业生态系统之后，正在从第三产业开始向第一产业和第二产业渗透，深入实体经济中。在这一阶段互联网经济作为一种成熟的经济形态与传统经济从碰撞到合作，呈现出顺势而为的融合发展趋势。由此，互联网经济的内涵有了广义的发展，形成了更高级、可持续的经济形态——数字经济。在数字经济形态中，互联网技术作为新兴基础设施建设，渗入经济社会发展的各领域，所有产业都将被纳入互联网经济的范畴，从而促进社会经济前所未有的发展。

本节梳理了互联网的发展历程以及互联网经济的发展，互联网经济的发展建立在互联网的发展基础之上。距离1969年阿帕网的正式使用已经过去了50多年，互联网的第一个50年已经载入历史。下一个50年，互联网正驶入一片没有航海图的水域，一系列重大的变化将会不断地挑战人们的认知。在技术革命的浪潮翻涌之下，总有新技术和新公司屹立在浪潮之巅，引领一个个新时代的来临。接下来的章节，将对互联网背后的经济运行规律进行系统的讲解。

拓展阅读1.1

中国互联网络发展状况统计报告

第二节 互联网经济学的研究内容及其与传统经济学的比较

在本节中，我们将学习互联网经济学的研究内容和体系构建，有助于学生搭建互联网经济学的理论框架。

一、互联网经济学的研究内容

20世纪80年代后,随着计算机网络,特别是互联网的发展,关于计算机网络的经济学问题成为经济学家倍加关注的研究对象。最初是关于电子计算机网络的成本核算和收费标准的经济学探讨,后来发展为对互联网的价格、税收和网络服务商之间竞争问题的研究。互联网经济学在这一背景下应运而生。1993年,互联网经济学的知名学者埃斯特林(D. Estirn)、麦克奈特(L. Mcknight)、克拉克(D. Clark)和瓦里安(H. Varian)举办了"Internet经济学研讨会",初步制定了互联网经济学的研究内容:互联网的经济性质研究;互联网多点传送的成本分析以及互联网收费模型;互联网经济发展所需的金融、支付、保险条件等;相关公共政策的讨论。

随着互联网经济的创新发展以及对社会经济活动的不断渗透,互联网经济学在最初的研究基础上又有所发展,其研究对象不再局限于互联网信息产业,而是向金融、教育、医疗、制造等行业不断扩展,而研究内容也从浅层的经济性质深入生产、分配、交换、消费的各个环节,并基于微观经济学对变革新规律的探索,涉及产业企业实践和商业创新环节,它的研究核心是以互联网技术优化社会分工与分配,从而解决社会福利与效率、消费与生产、货币与资本、利润与社会分工的关系问题。

概括地讲,互联网经济在研究内容上可以从微观到宏观的角度分为三个层次:第一,在微观层次,以互联网技术不断创新为推动力的互联网经济重塑商业、市场和企业模式,形成电子商务、互联网市场和互联网企业,构成整个互联网经济的微观运行基础。第二,在中观层次,互联网技术广泛渗透到传统产业,逐步形成新型互联网产业,构成互联网经济的重要内容。第三,在宏观层次,一方面,互联网经济带来深刻经济社会变革,如互联网鸿沟等;另一方面,与互联网经济相关的政府政策也是重要的研究内容。

二、互联网经济学与传统经济学

互联网经济学是研究基于互联网平台所产生的经济活动及规律的科学。传统经济学一般指的是以"经济人"为理论前提假设来研究人类社会各种经济活动及规律的科学,但在本书中传统经济学更多是强调互联网经济学科出现之前、对互联网经济不具备较强解释性的学科。接下来我们一起学习互联网经济学和传统经济学的异同。

(一)互联网经济学和传统经济学的相同点

1. 供需理论和理性人假设

互联网经济学与传统经济学所遵循的基本经济规律是一致的。在传统经济理论中,供给与需求理论被视为最基本的经济理论。在互联网经济中,虽然供求的内涵发生了一些变化,但供求决定的均衡价格理论并没有过时,它同样在调节着经济的运行。在互联网时代,企业仍然是理性的经济人,同样以获得最大化的利润作为其生产的动机,风险投资也要得到相应的回报。因此,追求利润、相互竞争同样是基本的经济规律。

2. 解决资源分配的问题

根据传统经济理论，任何经济活动都是为了解决资源分配的问题，在这一点上，互联网经济与传统经济的目的相同。传统经济学解决的是稀缺性资源的分配问题。在互联网时代，资源是稀缺与过剩并存，如何更好地优化资源配置结构是互联网经济学的目的。互联网虽然创造了一个虚拟世界，但是互联网经济并不是空中楼阁，多数互联网经济是依托实体经济的存在而发展，因此，物质、能源等资源的稀缺性问题仍然存在。互联网经济学中，信息成为主要资源，由于信息具有复制的边际成本低、资源共享性等特征，使得信息资源具备了非稀缺性的前提条件。在人人都有发言权的互联网时代，甚至有信息资源过剩的趋势。信息过剩引发的信息搜索成本的增加、人们对知识产权的保护和数据孤岛问题导致信息资源成为有条件的稀缺，所以，互联网经济学的最终目的也是为了解决资源分配的问题。

（二）互联网经济学与传统经济学的区别

传统经济学中由于信息匮乏和市场不完全的因素存在，交易成本更高、信息不对称性较强。互联网经济学中经济活动具有较低的交易成本和信息搜寻成本，而互联网的实时性和交互性等特征降低了信息的不对称性。

互联网经济学和传统经济学中的经济活动都是为了解决资源分配问题，但是解决问题的手段和依赖的机制存在差异。传统经济学中往往使用价格机制配置稀缺资源，这是因为在信息不充分、算力稀缺的情况下，价格作为信息的凝结成为配置资源的最优手段。但是随着大数据技术、云计算的发展，海量数据的获取和处理成为可能，价格所凝结的信息已经无法满足当代资源配置的需要，这时候就产生了一个问题：是价格机制配置资源效率更高，还是大数据的计算机制配置效率资源更高呢？

另外，市场这一看不见的手在互联网经济的反馈机制作用下，经常处于震荡之中，很难进行自我调节。商品价格是不易确定的，除了供求关系外，市场份额、锁定用户、价值链增值等因素也影响着商品的价格高低。在互联网经济学中，"羊毛出在猪身上"的商业模式盛行，即互联网企业常常引入多主体的产品形态，向其中一方主体免费，而向另一方收费的形式。

从数学角度来讲，互联网经济中的经济运行是按非线性系统进行的，互联网企业的增长和发展表现出不稳定甚至是混乱的特征，优秀企业的增长速度往往呈现指数型增长。正如金沙江创投董事总经理朱啸虎所言："腾讯和阿里巴巴企业达到百亿美元市值花了八九年时间，美团则用了五年时间，滴滴只用了两年多的时间，而传统企业沃尔玛则花费了四十年的时间。"

互联网经济活动空间更广泛，包括媒体空间、物理空间、虚拟机构和虚拟经济体；而传统经济活动空间为物理空间，经济体均为实体机构。互联网经济学与传统经济学的区别如表 1-1 所示。

表 1-1 互联网经济学与传统经济学的区别

区 别 点	互联网经济	传 统 经 济
交易成本、信息搜寻成本	较低	较高
解决资源分配的手段	价格机制＋大数据计算	价格机制
经济增长动力	信息、数据、技术、资本	资本、技术、劳动力
经济运行的形式	非线性运行	线性运行
经济活动空间	经济活动的空间更为广阔，包括媒体空间、物理空间、虚拟机构和虚拟经济体	经济活动空间为物理空间，经济体或机构均为实体机构

第三节　互联网经济相关产品概念范畴

在一个产品概念未形成的市场无法建立理论并解释其中的经济关系。因此,在分析互联网经济关系,首先需要充分理解其背景下的"产品概念"。互联网经济中网络产品、数字产品等新产品的出现,改变了传统市场中产品的准确定义和基本特征,进而也带来了新的经济学问题。

产品会随着技术进步和经济发展不断创新,互联网经济创造了大量前所未有的与网络相关的各类产品,产品的分类与范畴也在不断创新。网络产品、数字产品、信息产品、内容产品是互联网经济中被最频繁使用的产品分类概念,它们之间具有高度的相关性,产品范畴具有相互交叉的重合性。同时,它们又彼此并不包含,分别具有特定的含义和范围,并且表现出不同的经济属性。只有正确地定义各类产品的概念和范畴,才能准确把握不同产品的特点,精准地总结归纳产品的经济特征和规律。在研究互联网经济的消费者和生产者行为前,我们先对以上产品概念进行介绍和辨析。

一、网络产品

(一)网络产品的定义

网络产品是互联网时代的产物,是利用互联网技术为满足用户需求而生产的有形和无形产品。从广义上看,它既包括通过互联网工具创造和实现的各类数字产品和服务、支撑网络节点的基础设施与终端设备等,也包括通过"互联网+传统产业"而实现的现代产业产品和服务。从狭义上看,网络产品常常特指数字产品,即信息产品转换为数字格式后可以通过互联网传输交换的产品,包括内容性产品、网络应用工具、数字过程和服务等。

(二)网络产品的分类

"网络产品"(广义)是范畴最大的一个概念,泛指由于互联网的建设与应用而创造的各种软件、硬件、内容、服务等直接产品。根据产品的性质与功能,可以将广义的网络产品分为数字产品、互联网基础服务设施和硬件设备(数字接收器)三种类型,详见表1-2。

表1-2　广义网络产品的分类

类　　型	举　　例
数字产品	数字新闻、视频音频、网络游戏;门票、车票预订系统、金融交易系统;互联网医疗、远程教育、共享单车;应用工具型软件;门户网站、搜索引擎、电商平台、社交平台等
互联网基础服务设施	远程通信网络、有线电视网、无线电通信网、移动互联网络等
硬件设备(数字接收器)	手机、电脑、网络电视等上网终端以及网卡、路由器等接收器设备

其中,数字产品是核心网络产品,具备显著的互联网经济特征,也是互联网经济的重要研究对象,我们下面还将单独介绍。

二、信息产品

(一) 信息的定义与经济属性

从科学的意义上来讲,对于信息的定义有不同表述。在广义上,信息是客观世界中各种事物的特征和变化过程的最新反映及其经过传递后的再现。信息通过一定的物质载体形式反映出来,它是事物存在状态、运动形式、运动规律及其相互联系、相互作用的表征[①]。信息来源于世界上的一切事物,产生于事物在运动发展变化中的各种差异以及规律,一般来说,信号、消息、知识、情报、数据、资料、程序、指令等都可以称为信息。而从狭义上说,信息是经过加工后的数据,它对接受者的决策或行为有现实或潜在的价值,这一定义将信息与数据区分开来,数据只是用符号对客观事物进行的记录,但原始的数据并不等同于信息,只有对这些数据进行有目的的解释并使其对人们的决策产生价值,此时经过加工的数据才成为严格意义上的信息。信息以声波、文字、符号、图像、信号电磁波、广播等媒介传递,只有通过一定的载体才能表现出来,为人们所感知,进而达到了解、识别、利用信息的目的。但需要厘清的是,载体本身只是表现信息的材料,而并不是信息本身,信息一经生成就不会随载荷的物理介质的变化而改变。

信息主要被当作一种投入参与到经济活动之中,并能够创造出财富,所以信息是经济活动中的资源要素。信息的经济属性表现为:

(1) 价值性。信息本身并非物质生产领域的产品,但它一旦形成并实现传递,就成为一种可利用的资源,并且在一定程度上替代物质资源和劳动力,具有为社会服务的使用价值;

(2) 可开发性与可加工性。人们对信息的分辨与认知有一定局限性,因此获取信息是需要开发的。另外,人们对信息的需求往往具有一定的选择性,为了更好地开发与利用信息,需要用科学的方法对大量信息进行分类、筛选、整理、加工,以提炼浓缩、获取有效信息,并且信息还可以实现形态的变换,同样一条信息也可以用多种载体来记录,这体现为信息的可加工性;

(3) 可存储性与积累性、延续性。信息的这几项特征是相互关联的,形成的信息并非总是立即使用,即便当下使用了,以后也可能还有参考价值,因此有必要将信息进行存储以备随时调用。可存储性是信息的一个重要特征,而"积累性""延续性"两项特征正是由其可存储性所决定的。

(二) 信息产品的定义

信息产品,作为以知识形态存在的人类劳动成果,是指在信息化社会中产生的包含某种信息内容并以传播信息、整合信息、利用信息等为目的的服务性产品,它同一般产品一样具有价值,具有商品的一般特性,可满足人们某种需要。这个定义对信息产品的概念作出了广义界定,认为在信息产品里,信息是最核心的资源和生产要素。新闻媒体产品、数据库资料、网站内容、软件产品、各种数字音像制品及其他可被数字化并通过网络来传播的知识产品等

---

① 芮廷先.网络经济学[M].上海:上海财经大学出版社,2017.

是信息产品的主要内容。从本质上说,任何可以被数字化的用于社会生产、分配、流通和消费各领域的信息都可以成为信息产品。信息产品的内涵不止于上面提到的非物质性产品,它也包括与信息载体、信息传输体凝结在一起的产品,如光盘、磁带、软件等信息载体以及电话、电视、计算机等信息传输体都是信息产品的组成部分。

(三)信息产品的分类

信息产品的分类有多种标准:按照信息是否固化在其物质载体上,可分为有形产品和无形产品;按照产品的表现形式,可分为数字产品和硬性信息产品;按照产品对用户产生的功能,可分为内容型产品和工具型产品(详见表1-3)。

表1-3 信息产品的分类

分类标准	类型	举例
按照信息是否固化在其物质载体上	有形产品	实体音乐CD、实体影视光盘、摄影作品等
	无形产品	课堂教学内容、广播电视服务、咨询服务以及各种数字化程序等
按照产品的表现形式	数字产品	数据、代码、图像、音视频;电子门票、电子货币;社交、购物、学习、信息查询服务等
	硬性信息产品	网卡、路由器、交换机等网络设备
按照产品对用户产生的功能	内容型产品	调研报告、音视频、门户网站等
	工具型产品	在线交易系统、搜索引擎、应用软件等

有形信息产品是指必须依附于物质载体存在的信息产品;无形信息产品是指无固定物质载体的信息产品,这类信息产品可以脱离物质载体而存在,人脑可以为储存载体,或者以声波、电磁波、数字化形式存在,提供无形信息产品的过程被称为信息服务。

数字产品是指信息内容基于数字格式,能通过电子方式传输的产品,包括以数字化形式发生、发展和销售的软件和服务;硬性信息产品是指支持网络存在和发展的硬件网络设备。

内容型信息产品的主要功能是使用户获得其所需要的信息内容,这类产品关注的是为用户提供什么信息、怎样呈现这些信息、不同用户从这些信息中能够得到什么价值;工具型信息产品的主要功能是为用户更好地获得其所想得到的信息并利用这些信息获得更大的价值提供某种工具,这类产品关注的是能够给用户提供什么样的应用以及如何来实现这些应用。

(四)信息产品的性质

1. 信息产品的存在具有依附性

信息的存在需要依附于一定载体,信息作为产品由信息内容与信息载体两部分构成,所以信息产品的生产、销售、使用需要依附于网络进行,并最终以网络介质或实物载体的形式实现流通和消费。如,文字、声音、图像等信息内容要依附在纸张、磁带、光盘等实物载体或流媒体格式等无形载体上才能成为产品。

2. 信息产品的生产具有再生性

一些信息产品经过消费之后,不仅不会减少还会增加,同一类信息大量累积的结果可能再生出新的信息及产品。一方面,在全民参与生产的环境下,已存在的产品经过用户二次创作形成新的信息产品(如短视频的多次创作);另一方面,经过加工的信息变成数据,成为互联网经济一项新的生产要素,基于用户在互联网产生的数据,生产者能够提供更精准、更多维的信息产品或服务(如大数据洞察、精准营销)。

3. 信息产品的使用具有对象性、重复性和共享性

第一,信息产品对用户的选择性强,使用对象并不广泛,它只有对那些具有一定文化知识和信息意识的用户才有使用价值,并且,同一种信息产品对于不同使用对象有不同的效用和价值。例如,翻译软件这种信息产品,只对于在学习、研究、工作或生活中有外语使用需求且拥有电子产品使用能力的人才有价值,而对其他无英语使用需求或缺乏使用技能的人则没有价值。

第二,许多信息产品不同于物质产品,是非单次消耗型产品,表现出重复性使用的特征。例如,在知识平台购买的论文、电子书等产品,并不会被一次性消费掉,这些产品会在消费者重复使用的一段时期内持续为其带来效用和价值。

第三,信息产品的价值不会因为人们的消费而减少,相反,通过用户及规模的扩张,能够不断开发其自身存在的价值,这是网络外部性特点与正反馈效应的体现,是其具有"共享性"的基础。比如一些社交软件,符合单调型网络效应函数的特点,其提供的产品和服务面向大规模用户群体,用户不仅可以实现使用共享,随着(一定范围内)平台规模的扩张,还可以实现增值价值的共享。

4. 信息产品的消费具有效益性和时效性

信息产品消费的效益性是指其消费能够帮助物质产品的生产、流通实现突破和发展,增加市场透明度和信息充分度,从而有效调节供需,提高商品市场的运行效率。例如,ERP企业管理系统、BI商业智能系统等信息产品的应用可以有效帮助企业或相关机构实现一体化、智能化、精准化的生产、营销及人员管理。另外,信息的积压或传递错误,可能使其价值受损,并且信息产品的更替很快,存在老化、过时问题,因此,及时且持续地收集、传递新信息,保证信息产品的时效性非常重要。现实中多数信息产品都会不断经历版本的测试与更新,从而为消费者提供最新的内容和最优化的服务。

三、数字产品

(一)数字产品的定义

互联网经济已经渗透到各个产业,广义上讲,几乎所有产品都可以算作是互联网经济的产品,但本章的研究对象并非广义互联网经济产品的集合,而是其中的核心部分——"数字产品"。

"数字产品"的概念目前比较模糊,尚未形成被普遍认可的内涵与外延。这里需要考虑"数字产品"与"数字化产品"的区分。

数字化产品:夏皮罗、瓦里安[①]认为,数字化产品是指包含有数字格式的交换物;联合国贸易发展会议研究报告(2001)认为,数字化产品既可以通过载体以物理方式运送,也可以通过网络以电子方式运送。

---

① 卡尔·夏皮罗,哈尔·罗·瓦里安.信息规则:网络经济的策略指导[M].张帆译.北京:人民大学出版社,2002.

数字产品：张洪铭[①]认为数字产品必然具有信息内容，它是在互联网经济中交易的、可以被数字化的、并且可以通过网络来传播的信息；芮廷先[②]则给出了比较广泛的界定，认为网络上收发的任何东西都可以成为数字产品，同时一些以知识或过程的形态存在但没有相应实物形式的产品或服务也可以成为数字产品。

谢康[③]认为，数字产品是信息内容基于数字格式的交换物，数字产品一定是数字化产品，数字产品也一定是信息产品，数字化产品与信息产品的交集构成数字产品。

归纳以上阐述，数字产品具有狭义和广义之分：狭义的数字产品指信息内容基于数字格式的交换物或通过互联网以比特流方式运送的产品；而广义的数字产品除包括狭义的数字产品外，还包括基于数字技术、依托于一定的物理载体而存在的电子产品或将其转化为数字形式通过网络来传播和收发的产品。

本书对于数字产品范畴的界定：在广义数字产品概念的基础上，除去其中有形产品的部分，作为本章及以后章节分析的产品概念基础。

产品的数字化基于计算机技术实现，其主要属性是能够在虚拟网络中传播，产品被数字化后的主要价值就是经过网络中的节点、实现信息的传递和处理。例如，音像产品的数字化版本、计算机软件、在线数据库、在线新闻、电子信件等都属于数字产品的范畴，此外，机票、车票、门票等各种纸质产品可以通过数字转化变成数字产品；交易流程、支付手段、产品派送也都可以实现数字化，衍生出相应的数字产品；甚至以知识形态存在的一些没有相应实物形式的产品或服务也可数字化，如销售人员的实践经验与营销技术，其对应的数字产品通常以文件或程序的形式存在……同样，还有许多有形或无形的事物可以实现数字转化从而形成数字产品。

（二）数字产品的分类

从不同的标准或不同的观察角度出发，可以对数字产品进行不同的分类。依据数字产品用途的性质，可将数字产品分为内容性产品（亦称信息和娱乐产品）、交换性工具产品（亦称象征、符号和概念产品）、数字过程和服务性产品，这是目前最常见的一种分类方法。分类介绍详见表1-4。

按照传输模式的不同，可以将数字产品分为传送式产品和交互式产品。其中，"传送式产品"是指更新不需要卖方与消费者之间交互通信的数字产品，简单来说，体现出"逐次下载、传输断续、不需要连续连接或其他用户和过程实时协作"等特征的数字产品是"传送式"的，现在互联网上的大多数数字产品是传送式的，如印刷媒介的数字版（电子书、电子刊等）、网页浏览、网页搜索、访问数据库等；而"交互式产品"是指其传输需要使用实时技术，能够连续请求、连续响应的数字产品，如今交互式产品也变得越来越普遍，如远程教育、远程医疗、交互式影片、交互式游戏等。

---

① 张洪铭.网络经济学教程[M].北京：科学出版社，2002.
② 芮廷先.电子商务经济学[M].北京：电子工业出版社，2002.
③ 谢康，肖静华.电子商务经济学[M].北京：电子工业出版社，2003.

表 1-4　数字产品的分类

类　型	界　定	举　例
内容性产品	是数字产品最为主要的组成部分，是指确切表达一定内容的数字产品，并且内容性产品的内容差异是其价值差异的基础。可以认为，内容即信息，所以这里提到的内容性数字产品属于信息产品	数字版本的文字信息（电子报刊、电子杂志） 数字版本的产品信息（电子产品说明书、培训手册） 数字化的图形图像（照片、幻灯片、地图、日历、海报） 数字化的音频视频（数字唱片、在线语音、电影、电视剧、综艺节目）
交换性工具产品	是指代表某种契约、凭证或符号的数字产品，即能够基于网络和电子技术方法在网上履行合约功能的工具	数字门票、车票、航班、酒店的订票系统 支票、信用卡、电子货币、有价证券交易的数字化财务工具（在网络环境下，货币和传统的金融工具都可以被数字化成数字产品。大多数的金融信息都已经被数字化存储在计算机硬盘中，或者以数字格式在互联网传播）
数字过程和服务性产品	强调数字化的交互行为，实质上是指通过相应的软件来支持和驱动的行为	通过 CAJ 软件浏览器阅读文献 使用微信软件交流传播信息 使用邮箱软件传递信件 通过政府税收服务软件进行申报 使用电子拍卖市场软件实现交易 通过远程教育软件上网课等

（三）数字产品的特征

1. 数字产品的一般特征

数字产品具有与信息产品相似的特征，概括来说主要具有非物质性、消费无损耗性（不灭性）、价值时效性、共享性、累积性与可再生性、可复制性、可修改性（可变性）等特征。

（1）非物质性。产品都有具体的有形的实物形态，而数字产品是信息劳动者以计算机网络为物质载体对科技成果或知识进行脑力劳动加工而成的产品。需要指出的是，信息本身是无形的，但信息需要以一定的符号系统固化在一定的物质载体上的，没有物质载体，信息就不能存在和传递。与其他信息产品相同的是，数字产品的使用价值在于信息中无形的语义内容，不因载体的不同而不同，即使依附于不同载体，信息都是等价的。因此，数字产品的非物质性其实质是信息产品的内容（即信息）不能脱离物质载体但独立于物质载体。

（2）消费无损耗性（不灭性）。一般物质产品其使用价值的实现是以其产品的物质消耗为基础的。而数字产品由于其具有非物质性，人们使用数字产品只是利用构成数字的信息本身，所以数字产品的使用不会使信息或内容本身受到损耗，一经创生，数字产品就可以永远存在下去。可以说，数字产品的使用不存在有形的损耗。当然，如果某些数字产品的消费依赖于实物载体，可能会产生非直接的有形损耗。例如，我们日常生活中使用 CD 听音乐，随着使用次数的增加可能造成的不流畅，是有形的损耗，但这其实是信息的物质载体的损耗，并不是信息本身的损耗。

（3）价值时效性。数字产品是基于数字格式的信息产品，信息产品具有时效性，即越是及时、最新的信息，其价值越高。一般来说，随着时间的推移信息的有用性会被打折扣，过时的信息甚至会价值全无。作为信息产品新的呈现形式，数字产品依然具备信息产品的价值时效性特征。

（4）共享性。数字产品的共享性是指数字产品在一定的制度条件下和时空范围内可以被多个主体使用，而不会影响彼此使用该产品的价值。因为数字产品是信息产品，信息的传播具有消费无损耗性的特征，所以在数字产品共享的过程中是非竞争性，也就是说一个人使用某种数字产品不会减少其他人使用该产品的效用。

（5）累积性与可再生性。数字产品属于精神产品，不因使用而完全耗损，相反在以后的智力活动中可以重复使用，具有累积性。同时由于数字产品在使用过程中，通过智力劳动会产生新的数字信息，因而又具有再生性（对消费者和生产者均可能具有再生性）。对于数字产品而言，最大的价值就在于它可以被方便地复制、存储、再造和传输，这也导致在经济学研究中往往将数字产品的边际成本近似为零（虽然现实中还有版权费用等因素的影响，实际边际成本并不为零，不过单就这些特点而言，零边际成本假设具有其合理性）。要指出的是，交换性工具产品作为例外，在使用方面一般不具有累积性特征，但其包含的信息可能具有再生性。

（6）可复制性。对消费者而言，数字产品的可复制性就是从网上下载相关信息、文件等，并进行复制。这种复制没有额外成本，且不影响使用，但对数字产品中交换性工具产品的复制是几乎没有意义的，所以更多进行复制的是数字化信息产品以及数字过程和服务性数字产品。对生产者而言，其复制的概念与消费者不同：数字产品的生产是一种复制，只要生产出一份数字产品，就可以对其进行几乎零成本的拷贝。并且由于信息的复制成本几乎为零，所以可以认为生产者对数字产品的复制是一种边际成本为零的生产行为，因此数字产品的可复制性于生产者而言是一定范围内的复制能力和权利。

（7）可修改性（可变性）。一般来说，对产品的修改是一件困难的事情，对于已被消费的数字化信息产品几乎也是如此。但对于一些交换性工具产品以及数字过程和服务性数字产品而言，修改是可以实现的。由于这种特性，生产商难以控制其商品的完整性。首先，对于交换性工具产品，如果消费者在购买后由于个人原因或一些不可抗力需要更改合约，在交易允许的情况下，对合约的修改是可以进行的。例如，对火车票的改签或退票、对电子门票的转送等。其次，对于数字过程和服务性数字产品，由于这些产品需要相应的软件来支持和驱动，为了给消费者提供更加便捷、舒适的服务，需要对这些软件进行更新、升级以及问题的修正，这一过程其实就是对相关程序的修改。可见，部分数字产品是具有可修改性的。

2. 数字产品的经济特征

（1）外部性。若某种行为给其他人带来附带的利益或者损害，但并没有因此而对其他人进行相应的支付或补偿，则可以称这一行为具有外部性。可见，外部性有正外部性和负外部性之分。很多数字产品也具有正外部性或负外部性。其中，正外部性主要体现在数字产品所包含的信息价值上：有价值的产品信息可以帮助消费者进行更为合理的购买决策、有价值的知识类信息可以增加阅读者的学识和素质，是有利的。负外部性则主要体现在虚假信息对信息接收者的误导。然而，数字产品的正外部性和负外部性并不是固定的，在信息接收者对接收信息理解不同的情况下，对一部分人是正外部性的信息也可能因为误解变成带有负外部性的信息。可见，数字产品的正负外部性不仅取决于其包含的信息内容，也取决于信息接收者对其的理解，具体取决于接受者的知识结构。

（2）非竞争性。公共产品是指具有非竞争性和非排他性的产品。大部分数字产品表现出类似公共产品的特征，具有非竞争性和一定非排他性。非竞争性是指个人对某产品的消费不会影响其他人对该产品的消费；非排他性是指产品的消费不能将部分人排除在外，即不能为某个人或某些人所专有。首先，互联网上的信息以及软件等是可以供所有用户使用的，并且某一用户对该信息或软件的使用并不会影响其他用户的使用，所以在一定规模内具有非竞争性。然而，这种非竞争性是相对的，如果上网人数不断增加以至于使服务器超过所能承受的压力，就会造成网络阻塞，此时新用户未必能够有效进入。其次，数字产品具有高固定成本和低边际成本的特点，具有大量复制、传播成本极低甚至接近于零且价值不会随复制而降低的特点，所以具有一定程度的非排他性，这也是数字产品盗版问题非常严重的原因之一。当然这种非排他性也不是绝对的，在一些存在较强技术壁垒的产品领域，可能会表现出排他性。

（3）共享性。共享性也被称为非占有性，这个特性其实也是由数字产品的非物质性决定的。一般产品的交换是产品生产者让渡使用价值。使用权和所有权是一致的，同时转移。由于信息产品更多的是一种精神产品，其概念包含了数字产品，所以在通过网络对数字产品进行交换时，原来的数字进行持有者不会因出售了该产品而丧失其使用价值，因为他仍掌握数字产品的语义内容，这同知识产权的转让不同，知识产权的转让有一定的契约限制。而某种信息产品一旦投放市场，就能满足不同消费者共同消费的需要，其使用价值具有共享性。

（4）价值时效性。数字产品的无形损耗并不是由于对信息产品本身的消费和利用引起的，而是由于更为先进的同源产品的出现造成的原来数字产品的价值下降。可以认为，技术革新越快、科技含量高、时效性强的数字产品的无形损耗是相对明显的。如数字产品失去时效，就失去了使用价值和价值。因此，数字产品的价值也具有一定的时效性。

（5）经验性。经验性产品是指消费者必须先对产品进行尝试，才能对它进行评价的产品。而数字产品同属于经验性产品，主要是因为在信息产品的购买者使用信息产品前，他们并不知道其购买的信息产品是否有用（如新闻、知识内容等）或者是否符合自己的品位（如音乐、电影等），而对产品的评判必须在进行尝试后才能进行。因此，数字产品是经验性产品。消费者在进行是否消费经验性产品的决策时，往往会参考已经购买过该产品的消费者的评价，而且消费成本越高的信息或数字产品，消费者在进行消费决策时会更依赖于已有的评价。

（6）个人偏好依赖性。数字产品区别于传统产品，数字产品可以容易地根据用户的个人偏好来进行内容和形式的定制。例如，在阅读新闻时，一个喜欢阅读时政类新闻而对体育类新闻不感兴趣的读者可以只阅读时政类新闻而略过体育类新闻；在选择办公软件时，企业也可以根据自身需求去安装对企业业务有帮助的办公软件，甚至可以要求软件公司根据需求开发相应的软件；而消费者对某些软件的使用反馈也可以促进软件开发者对产品的改进。数字产品的供应方要更多地依赖消费者信息以便根据偏好来区分消费者，以提供个性化产品或服务，或者采用差别定价等策略。数字产品对个人偏好依赖的这个特性使得消费者可以参与和主导某些数字产品的生产和交易。

四、三类产品的关系

网络产品、信息产品、数字产品概念的提出基于不同的分类标准和研究需求，侧重角度也有差异："网络产品"泛指互联网经济的各类（主要）产品；"信息产品"的定义强调产品承

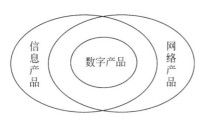

图 1-3 网络产品、信息产品和数字产品概念的关系

载的信息及其特点;而"数字产品"的定义则强调其数字化的存在形式以及因此而引致的一些特性。网络产品、信息产品和数字产品概念的关系可参见图 1-3。

网络产品与信息产品:二者的范畴是交叉关系。信息产品可分为有形信息产品与无形信息产品两部分,无形信息产品也称作网络信息产品,包括任何实现信息数字化转换和传播的事物,网络产品与信息产品的交集部分包括全部网络信息产品以及一部分有形信息产品。属于信息产品但不属于网络产品的实例有,实体音乐 CD、工艺美术作品等;而属于网络产品但不属于信息产品的实例有,远程通信网络、有线电视网、移动互联网等通信或网络基础服务设施。

数字产品的范畴是网络产品与信息产品交集的子集:数字产品包含于网络产品,也包含于信息产品,网络产品和信息产品交集的范畴中有一部分是数字产品,既属于网络产品又属于信息产品但不是数字产品的有手机、电脑、网络电视等上网终端以及网卡、路由器等信息接收器设备。

诚然,有形产品和无形产品均参与互联网经济的运行,本书主要关注无形产品。其中,数字产品是互联网经济的核心产品,后面章节内容均围绕数字产品展开,在此基础上分析消费者均衡、生产者均衡、市场均衡,以及产品价格制定。

【本章小结】

本章是互联网经济学的导入篇,介绍了互联网经济学的基本轮廓和基础概念。互联网是经济活动的基础工具,互联网经济是建立在互联网基础上的经济活动,互联网经济学是研究互联网经济特征及规律的应用经济学科。本章还比较了互联网经济学与传统经济学的异同,并对互联网经济的核心产品(网络产品、数字产品和信息产品)进行了分析。

【思考题】

1. 互联网商用发展大致可以分为几个阶段?每个阶段各有什么特点?
2. 互联网经济与信息经济、知识经济、数字经济等概念有什么异同?
3. 互联网经济学和传统经济学有什么异同?
4. 简述网络产品、信息产品和数字产品之间的关系。
5. 举例说明数字产品的经济特征。

【案例分析】

光棍节向网络购物狂欢节的变迁

因为数字"1"形似一根光滑的棍子,11 月 11 日是一年中"棍子"最多的一天,被人们戏称为光棍节。现在每年的 11 月 11 日已经成为无人不知的"双十一",一个响当当的网络狂欢购物节,在社会、文化、商业等众多方面都形成了强大影响。"双十一"如何从一个原本小众又年轻的节日转变为全民狂欢、万家抢购的日子呢?

"双十一"完成从光棍节到购物节的蜕变源自淘宝商城(天猫)的一次商业策划。作为互联网电商巨头的天猫商城一直寻找刺激人们购物的痛点,探寻过程中策划人发现光棍节与购物有着微妙的联系,于是借助光棍节在国内年轻人群体中已有的热度策划一场购物营销。其营销逻辑是:过光棍节的人多数为单身人士,有着"脱单"的渴望,而要"脱单"就需要向心仪的人告白,告白就需要鲜花、礼物等介质,即各式各样的商品,那就请来天猫商城购买吧。2009 年 11 月 11 日淘宝商城(天猫)举办了首次"双十一"购物节,当时只有少量商家参与,且参与的商品多数与表白、脱单相关,规模小,受众少,促销力度也大不如今。然而,这一次尝试却收获了出人意料的成功——仅仅 27 家商家参与的促销节日,当日的销售量就突破了 0.5 亿元,这一令人瞠目结舌的成绩将"双十一"的商业价值毫无保留地暴露在焦头烂额寻找新商机的电商面前。尝到了甜头的淘宝 2010 年将"双十一"作为大型购物节全面推出,其规模也从 27 家店铺扩大到 711 家。据当时的销售数据统计,在那个智能手机未普及、电商服务未完善的时间,就有 2100 位用户守在电视前等待 11 月 11 日零点抢单付款,创下了当日淘宝 181 家百万级店铺、11 家千万级店铺诞生、共计 9.26 亿元人民币的销售纪录。

从此以后,每年"双十一"的标签就从"光棍节"逐渐演化为真正意义上的消费者网络购物狂欢日。淘宝"双十一"从 2011 年 2200 家店铺参与促销,零点过后 8 分钟内破 1 亿元、首日创造销售额 52 亿元的成绩,到 2017 年零点后 28 秒内超 10 亿元、全日共计 1682 亿元的成交额。11 月 11 日当天狂欢,2019 年成交额总计 2686 亿元,2020 年成交额达到 3723 亿元,比上年增长了 38.6%。"双十一"购物节成交额与销售量不断刷新着历史记录,展示出更为强大的吸引力与生命力。

"双十一"网络狂欢购物节的影响力日渐国际化。通过跨境贸易平台,天猫等电商将"双十一"的活动带向世界各地,带动了世界范围内的"双十一"购物狂欢现象。据路透社报道:"'双十一'是全球最大的在线购物盛事,让其他购物节黯然失色。"美国哥伦比亚广播公司(CBS)也直白地报道称:"与 2019 年'双十一'的销售记录相比,'黑色星期五'购物节更像是一场集市。"中国"双十一"在世界范围内引起的购物狂潮也引得他国纷纷效仿,韩国 11thStreet、新加坡 Qoo10 与泰国的罗宾逊百货相继推行"双十一"折扣活动并创造出不错的销售成绩。

资料来源:刘可心."双十一"十一年:光棍节向网络购物狂欢节的变迁研究[J].营销界,2021(03):9-11.

要求:根据上述案例内容,思考以下问题:

1. 阿里巴巴如何打造的"双十一"网络购物狂欢节,它为什么能够如此火爆?
2. "双十一"的影响力从国内走向国际,这对中国企业提高国际竞争力有什么意义?
3. "双十一"是一个网络经济典型的成功案例,结合中国互联网的发展历程,思考"双十一"在中国大获成功,而不是在其他国家的原因。

第二章
互联网经济的新特性与新功能

【学习目标】
1. 了解互联网经济的网络属性；
2. 掌握互联网经济的经济特性及其在经济生活中的应用；
3. 熟悉互联网经济的新功能。

【重要概念】
网络外部性　边际效用递增　双边市场　区块链

【开篇导读】

陪跑十年，米聊重启

2021年1月19日小米米聊团队向用户发出公告称，将于同年2月19日停止服务。2021年2月28日，米聊官网宣布重新出发，新"米聊"进入内测阶段。

2010年，小米科技出品了一款名为"米聊"即时通讯软件，支持多手机及电脑操作系统。微信诞生于2011年1月，米聊的诞生甚至略早于微信。米聊最初定位于跨平台、跨运营商的手机端短信工具，是一款免费的即时通信工具，只要用户的手机能上网，就可以通过其进行免费的对讲功能。

在米聊推出一个月后，微信诞生。腾讯直接利用其庞大的QQ用户群与微信进行了互通，QQ的支持使得微信平台具有强大的用户基础，这一优势是米聊无法具备的。限于彼时的小米自身实力，米聊未能大规模拓展用户、增强自身的网络效应和锁定用户，反而是被微信后来居上。另外，微信在产品体验上也"赛"过了米聊，除了即时通讯的相关功能，微信支付、内容生态、小程序等各个生态节点都在发展，大大增强了用户对其的依赖程度。而在米聊群组的沟通、传输文件中，总会出现卡顿、传输错误等问题。

在米聊第一版本发布之初，小米集团创始人雷军曾预言："如果腾讯进入这个领域，米聊成功的概率就会大大降低。"谁也没想到，雷军竟一语成谶。10年发展，两款即时通讯软件命运迥异，微信月活用户超12亿，成为国民软件，米聊却要重新找出路。米聊从文字聊天为主转型成为面向专业人士的语音聊天应用程序，或许是受海外Clubhouse应用程序的影响，米聊目前也在用户注册上实行邀请制，而这十分考验产品的网络效应。

资料来源：https://www.huxiu.com/article/405441.html?f=member_article.

案例思考：
你认为米聊输在哪里？为什么？再次进入市场，你认为它的前景如何？

在本章中需要理解和区分互联网经济的网络属性及经济特性，并能够结合现实案例了解互联网经济的新功能。

第一节　互联网经济的网络属性

计算机网络的出现为互联网经济的产生和发展奠定了基础。要理解什么是互联网经济，我们首先要从理解网络属性入手。互联网经济共有六大网络属性：联通性、即时性、交互性、痕迹性、操控性和共享性。

一、联通性

互联网本身具有超越时间、空间的联通性，这使得建立在其之上的经济活动也具备时间联通、空间联通和信息联通的特性。时间联通：信息网络每天 24 小时的运转，使得基于互联网的经济活动可以全天候地连续进行。空间联通：信息网络将整个地球变成了"地球村"，位于全球任何一个地方的任何人都能够通过网络连接到一起。信息联通：任何人都可以通过连接信息网络搜索想知道的信息，任何企业无论实力大小，都可以通过网络面对全球客户。因此，互联网经济具有联通性。

二、即时性

即时性首先表现在各种有关经济活动的信息流动和交换方面。电子计算机技术的发展，使得对数据的收集、加工处理和传送的时间极为短暂。如果某种产品的生产企业和某家超市共享电子网络，在超市中该种产品的销售情况可以即时反映在生产企业总部的网络终端上。产品销售情况的变化和企业掌握这个变化的时间滞差被缩小到了零。经济活动许多方面相互衔接、相互影响的时间滞差都会由于网络的作用而缩短。传统经济中依靠生产资料的流动来完成生产以及销售活动，互联网经济中网络信息传播地更加迅捷快速，使得企业的运转速度加快，企业通过不断推出新的产品，创造新的服务模式来满足消费者的需求。因此，互联网经济具有即时性。

三、交互性

与传统经济不同的是，基于互联网的网络经济可以实现双向甚至是多方向的多对多信息传播。电子商务中商品及服务评价机制的出现，使得商家在网络上就可以得到用户的反馈，体现了互联网经济的交互性；互联网电视的出现以及网络节目的出现正验证着互联网经济的交互性，观众可以通过节目留言、评论节目的方式间接参与到节目的制作中去，实现观众与节目制作方的交互。消费者不再只是商品的被动接受者,他们越来越多地通过反馈、交互、定制参与到商品生产中去。

四、痕迹性

网络不断增强的计算能力和储存能力,为互联网经济的痕迹性提供了技术基础。一切基于网络的经济活动如网上销售、网上采购、网上支付、网上拍卖或者物流网络都会留有数据痕迹。而痕迹性产生的大量数据正是互联网经济活动的重要生产要素,也是数字产品和服务的原材料,更是提高企业经营效率和决策正确率的重要支撑。

五、可操控性

所谓远程操控,是指管理人员在异地接入 Internet 等手段,联通需被控制的计算机,将被控计算机的桌面环境显示到自己的计算机上,通过本地计算机对远方计算机进行配置、软件安装程序、修改等工作。远程操控主要是为异地管理人员提供监控手段,通过人工判断和数据分析后,发送控制指令。在互联网经济中,可操控的网络属性提高了经济活动的效率和管理人员的能动性及干预能力,这也是工业互联网中实现智能制造的基础。

六、共享性

共享性是指信息资源共享和由此引起的经济资源共享。电子计算机网络是通过互联网通道进行相互通信,从而实现信息共享的计算机所组成的集合体。网络的关键就是信息资源共享,信息资源共享是网络建设的原始动力和目的,没有信息资源共享就不称其为网络。以二进制形式存储的信息,其复制成本和共享成本比较低,这也是互联网经济共享性的原因之一。

第二节　互联网经济的经济特性

上一节我们介绍了互联网经济的网络属性,接下来我们继续学习互联网经济的一些经济特性。

一、网络外部性

(一) 外部性的含义

经济学家对外部性给出了不同的定义。斯蒂格利茨认为:"只要一个人或一家厂商实施某种直接影响其他人的行为,而且对此既不用赔偿,也不用得到赔偿的时候,就出现了外部性,未被市场交易包括在内的额外成本及收益被称作外部性。"萨缪尔森和诺德豪斯认为："外部性是指那些生产或消费对其他团体强征了不可补偿的成本或给予了需补偿的收益的情形。"瓦里安(Varian. H. R)认为："当一个行为个体的行动不是通过影响价格而影响到另一个行为个体的环境时,我们则称存在着外部性。"从本质上看,外部性就是经济主体的福利受到了他人活动的影响,而这种外部影响又不能通过市场价格进行买卖。无偿给他人带来收益的外部性称为正外部性,给他人带来损失的外部性则为负外部性。

在传统经济下外部性是作为经济运行过程中的例外,在分析时常常将其忽略,而在互联网中的外部性却是分析时不可或缺的部分,它可以说是网络经济中最为重要的特征之一。

(二) 网络外部性的定义

网络外部性(network externalities)最早是由罗尔夫斯(J. Rohlfs)在1974年研究电信网络时发现并提出的,他的发现对后面网络效应的研究奠定了基础。信息产品存在着互联的内在需要,因为人们生产和使用它们的目的就是更好地收集和交流信息。这种需求的满足程度和网络规模的大小有着紧密联系。只有一名用户的网络是毫无价值的,如果只有极少数用户,则他们需要承担着高额的运行成本和最后得到有限的信息交流,随着用户规模的增加,这种情况不断被改善,运行成本下降,用户将获得更大价值。这种某种产品对一名用户的价值或效用取决于其他用户的数量,被称为网络外部性,即网络效应。

从经济研究的角度看,网络效应可定义为这样一种现象:特定的经济行为主体之间发生或存在特定经济行为,并通过特定的渠道(经济链)传递或影响"系统"的价值以及这些特定经济行为主体的效用[1]。

在网络效应的早期文献中,网络效应和网络外部性两个概念是交替等同使用的,然而并不是所有的网络效应都有外部性。根据传统的经济学,如果市场参与者不能以某种方式内在化一个新的网络参与者对其他参与者的影响,就存在网络外部性[2],即网络效应不能通过价格机制进入收益或成本函数的时候,网络效应才可以被称为网络外部性。

(三) 网络外部性的分类

网络外部性有着不同的类型,Michael Katz和Carl Shapiro在1985年的研究成果中,根据使用者增多导致的结果不同可将其分为直接网络外部性和间接网络外部性。

1. 直接网络外部性

直接网络外部性是指通过消费系统产品的市场主体数量所导致的直接物理效果。简单来说,这是上述含义中的由互联网需求带来的网络效应,由于使用某一产品的人数增加导致网络价值的增加。与此相关的比较著名的例子就是梅特卡夫定律(Metcalfe's Law):一个网络的价值等于网络节点数的平方,网络的价值与联网的用户数的平方成正比,其用公式表示如下:

---

[1] 胡志兵. 网络效应判定准则及相关概念辨析[C]. 中国通信学会. 通信发展战略与管理创新学术研讨会论文集. 中国通信学会,2006:496-501.

[2] 朱彤. 网络效应经济理论:文献回顾与评论[J]. 教学与研究,2003(12):66-70.

$$V = n^2 - n$$

式子中 V 是网络的价值，n 为网络节点数或用户数。

上述定律的例子可以用任何通信网络进行说明，如电话、微信、QQ 等，假定一个用户与另一个用户取得联系时，整个通信网络即可增加一单位效用。当只有一个用户使用通信网络时，无人可以联络，那么整个网络的效用就是 0；当新增加一个用户时，现有用户可以和新增加的用户联系，获得一单位效用，同时新增加的用户可以和现有用户联系，也获得一单位效用，那么总效用就是 2；用户继续增加以此类推，增加的效用会比用户增加数量更快，当 n 趋向于无穷大时，效用就趋向于 n^2。

该定律也有进化的过程，刚开始定律发表时网络还局限于通信网络，随着到后来的发展，此项定律也扩展到市场网络、社交网络等各个领域，式子也可变为：

$$V = K \cdot n^2$$

式子中 V 是网络价值，K 是价值系数，n 是网络节点数或用户数，价值系数根据网络的不同其具体的值也不同。

2. 间接网络外部性

间接网络外部性是指随着某一产品使用者的增多，该产品的互补产品数量增多，因价格降低而产生的价值。间接网络外部性的影响主要在于互补产品，这点主要适用于和网络相关的硬件、软件。比如说购买某款电子游戏对于电子游戏本身的价值没有影响，但是随着购买人数的增多，有关娱乐业的介质产品也会增多，竞争增强，促使产品的质量更高，价格更低，用户选择变多，会有更多用户从中获益，无形之中用户得到了新的价值。现在随着数字经济不断发展，间接网络外部性我们还可以延伸至电商物流服务等各个领域，当购买线上产品的人数增多，虽然不会直接对物流造成影响，但是会促使物流更快、更高效，增加竞争力，这些也会反过来促进对电商的消费。间接网络外部性正在随着数字经济的蓬勃发展渗透到我们生活的各个方面。

二、边际效用递增

（一）效用的含义

效用指的是对消费者需求的满足程度，是从消费者角度看待产品的价值。效用（utility）是经济学中常用的概念之一。总效用（total utility）是在一段时间内，消费一种或多种商品所获得的效用加总。边际效用（marginal utility）是指消费者在一定时间内增加单位商品消费带来总效用的变化量。

（二）边际效用递增

一般情况下的传统经济中普遍存在边际效用递减规律，即在一定时间内，在其他条件不变的情况下，随着消费者对某一商品消费数量的增加，消费者从增加的每一单位的该商品中获得的效用增量是递减的。边际效用递减规律适用于物质产品消费的规律，而以数字产品为核心的互联网经济中却从边际效用递减转变为边际效用递增，即随着对数字产品消费的增加，单位产品消费增量所带来的消费者效用的增加是不断递增的。

三、自然垄断

所谓垄断,是把一个或几个经济部门的大部分商品的生产和销售掌握在自己手中的极少数大企业,为了规定垄断价格、控制原料来源和销售市场,实现规模经济并获取高额垄断利润,达成协议而实现的同盟和联合。垄断是从生产集中产生的,垄断的产生是由生产力和生产关系两方面原因引起的。一方面随着生产力的发展和科学技术的进步,会不断涌现出各种大型的高效率的机器设备——毫无疑问互联网科技就是这方面的代表。先进的科技既为大生产提供了可能,也对大生产提出了要求,因为这些先进的技术设备只有在实力雄厚的大企业中才能加以推广和利用。另一方面,除追逐利润外,自由竞争也迫使资本家不断地扩大生产规模,获得规模效益。所谓规模效益,是指企业将生产要素等比例增加时,产出增加价值大于投入增加价值的情况,通俗来讲就是生产规模扩大而使单位产品所需的生产成本降低。

当一个领域的生产和资本已经高度集中时,就会使竞争遇到严重的困难和阻碍,这时不仅这些领域原有的许多中小企业很难与少数大企业进行较量,从而不得不处于受支配的地位,而且还会使新的企业很难建立和进入这些领域。少数大企业为了避免在竞争中两败俱伤,常常互相让步,暂时妥协,达成一定的协议来共同瓜分市场。近些年,以互联网巨头为首的合并、并购的案例频繁发生。互联网企业合并、并购案例见表 2-1。

表 2-1　互联网企业合并、并购案例

时　　间	事　　件
2012 年 3 月	优酷、土豆宣布以 100% 换股的方式合并
2013 年 5 月	百度宣布以 3.7 亿美元现金收购 PPS 视频业务并将其与旗下爱奇艺合并
2013 年 9 月	腾讯向搜狗注资 4.48 亿美元,并将旗下的腾讯搜搜业务和其他相关资产并入搜狗,国内两大搜索引擎正式合并
2014 年 3 月	腾讯 2.14 亿美元战略入股京东(占股 15%),并将 QQ 网购、拍拍的电商和物流部门并入京东
2015 年 1 月	腾讯文学与盛大文学合并成立为"阅文集团"
2015 年 2 月	滴滴打车和快的打车宣布以 100% 换股的方式正式合并
2015 年 4 月	58 同城与赶集网达成战略合并协议
2015 年 5 月	携程通过购买 Expedia 所持有艺龙的部分股权实现了对后者的战略投资
2015 年 10 月	美团与大众点评合并,新公司将实施联席 CEO 制度
2015 年 10 月	携程与百度达成一项股权置换交易,百度将拥有携程普通股,可代表约 25% 的携程总投票权,携程将拥有约 45% 的去哪儿总投票权
2015 年 12 月	微影时代和格瓦拉正式宣布合并
2016 年 1 月	美丽说和蘑菇街宣布合并
2016 年 8 月	滴滴收购优步中国滴滴出行
2017 年 8 月	饿了么收购百度外卖
2018 年 4 月	阿里巴巴以 95 亿美元收购饿了么
2019 年 9 月	阿里巴巴集团收购网易考拉,巩固跨境电商领域的头部地位
2020 年 7 月	腾讯向搜狗发出初步非约束性收购要约,有意向全资收购搜狗,若交易完成,搜狗将成为腾讯的全资子公司

目前,互联网行业已经形成了金字塔式的分布格局:底层是大批小型互联网公司,拥有少量且不稳定的用户,提供较为单一但稍具特色的服务;中间层是部分大型的互联网公司,拥有一定稳定的用户群,提供相对多元的服务;顶层是互联网巨头企业,如百度、腾讯、阿里巴巴、谷歌,它们拥有庞大且稳定的用户,以各自主营业务为核心通过并购、价格战等方式不断抢占市场,形成新垄断格局。

四、正反馈机制

(一)正反馈定义

所谓正反馈,指的是物体之间的相互作用存在着一种相互助长的力量,它会强化和放大原有的发展趋势,形成无法逆转的必然性。正反馈机制的表现是:使强者更强、弱者更弱。正反馈是一个对动态的经济过程的描述,指的是在边际收益递增的假设下,经济系统中能够产生一种局部正反馈的自增强机制。产生这种自我增强机制的根本原因是建立系统的成本过高,系统一旦建立就不易改变,加之学习效应、合作效应和预期效应使得系统逐渐加强并且适应这种状态,这种循环过程就导致了系统被锁定在均衡状态。

(二)互联网经济中的正反馈

正反馈的一个最显著后果就是会导致马太效应,即强者更强,弱者更弱甚至灭亡。在互联网行业中,正反馈效应表现为:拥有更大市场份额就会得到快速的发展,同样的,若市场占有率较小,则会加速下滑。

需要注意的是,正反馈并不等于边际收益递增,也不是网络的正外部性所导致的必然结果。在传统经济中同样存在正反馈,只是基于制造业的传统经济由于边际收益递减和管理组织的先天不足使得这种趋势在达到能够控制市场之前就消失了。从消失的这一刻起,负反馈代替正反馈开始起作用,因此这也就导致传统经济理论的关注重点在负反馈上。但对于互联网经济而言,由于边际收益递增和网络外部性的广泛存在,正反馈以一种更强烈的形式出现在经济活动中。因此,在互联网经济时代,对于反馈的研究应该也必须转移到正反馈上来。

五、路径依赖

路径依赖最初并不是一个经济学名词,在数学中,非线性动态模型的一个重要内容就是指某个事件的最终结果依赖于最初并不明显的小事件,这是混沌理论中的一个重要立论。在自然选择的过程中,除了"物竞"还有"天择","天择"就是路径依赖,某些生物或者生物的生理特征有时候取决于某些偶然小事件,从而造成了不可逆转的特征。著名的"蝴蝶效应"就是一个典型的路径依赖事例。经济学家们将路径依赖引入经济学中,用来表示即使在一个以自愿选择和以经济人为假设的世界中,经济发展过程中的一个次要或者暂时的优势,可能对最终的市场资源配置乃至一个产业都会产生几乎不可逆转的影响,即人们过去做出的选择决定了他们现在及未来可能的选择。

在互联网经济中路径依赖表现得更为明显。一种技术的流行造成了学习效应的提高,许多行为者自觉或者不自觉地采取相同或者类似技术从而产生了协同效应,从而降低了学习和掌握这门技术的难度,增加了人们相信它会进一步流行的预期。这个循环过程使得这种技术或者标准实现了自我增强的良性运转,使得领先优势越来越大。

六、锁定效应

用户对某个网络产生依赖性,不愿意转移到其他网络中去的现象,被称作锁定效应。与锁定效应密切相关的一个概念是转移成本(switching costs),即用户从一个网络转移到另一个网络时必须承担的所有费用。转移成本分为有形成本和无形成本:有形成本包括旧产品或者技术再出售的账面价值加上新产品或技术的购买和安装的费用;无形成本包括人力资本(如学习新知识的培训成本)以及服务中断成本(如转向新的计算及系统或网络)。

如果转移成本较大,用户难以实现网络之间的切换,就会被锁定在原来的网络之中。这意味着,网络拥有者可以利用"锁定效应"来获取可观的利润。因此,转移成本是用户是否采用某一网络的重要影响因素,也是用户是否发生转移行为的重要影响因素。通过建立和利用转移成本,企业能够缓解价格竞争,建立起先行者优势。

当用户一旦选择某种社交媒体平台,并愿意在社交媒体建立社交圈和分享事物时,就会发生各种效用沉淀。在将来消费者更换社交媒体平台使用时,就会发生较大的成本损失,如放弃现有平台的所有社交连接和社交内容,这些属于沉没成本。因此,对于用户而言,一般不会轻易更换产品。用户的专用性资产包括购买网络产品所形成的沉没成本、使用网络产品所形成的个人效用及社会效用。当消费者转换网络产品时,必须将这些效用全部考虑进去,除非转换产品所带来的预期效用超过这些效用的损失,否则消费者不会改变。因此,对于互联网公司而言,用户的锁定可能成为其重要的利润来源。

七、经济平台化

经济平台化指的是经济活动通过平台进行集中交易,平台为双方或多方之间的交易提供了一种现实或虚拟的空间。在互联网经济之前,平台就已经存在,市场、超市是常见的交易平台;互联网经济中的经济平台化不仅仅是平台形态的虚拟化,更是商业模式的创新。平台经济就是基于互联网的重要的经济形态创新。平台经济是以互联网等现代信息技术为基础,搭建虚拟平台向双边或多边主体提供服务,通过撮合交易、整合资源等方式创造价值的一种经济形态。平台经济是建立在互联网技术之上的市场显化,平台企业本身不生产或很少生产产品,其盈利来源是通过占据网络中心或关键节点,通过连接多方和双方来促成交易。在平台经济的模式下,交易双方不再以原子方式随机碰撞,而是在平台提供者或平台企业的组织下,通过信息纽带缔结在一起,平台企业为供求双方提供了一个信息交流的空间,撮合了市场交易,降低了交易成本,提升了交易效率。

八、双边市场

互联网经济的即时性和联通性促进了虚拟平台的发展,为平台经济和双边市场的产生提供了沃土。

Rochet 和 Tirole 于 2004 年首先给出了双边市场的定义:假定平台企业向买方(B)索取价格为 P_b,向卖方(S)索取价格为 P_s,当平台向需求双方索取的价格总水平 $P=P_b+P_s$ 保持不变时,如果任意一方价格的变化都会对平台的总交易量产生直接的影响,那么这个平台市场就被称为双边市场;如果交易平台实现的交易量只与价格总水平有关,而与价格结构无关,则这个平台市场就是单边市场。

可以看到,以上主要从价格结构方面给出了双边市场的定义,认为价格结构非中性为判定市场是否为双边市场的标准,但是却忽略了双边市场中存在交叉的间接网络外部性的问题。随后,Armstrong 进一步将双边市场定义为:如果市场中交易平台通过一定的价格策略向交易双方提供产品或服务,并且一边所获得的效用取决于另一边参与者的数量,那么这样的市场便是双边市场。

Rysman 则指出,双边市场必须符合以下两个条件:市场的两边在同一个平台上进行交易;一边的决策会对另一边的决策结果产生影响,特别是通过外部性起作用。

依据以上定义,双边市场理论的主要关注点是连接两边具有交叉网络外部性用户群体的平台企业的经济行为。双边市场的存在依赖于以下两点:两端用户无法脱离平台自行交易,必须支付平台使用费用,同时平台企业总价格水平保持不变;双边市场存在一种特殊的间接网络外部性——交叉网络外部性。

第三节　互联网经济的新功能

随着互联网技术的渗透及扩散,经济社会的生活方式发生重大改变、生产效率大幅提高,其背后的原因是,互联网成为社会经济的基础设施后,启动了促进经济发展的一系列新功能。

数字技术进步超越了线性约束,呈现出指数级增长态势。大数据、物联网、移动互联网、云计算、区块链等前沿技术将为未来发展助力。

一、运用新技术

(一)云计算

对于企业而言,一台计算机的运算能力显然无法满足业务数据运算需求,公司就需要购买计算能力更强的计算机,即服务器。如果业务规模比较大就需要公司购置多台服务器甚至是数据中心。但是由于计算机数据中心有着高额的初期建设成本和运营维护成本,许多中小企业难以负担,于是云计算服务就应运而生。

2006 年 8 月 9 日,Google 首席执行官 Eric Schmidt 在搜索引擎大会首次提出"云计算"(cloud computing)的概念。云计算是分布式计算的一种,指的是将巨大的数据计算处理程序以网络"云"的手段分解成无数个小程序,然后通过多部服务器组成的系统进行处理和分析这些小程序,并将得到结果并返回给用户。云计算的作用是为其他的新兴技术提供基础的平台和廉价的可扩展算力。

(二) 大数据

随着互联网信息技术的发展,人类社会进入数据爆炸时代。互联网上用户行为数据、内容数据每时每刻都在更新发布。国际数据公司(IDC)发布的白皮书《数据时代 2025》预测,2025 年全球数据量将达到 163ZB,将是 2017 年的 10 倍。数据处理技术的重要性不言而喻,在海量数据背景下,大数据技术发展迅猛。麦肯锡全球研究所对大数据定义如下:大数据是一种规模大到在获取、存储、管理、分析方面远远超出传统数据库软件工具能力范围的数据集合。大数据的特征可以用 5V 概括[1]:

(1) 数据体量(Volume)巨大,指收集和分析的数据量非常巨大。

(2) 处理速度(Velocity)快,实现数据的实时挖掘分析。

(3) 数据类别(Variety)大,大数据的来源、种类和格式非常丰富,包含结构数据和非结构化的多种数据形式。

(4) 数据真实可靠(Veracity),数据反映的内容与真实世界相关,因而大数据分析可以解释和预测现实。

(5) 价值密度低,商业价值(Value)高。由于大数据体量巨大,对于特定分析需求而言其价值密度是比较低的,但是随着大数据技术的发展和创新,其整体商业价值非常大。

(三) 5G——第五代移动通信技术

移动通信技术发展与互联网发展一直相伴而行,两者互为补充、相互促进。3G 时代催生了智能手机,奠定了移动互联网基础。4G 时代催生了扫码移动支付、共享经济和移动短视频业务的发展。5G 则得益于大数据、人工智能、云计算、物联网和区块链等技术,实现了通信、计算与控制的有效结合,为产业互联网打下基础。

拓展阅读 2.1

移动技术与传播能力的发展

(四) 区块链

区块链技术则是利用加密链式区块结构来验证与存储数据、利用分布式节点共识算法来生成和更新数据、利用自动化脚本代码(智能合约)来编程和操作数据的一种全新的去中心化基础架构与分布式计算范式[2]。区块链技术源于比特币,但其应用远不止于此。目前,基于区块链的技术应用有数字货币、文件存储系统、电子商务系统、智能合约系统、跨境

---

[1] 方巍,郑玉,徐江.大数据:概念、技术及应用研究综述[J].南京信息工程大学学报(自然科学版),2014,6(05):405-419.

[2] 袁勇,王飞跃.区块链技术发展现状与展望[J].自动化学报,2016,42(04):481-494.

支付与结算等。有学者认为区块链技术有望实现从信息互联网向价值互联网转变。

二、形成新业态

从商业模式看,互联网在消费领域、金融领域以及服务领域的融合发展,催生了以淘宝、京东、拼多多等平台为代表的电子商务,以滴滴、美团打车等为代表的网约车,以支付宝和微信支付为代表的第三方支付以及以抖音和快手为代表的短视频直播等新兴商业模式。

从产业形态看,互联网经济正从"消费互联网"转向"产业互联网"。消费互联网是指以消费者为服务中心,以日常生活为应用场景,通过互联网技术及生态改善个人生活消费体验,如出行、饮食、娱乐、生活等诸多方面。消费互联网中,更容易形成赢者通吃的局面。产业互联网是指利用互联网技术将产业的各环节、各要素进行数字化和网络化,对原有的业务流程和生产方式进行变革,形成基于互联网生态和技术的资源配置和价值创造新体系。产业互联网由于具有强大的技术壁垒和行业壁垒,在应用层会出现若干细分市场的小巨头。消费互联网与产业互联网的区别如表 2-2 所示。

表 2-2 消费互联网与产业互联网的区别

区　别	消费互联网	产业互联网
用户主体	消费者	生产者(产品服务的提供者)
涉及领域	出行、饮食、娱乐等日常领域	研发、制造等生产领域
发展目的	提高消费者的消费体验	提升生产效率,节约资源
市场结构	赢者通吃,寡头垄断	行业壁垒性强,竞争格局更分散

中国互联网经济从消费互联网转向产业互联网的背景是多方面的。比如,人口红利消失,企业寻找新的增长点。根据中国互联网络信息中心(CNNIC)发布的第 45 次《中国互联网络发展状况统计报告》显示,截至 2020 年 3 月,我国网民规模为 9.04 亿,互联网普及率达 64.5%,中国海量的网民规模为消费互联网的发展提供充足的沃土,但随着互联网渗透加深,消费互联网已经接近增长的天花板,故互联网企业纷纷寻求新的增长点。我国近年来人口出生率持续下降、人口红利消失、劳动力成本高等因素倒逼企业重视效率的提升。在此前提之下,产业互联网成为新的发展方向。中国企业规模庞大,企业服务领域潜在需求巨大。网民规模是消费互联网发展的基础,企业规模是产业互联网发展的基石,中国庞大的市场主体数量意味着产业互联网有极大的潜力。

三、开拓新要素

生产要素的含义和种类随着经济发展发展而不断拓宽。农业经济时代劳动力和土地是经济发展的不可或缺的要素;工业经济时代,资本和技术要素是经济发展的关键;到了以互联网技术为核心的数字经济时代,互联网经济要求突破原有生产函数如土地、劳动力、资本等生产要素的局限,引入数据作为新的生产要素。2020 年 4 月,《中共中央国务院关于构建更加完善的要素市场化配置体制机制的意见》中,"数据"作为一种新型生产要素,首次与其他传统要素并列为要素之一。

互联网经济中信息和数据是重要的生产要素,是一种具有虚拟形态的生产要素,其生产、使用、存储都不能脱离有形资产(信息载体和数据存储硬件)独立存在。信息和数据要素对经济发展的促进体现在对其他要素的倍增作用,即通过合理的资源配置,信息数据要素可以放大劳动力、技术、资本等要素的价值创造,进而提高全要素生产率。互联网经济能够增强信息和数据的流动性,并通过相应的技术提升其使用范围和价值,如通过互联网的整合能力,提升市场的透明性,通过充分的信息获取,提升交易的准确性。

拓展阅读2.2

中共中央国务院关于构建更加完善的要素市场化配置机制的意见

四、推动新智造

智能制造(intelligent manufacturing,IM)是以新一代信息技术为基础,配合新能源、新材料、新工艺,贯穿设计、生产、管理、服务制造活动各个环节,具有信息深度自感知、智慧优化自决策、精准控制自执行等功能的先进制造过程、系统与模式的总称[①]。

互联网技术是实现智能制造的动力引擎。材料、能源和信息是制造业生产的三个要素,三个要素领域的任何技术革命都会导致生产方式的革命和生产力的飞跃。互联网技术首先改变了制造业信息数据的流动与联通。借助大数据、物联网、宽带网络等互联网技术,制造业实现了研发、生产、物流和服务等各个环节的数据精确控制。生产设备和设备之间、工作人员和设备之间、用户和产品之间的数据联动所形成的工业互联网,能够开展柔性化的生产制造,调整产品的生产率,也可以通过数据云端存储,降低设备的硬件成本和功耗。

另外,生产制造将依托互联网,放大网络经济效应,推动制造业从生产到销售的技术性创新。2013年12月12日,小米手机公司创始人雷军和格力电器公司CEO的董明珠立下10亿元"赌约",前者认为年收入不足百亿的小米公司能够在五年内超过年收入已超千亿元的格力电器公司。五年之后(2018年),格力电器营收约2000亿元,小米集团营收为1749亿元。格力以250多亿元的优势胜出,但是两者的差距已经大大缩小。

这场看似张狂的企业家豪赌,背后正是互联网赋能制造业的最好印证。与传统制造公司不同,小米卖手机等硬件并不满足于通过销售硬件盈利,而是通过用户获取和运营获取用户的终身价值。比如,通过小米手机、小米电视和小米路由器三大核心产品,打造一套完整的智能家居硬件网络,通过用户数据的多方位获取及分析提高用户的使用满意度,并通过网络效应提高用户的使用价值和转换成本。

小米是以互联网思维从事制造业的破局者,而长期浸润制造业的格力也在互联网智能产品、推进生产过程智能化、布局直播电商等领域不断发力。今天再看格力和小米,很少有人会把它们看成单纯的制造业和单纯的互联网企业,更多的是看到互联网和制造业的融合发展。这背后折射的不仅是生产组织方式的变革,更是一轮科技革命从生产到销售的根本

---

① 吕铁,韩娜.智能制造:全球趋势与中国战略[J].人民论坛·学术前沿,2015(11):6-17.

性转变。

【本章小结】

互联网经济具有联通性、即时性、交互性、痕迹性、操控性和共享性六大网络属性,由此产生了不同于传统经济的互联网经济的经济特性:网络外部性、边际效益递增、自然垄断、正反馈机制、路径依赖、锁定效益、经济平台化和双边市场等。在新技术的推动下,互联网经济不断发展出新的经济功能。

【思考题】

1. 互联网经济的网络属性是什么?
2. 什么是网络外部性?它有哪些类型?
3. 影响用户从一个网络平台转向另一个网络平台的转移成本因素有哪些?
4. 举例说明互联网经济的自然垄断现象。
5. 举例说明什么是双边市场。

【案例分析】

小米布局生态链

2020年6月10日,小米创始人雷军在抖音发布了一条有关智能家居的短视频,雷军在视频中演示了智能家居的使用场景,包含客厅、厨房、卧室等,很多设备彼此之间实现了互联。雷军的演示,将停留在概念阶段的智慧家庭变得更具象了。

小米业务版图遍布手机、电商、新零售等多个方面,而智能家居产品则依托于布局已久的生态链计划。布局生态链,是小米过去最成功的策略之一。从2013年小米开始孵化第一家生态链企业紫米开始,如今生态链阵营当中的企业已经超过200家,打造的产品范围涵盖手机电脑、数码周边、美妆个护等,甚至可以在小米有品App上买到牙刷和床垫。小米的生态链布局已经开始显示出成绩。根据艾瑞咨询数据,截至2019年年底,按已连接设备(不包括手机和笔记本电脑)计算,小米位列第一名。根据小米2019年财报显示,物联网(Internet of Things,IoT)及生活消费品收入达到438亿元,占总收入的25%,连续三年以来,该项数据都保持着80%以上的增速,总营收额仅次于小米手机业务。

小米的生态链产品拥有高度统一的设计风格,从外观上很难辨别彼此的区别,但实际上,不同产品的背后有不同的生态链企业,它们与小米之间的关系也并不相同。

小米的生态链布局,主要从三层关系展开,以手机为核心,第一层为手机周边产品,第二层是智能硬件,第三层则是生活耗材。过去曾主导小米生态链建设的刘德说过,"离手机近点的早点干,离手机远点的晚点干,离用户近的早点干,离用户远的晚点干"。所以小米除了生态链核心产品,电视、笔记本、人工智能音响和无线路由器之外,对于生态链企业的重视程度也取决于与手机业务的关联程度。

生产小米充电宝的紫米,是生态链的早期成员。紫米创办之后,公司团队主要负责产品,挑选电池、芯片选择、外观设计等,除此之外的品牌、用户、渠道等方面都由小米一手包揽。但对于和小米业务契合度不高,后期加入生态链的成员,待遇则要相差很多。智能乐器公司视感科技是2016年加入小米的生态链企业,其在小米的定位中恰好位于"非重点"的企业,所以这家企业没有得到小米产品经理的驻场支持,而且加入小米所得到的资金和渠道收益也是最低的。

在小米投资过程中,很多生态链企业两三年时间就跻身行业的头部位置,但它们又不甘心只依附于小米,所以不断寻求独立。2018年,小米生态链最早期的成员之一华米科技递交招股书,成为小米生态链赴美上市第一股。

小米生态链内企业想要寻求独立,其实是由危机意识主导的。根据华米招股书显示,截至2017年前9个月,华米智能可穿戴设备出货量超过1160万台,远超过同行,但当时80%以上的出货量都依赖于小米。"小米是我们最重要的客户和分销渠道。我们与小米的关系出现任何恶化或小米可穿戴产品销售发生任何减少,都可能会对我们的经营结果产生实质性的负面影响。"华米在招股书中作了这样的风险提醒。

与华米等情况相似的生态链企业不在少数,虽然借助于小米而发展壮大,但都同样又面临着对小米渠道依赖过重、毛利率太低的困境。于是,很多企业在加入小米生态链之后,开始着手打造自己的独立品牌。生态链企业想要打造自主品牌、建立自有渠道,都是一个漫长的过程。对于小米而言,这将是新的挑战。

资料来源:https://www.sohu.com/a/406606081_250147?_trans_=060005_xxhd.

根据上述案例内容,思考以下问题:

1. 小米生态链的建设对以手机生产起家的小米公司的发展具有什么战略意义?
2. 小米生态链构造形成过程中体现出了哪些互联网经济特性以及互联网的新功能?
3. 分析互联网如何助推实体经济的发展。

第三章
互联网经济中的市场均衡

【学习目标】
1. 了解效用分析方法,理解数字产品的消费者均衡、需求曲线;
2. 了解数字产品的成本构成,理解数字产品的生产者均衡、供给曲线;
3. 理解互联网经济中的市场均衡。

【重要概念】
数字产品效用　消费者均衡　边际成本递减　边际收益递增　市场均衡

【开篇导读】

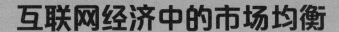

拼多多成立于2015年9月,是一家专注于C2B拼团的第三方电商平台。用户通过参与和家人、朋友、其他App用户等的拼团,能够以更低的价格,拼团购买商品。上线10个月,拼多多单日成交额突破1000万元,付费用户数超一亿元,它用不到一年时间走完了传统电商三四年走的路。

拼多多的交易逻辑围绕"拼团模式"设计,对于消费者其优势体现在:高性价比与社交裂变。首先,拼多多面向的是相对下沉的市场,用户的价格敏感度较高,商品如果要成为爆款,超高性价比是前提,所以拼多多在发展壮大的过程中,大量商品做到了全网最实惠。此外,基于社交裂变的运营推广也是重要优势,因为下沉市场是熟人社会,这在一定程度上解决了消费者的社群信任问题,拼团发起人类似于为平台提供了信用背书,互利打折的关系也推动了消费的达成,同时分享提供了商品传播渠道,拼团成功转化率会很高。朋友圈流行的"砍一刀"玩法也在无形之中为平台拉拢了许多用户,拼多多在一些圈子中似乎已经成为一种"社交工具"。

从平台的角度而言,拼多多上的生产商家为了创造出性价比更高的产品,如纸巾厂家会专门开发小尺寸的纸巾从而把成本大幅降低,实现薄利多销。诸如此类的柔性供应链和基于消费者需求对工厂端生产的改造也体现了拼多多低调布局的内功。

资料来源:https://zhuanlan.zhihu.com/p/103403279?utm_source=wechat_session.

案例思考:
从这个新型电商平台的例子中我们可以看出,互联网经济下消费者的偏好、决策依据,生产者的运营策略以及市场大环境都发生了变化,那么请思考:从经济学原理出发,这对传统的消费者、生产者以及市场均衡的达成提出了哪些挑战?

均衡分析是经济学理论中非常重要的一个部分。由于相比于传统经济,互联网经济中数字产品消费者支付意愿、生产成本与产品数量的关系发生了变化,导致反映消费者均衡的需求曲线和反映生产者均衡的供给曲线的形状发生变化,市场均衡也随之改变。在本章中需要充分理解互联网经济下消费者均衡、生产者均衡以及市场均衡的理论基础与分析方法。

第一节 消费者均衡

在对互联网经济展开分析前,有必要先回顾微观经济学中的一些基本假设和结论。

消费者均衡是研究单个消费者如何把有限的货币收入分配在各种商品的购买中以获得最大的效用。也可以说,消费者均衡是在研究单个消费者在收入既定下实现效用最大化的均衡条件。消费者均衡研究的假设条件有:(1)偏好既定,指消费者对各种物品的效用评价是既定的,不会发生变动;(2)收入既定,是指每个消费者的货币收入是既定的,因此其支付能力也是既定的;(3)价格既定,是指每种商品的价格是既定的,不会发生变动。

常用的消费者均衡分析方法有边际效用分析法和无差异曲线法:边际效用分析法的内涵是,当消费者在消费每单位产品所获得的边际效用相等时,其获得的总效用达到最大化;而无差异曲线法是通过寻找无差异曲线(效用相同的商品消费组合)和预算线(在既定收入和价格的条件下可购买商品的不同组合)的切点来确定均衡消费组合。

一、数字产品的效用分析

消费者为购买一定数量产品所愿意支付的货币价格取决于其从这些产品中获得的效用,效用越大,支付意愿越高;效用越小,支付意愿越低。本节内容旨在通过分析数字产品的效用变化规律进而得到其效用函数和效用曲线。

效用理论是现代经济学分析的基础,是分析消费者行为不可或缺的基本工具。效用是经济学衡量消费者福利的概念,是对于消费者通过消费或者享受产品和服务使自己的需求、欲望得到满足的一个度量,是一种主观的心理评价。通俗来讲,效用理论旨在研究消费者如何在各种商品和劳务之间分配他们的收入,以达到满足程度最大化。商品的需求来源于消费者,他们被假定为以理性经济行为追求自身利益的当事人。

人们的欲望是消费者对商品需求的动因,商品具有满足消费者欲望的能力,消费者则依据商品对欲望满足的程度来选择不同的商品及相应的数量。消费者拥有或消费商品或服务对欲望的满足程度被称为商品或服务的效用。一种商品或服务效用的大小,取决于消费者的主观心理评价,由消费者欲望的强度所决定。而欲望的强度又是人们的内在或生理需要的反映,所以同一种商品对不同的消费者或者同一消费者的不同状态而言,其效用满足程度也会有所不同。

（一）数字产品的效用

数字产品的效用是指，一个人在占有、使用或消费某种数字商品时所得到的快乐和满足。随着消费数量的增加，数字产品带来的总效用增大。

总效用是指消费者在一定时期内，消费一种或几种商品所获得的效用总和。用 TU 代表总效用，Q 代表消费的数量，则总效用 TU 可以视为消费数量 Q 的函数：

$$\text{TU} = f(Q)$$

边际效用是指消费者在一定时间内增加消费单位商品所引起的总效用的增加量。用 MU 代表边际效用，仍用 Q 代表消费量，则边际效用 MU 为总效用增量 $\Delta \text{TU}(Q)$ 与消费数量增量 ΔQ 之比：

$$\text{MU} = \frac{\Delta \text{TU}(Q)}{\Delta Q}$$

如果消费量可以无限分割，总效用为连续函数，则商品的边际效用是总效用对消费量的一阶导数：

$$\text{MU} = \lim_{\Delta Q \to 0} \frac{\Delta \text{TU}(Q)}{\Delta Q} = \frac{d\text{TU}(Q)}{dQ}$$

在对某一产品连续消费的过程中，单位产品所带来的效用是不一样的。传统经济下，消费数量越多，最后一个单位产品的效用越低，即"边际效用递减"被视为一种具有普遍意义的规律。但"边际效用递减规律"对数字产品并不完全适用，许多数字产品反而呈现出"边际效用递增"的现象，本节后面将对这一现象展开详细论述。

（二）数字产品的边际效用递增

1. 数字产品边际效用递增现象

一般物质产品的消费符合边际效用递减的规律，但一些数字产品却呈现出边际效用递增现象。这里的边际效用与传统边际效用的概念有所不同，是指网络规模每增加一个单位，单个消费者效用的增量。人们对网络通信的依赖就体现出"边际效用递增"的特征：微信社交平台在使用之初，微信用户规模较小，满足社交需求的能力较弱，相应地用户感知到的效用较低，而随着越来越多用户加入这个平台，平台功能不断延伸，微信对用户的有用性不断提高，黏性增强，因此，网络规模扩张引致的边际效用增量越来越大。需要注意的是，互联网经济中"边际效用递增"规律受产品性质、时间范围和消费阶段等诸多约束条件的限制，并不会完全取代传统经济的"边际效用递减"规律。

2. 数字产品边际效用递增现象的原因

（1）需求方规模经济：梅特卡夫法则。"需求方规模经济"是数字产品边际效用递增的核心原因。对于数字产品而言，需求方规模经济是普遍现象，指一项产品或服务的价值是由对这项产品或服务的需求者人数决定的，采用某项产品或服务的人数越多，其价值就越大。其内在原理是网络外部性，网络外部性的存在往往意味着收益递增：企业制造或销售的产品越多，其价值就会越高，因而它们所获得的优势就越大，获取收益更加容易。

梅特卡夫法则是一个关于网络的价值和网络技术发展的定律，其内容是：一个网络的价值等于该网络内的节点数的平方,而且该网络的价值与联网的用户数的平方成正比。

梅特卡夫法则表明,一个网络的价值与其用户的规模相关联,每一个新用户的加入都会给已有的用户带来新的价值,从而使整个网络的价值增加。梅特卡夫定律背后的理论,其实就是网络的外部性效果:使用者越多,对原来的使用者而言,不仅其效果不会如一般经济财产那样人越多效用越小,反而其效用会越大,总结而言就是由网络需求方规模扩大引发的一种规模经济。

互联网超越了空间的限制,根据梅特卡夫法则,所有的网络经济都会产生效益递增,进而使加入网络的价值增加,增强数字产品的经济驱动力。因此,在网络外部性的作用下,产品或服务的网络价值体现得比其自身价值更加重要。

(2)信息需求自我强化与知识技术积累机制。数字产品提供的是非物质效用,这种效用不存在一个使用的极限,不会因为使用数量的不断增加而出现需求饱和。相反,随着使用量的增加,需求会变得越来越强烈,而产品对使用者产生的效用越大。例如,知识类数字产品,消费者在使用过程中获取的知识不断增加,一般不仅不会出现需求饱和,反而会继续产生更强的学习意愿,这就是信息需求的自我强化。

同时,数字产品的消费也与一般物质产品消费存在很大不同。消费者随着单位消费时间的增加,获得的知识越来越丰富,技术熟练程度越来越高,消费的边际成本(时间成本、试错成本等)不断下降,这源于信息技术积累机制。

正是因为存在以上两点特征,需求方规模经济才能充分实现,即信息需求自我强化及知识技术积累机制作为数字产品的基本消费特征,强化了梅特卡夫法则的作用,将"网络效应"放大,这是数字产品边际效用递增得以实现的一项基础。

(三)数字产品的效用函数

1. 数字产品的价值构成

数字产品的价值分为自有价值和协同价值两部分。自有价值是指在不考虑其他消费者时,单纯产品消费为某个用户带来的价值。协同价值是指当新的用户加入网络时,老用户从中获得的额外价值,这取决于网络规模。协同价值形成了网络经济的外部性,它在网络经济中十分显著,所以消费者在制定购买决策时除了对自己的支付能力、产品自有价值进行权衡判断外,还需要考虑其他消费者的购买行为。

2. 数字产品效用函数的构建

在前面的章节中,我们提到互联网经济的外部性,其实质就是网络规模扩大过程中的一种规模经济,与产生于供给方面的传统规模经济不同的是,这种规模经济产生于市场的需求方面。使用的用户越多,数字产品的价值越大,消费者能从中得到的效用就越多。因此,互联网经济与传统经济的一个重要区别,表现为消费者效用函数的变化。

如前所述,消费者不仅可以获得数字产品本身的价值,而且可以获得由网络外部性所带来的协同价值,对应地,可以将数字产品的效用函数表示如下:

$$U = U(X, M)$$

X 代表产品本身的效用,即消费者单独使用时获得的效用;M 代表网络效应带来的效用。在不同学者对数字产品效用函数的研究中,提出了不同模型。

网络产品的效用函数最早由 Katz，M. L. 和 Shapiro，C(1985)[①]提出，消费者支付意愿的效用函数表示如下：

$$U = r + v(x^e)$$

r 表示产品 x^e 的基本效用，由产品本身带来，与传统经济学中的效用概念相同；$v(x^e)$ 是网络预期规模 X^e 给消费者带来的网络效用，称为"网络效应函数"，也叫作网络收益函数。产品的效用函数同样适用于数字产品，这是数字产品效用函数的基本模型。

基于不同的假设，数字产品的效用函数有单调网络效用函数与非单调网络效用函数两种具体模型：

(1) 单调网络效用函数。单调网络效用函数是网络预期规模 x^e 的递增函数，此模型基于这样的假设：网络规模的增大会一直对消费者效用产生正向作用，但影响程度逐渐减小，直到一定规模时这种作用趋近于 0。为了便于分析，假定网络效应函数 $v(x^e)$ 二阶连续可微，并且具有如下性质：$v'>0, v''<0, v(0)=0$ 并且 $\lim\limits_{x\to\infty} v'(x^e) = 0$，也就是说，网络效用函数具有凹性和单调性，在这种情况下，网络效用函数如图 3-1 所示。

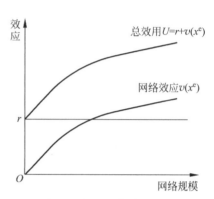

图 3-1 单调网络效用函数

当无人使用数字产品时，数字产品本身具备传统经济中产品所具有的基本效用；而随着使用数字产品用户规模的增加，单个消费者获得的协同效用增加，进而总效用增加，当网络规模很大时，协同效用增量趋于 0，总效用也趋于稳定。图 3-1 中，r 效用值对应的水平线代表基本效用，是一个常量；曲线 $v(x^e)$ 代表协同效用，随网络规模的扩大而递增；二者叠加形成总效用曲线 U。

网络游戏，尤其是团队型网络游戏，可能表现出这种特征：对于单个游戏用户来讲，起初网络规模较小时，玩游戏只能带来固定的基本功能效用，用户的兴趣也比较有限；但随着游戏受众规模逐渐扩大，游戏变得流行，用户能够从中体验到的愉悦感和协作性越来越强，开始对玩游戏"上瘾"，其获得的效用也随之增大；不过，这种协同效用的增加速度是逐渐减慢的，网络规模的初期增长对用户的吸引力最强。

根据函数模型，消费者效用虽单调递增却有一个极限值，这其实是因为在网络搭建初期，每增加一个用户，其贡献的信息与网络原有信息的重合度较低，边际信息贡献量相对于后期(信息重合度较高)更多。

(2) 非单调网络效用函数。在单调网络效用函数中，我们假定网络效用函数具有凹性和单调性，这在很大程度上是为了便于处理。然而，现实中的情况往往是，当网络很小时，其网络效应很小，并且出现递减的现象；一旦网络达到某个临界规模，网络效应就迅速递增；在到达某个临界量后，又慢速递增。在特别大的网络上，网络效应甚至可能由于过载而变为负值。因此，某些特定网络或网络产品的网络效用函数可能是非凹、非单调的。

---

① Katz, M. L. and Shapiro, C. Net-work externalities, competition, and compatibility[J]. The American Economic Review, 1985(75): 424-440.

Young 和 Barrett(1997)[①]引入了非凹非单调的网络效用函数,他们假定网络效用函数 $v(x_t^e)$ 遵循生物经济学的临界分布形式,如图 3-2 所示。

同样,假定网络效应函数 $v(x^e)$ 二阶连续可微,这一非凹非单调函数具有如下性质:当 $x_t^e < K_1$ 时,$v' < 0$;当 $x_t^e > K_1$ 时,$v' > 0$。网络效应函数之所以有这样的形状,是因为网络效应包含排他性效用 $e(x_t)$ 和功能性效用 $f(x_t)$ 两部分,而网络规模的大小对这两个效用都有影响。

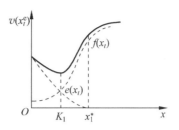

图 3-2 非单调数字产品效用函数

排他性效用是指消费者因购买唯一性或专属性产品所获得的效用:对消费者购买模式和消费理念的观察表明,网络产品的初始购买者对他们拥有的排他性赋予了相当的正价值。新的、没有被广泛接受的网络技术,在只有少数人拥有时,常常是地位的象征,属于地位商品。这种排他性效用必然随着网络规模的扩大而降低,一旦足够多的人拥有,这一效用就会变成零。而功能性效用与网络规模正相关,所谓功能效用是指消费者享受产品功能所带来的效用。Bilibili 视频网站发展初期,用户规模较小且类型单一,早期用户大部分是二次元爱好者;当其用户群体突破小众文化圈后,一些元老用户感受到平台文化调性被破坏、归属感减弱,即这排他性效用的影响大于功能性效用,总效用降低(对应图 3-2 中 K_1 前的阶段);随着用户规模继续扩大,进而平台资源功能逐渐完善、排他性效用逐渐减弱,此时功能性效用成为主导,总效用上升(对应图 3-2 中 $K_1 - x_1^*$ 的阶段);不过,网络效应带来的效用增长是有限的,用户规模达到临界容量后,效用增速减缓,逐渐趋于稳定(对应图 3-2 中 x_1^* 之后的阶段)。

在规模还没达到 K_1 时,排他性效用的影响大于功能性效用的影响,所以效用函数曲线整体呈现向下的趋势;而超过规模 K_1 之后,则正好相反,不过继续发展到一定规模 x_1^* 之后,网络规模增长带来的效用增加的速度会减慢。

如前所述,数字产品的效用特征意味着相关兼容性产品的数量或者售后服务在网络规模没有达到临界容量点之前都很低,即产品的功能性效用在刚开始时很低,网络效应带来的效用增加不足以弥补用户基本效用的减少,一旦网络达到了某种最小有效规模——临界规模(即网络效应得以显现的最小规模,见图 3-2 中的 K_1 点)时,就会迅速增加;当网络规模达到饱和点——临界容量(即网络效应能够得以发挥的最大限度,见图 3-2 中的 x_1^* 点)时,这一价值将会稳定下来。如果网络规模超载,功能性效用甚至可能下降。

临界容量的存在揭示了支撑网络成长需要一个最小的非零均衡规模。存在正的临界规模的必要条件有:(1)网络规模扩大,消费者的效用和支付意愿也提高;(2)当网络规模较小时,消费者的支付意愿同样会随着网络规模的扩大而扩大;(3)很小的网络可以在较高的价格下得以存在和扩张。

[①] A., *Young*, N. E., Stevens, R. A., Hewitt, E., Watts, C., and *Barrett*, A. J. Cloning, Isolation, and Characterization of Mammalian Legumain, an Asparaginyl Endopeptidase[J]. Journal of Biological Chemistry,1997.

拓展阅读 3.1

B 站：激烈竞争下的弯道超车

二、数字产品的消费者均衡

前文所介绍的数字产品效用规律，主要是为分析互联网经济中的消费者行为作理论铺垫。本节以微观经济学中的消费者行为理论为基础，探讨互联网经济下的消费者均衡。

（一）传统经济中的消费者均衡

效用（U）是指消费者消费某种商品所得到的满足程度，它不仅仅取决于商品本身所固有的性质，而且还依赖于消费者自身的主观感受。可见，效用是消费者对商品满足自己欲望能力的一种主观心理评价，可表示为：

$$U = f(x_1, x_2, \cdots, x_i)$$

其中，U 表示效用水平；x_i 表示商品 i 的数量；消费者获得的效用 U 是有关各种商品消费数量的函数。

总效用（TU）是指消费者在一定时间消费一定数量商品所得到的效用总和。边际效用（MU）是指同一消费者在消费不同数量商品时的效用变化。总效用与边际效用的关系是：边际效用 MU 是总效用 TU 对产品消费数量 Q 的导数。假设消费者对一种商品的消费数量为 Q，则：

$$TU = f(Q)$$

$$MU = \lim_{\Delta Q \to 0} \frac{\Delta TU(Q)}{\Delta Q} = \frac{dTU(Q)}{dQ}$$

传统经济中，当消费者的货币收入水平固定，并且市场上各种商品的价格已知时，消费者要实现效用最大化就应该使自己所购买的各种商品的边际效用与价格之比相等。或者说，消费者应使自己花费在各种商品购买上的最后一元钱所带来的边际效用相等，可用公式表示为

$$P_1 X_1 + P_2 X_2 + \cdots + P_n X_n = I$$

$$\frac{MU_1}{P_1} = \frac{MU_2}{P_2} = \cdots = \frac{MU_n}{P_n} = \lambda$$

其中，I 表示消费者的既定收入；n 表示商品数量；λ 是一个常数；表示每单位货币的购买力，也就是货币的边际效用。在消费者的货币收入水平一定的条件下，使消费者花费在各种商品上的最后一元钱所带来的边际效用相等，且等于货币的边际效用。上述两公式分别表示消费者效用最大化的均衡条件和限制条件（货币预算约束），二者共同确定为了满足效用最大化消费者应选择的最优商品组合。

（二）数字产品的消费者偏好

消费者偏好是指对某一种消费行为的倾向性。数字产品的价值对消费者偏好具有很强

的依赖性,并且需求函数基于消费者偏好理论而建立。互联网经济中,传统需求理论的"偏好稳定性"假设发生了改变,许多因素都会影响消费者偏好。也就是说,对于数字产品,消费者在选择时,价格往往不是主要的或者单一的考量标准。

数字产品的消费者偏好是指消费者习惯于消费某种数字产品或特别喜爱消费某种数字产品的心理行为。数字产品作为一种特殊的产品,其消费者偏好与物质产品的消费者偏好存在一些不同。

1. 差异性

物质产品的消费者偏好也具有差异性,但这种差异对数字产品的消费者偏好尤为明显。不同消费者对同样数字产品的消费者偏好可能明显不同,即同样的数字产品对于不同的消费者的价值可能相去甚远。例如,音乐发烧友可能对某一数字音乐产品具有强烈的需求欲望,并愿意支付较高的价格来购买,但对一般消费者来说就没有这么强烈的需求动机,甚至对音乐盲来说此产品可能几乎没有任何价值。

2. 不确定性

数字产品的消费者偏好不但具有差异性,而且还会随着环境的变化而发生变化,即具有不确定性。由于大多数数字产品具有实效性,生命周期短,替代品多,更新换代快,所以消费者对其的偏好很难具有稳定性,并且是动态变化的。例如,对网络社交工具,消费者可能开始比较偏向于使用 QQ,后来转向微信、微博,之后还可能对抖音、快手等新型社交平台产生兴趣。

3. 自发增强性

自发增强性是指消费者对数字产品的偏好随着使用数量的增多而不断自发增强的性质。形成数字产品消费者偏好自发增强性的原因主要有三个方面:一是数字产品的数字产品的效用增量是非饱和性的,在消费过程中会自发引起人们的兴趣,增强人们的偏好。例如,网络游戏越玩越让上瘾,小说、电影等内容产品越看越让人沉迷其中。二是数字产品具有网络外部性,用户越多、使用量越大,它给人们带来的效用越高,人们对它的偏好越高。例如,互联网的使用。三是一些数字产品使用中具有锁定效应,更好的产品需要产生学习成本,强化了对已经使用习惯了的数字产品的消费者偏好,如电脑操作系统。

(三) 数字产品的消费者均衡

上述数字产品效用函数隐含地定义了某一大于零的 K_1 点,也就是排他性效用和功能性效用的交点。当 $x < K_1$ 时,排他性递减,并且排他性效用大于功能性效用;当 $x > K_1$ 时,$V(x_i^c)$ 随功能性效用递增而递增,排他性效用逐渐递减最终为零。

互联网经济中的消费者均衡与传统经济中的消费者均衡条件相同,都是使消费者花费在各种商品购买上的最后一元钱所带来的边际效用相等,其用公式表示如下:

$$P_1 X_1 + P_2 X_2 + \cdots + P_n X_n = I$$

$$\frac{\mathrm{MU}_1}{P_1} = \frac{\mathrm{MU}_2}{P_2} = \cdots = \frac{\mathrm{MU}_n}{P_n} = \lambda$$

而二者不同之处在于效用的不同。互联网经济中存在需求方规模经济,随着用户的增加,消费者所获得的效用递增。这意味着,我们无法用边际分析法得到数字产品的均衡,应该采用无差异曲线法。

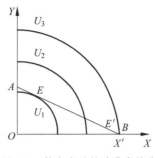

图 3-3 数字产品的消费者均衡

如图 3-3 所示,由于数字产品边际效用递增,数字产品的无差异曲线凹向原点。这是因为:第一,大部分数字产品表现出边际效用递增现象;第二,数字产品的消费具有锁定效应特征。假定起初消费者只消费商品 X,消费数量为 n,考虑在保持效用固定的前提下改变消费组合,由于边际效用递增,同时,改变消费组合存在转移成本,在锁定效应作用下可能形成路径依赖,第 n 单位的 X 产品带来的效用比第 1 单位的 Y 产品带来的效用大,因此每减少一单位 X 商品消费,需要增加大于一单位的 Y 商品消费,才能够获取相同效用,即 Y 对 X 的边际替代率低。因此,数字产品的无差异曲线呈现出"凹向原点"的形状。在这种情况下,尽管预算线 AB 与无差异曲线 U_1 相切于 E 点,但 E 点并不是均衡点;因为预算线 AB 也与无差异曲线 U_3 相交于 E' 点,而 U_3 的效用水平高于 U_1,因而 E' 才是均衡点。此时的消费组合为 X',即只消费 X 一种产品。

这与实际情况相符,在有两种可以互相替代的数字产品的情况下,人们最终只会选择其中一种而放弃另外一种。这是因为,只使用一种产品要比同时使用几种相同的产品所获得的效用更大。这一结论的理论解释是,由于数字产品具有边际效用递增特性,消费者对某一类数字产品的偏好会随着消费数量的增加越来越明显,同时在网络外部性作用下,"需求方规模经济"的效果更加强烈,这些使得消费者最终会在具有替代性的两种(以及上)数字产品中锁定一种来消费。但也如前文所述,这种锁定的稳定性较低,消费者偏好也在不断动态变化,因此,我们所讨论的均衡是一种暂时性状态,并非绝对均衡。

三、数字产品的需求曲线

需求曲线是指其他条件相同时显示价格与需求量关系的曲线,是经济学研究供求关系时的核心工具之一。

传统经济学理论认为价格是影响需求的最重要因素。需求曲线是一条自左向右下倾斜的曲线,这反映了需求量变动的规律:价格上涨,需求量减少;价格下降,需求量增加,两者通常按反方向变化。

在互联网经济中,一个具有网络外部性的商品的价值随其所销售的数量的增加而增长。对于经济学家而言,这一定律似乎是违反直觉的,因为传统经济学中需求曲线是向下倾斜的,消费者对某一商品的需求是随着价格的降低而增加的,其原因在于边际效用递减规律。然而网络外部性却强调价格和数量的正相关性。事实上,需求曲线描述了一个静态的单期行为,反映了价格对需求数量的影响;而网络外部性则强调了预期的作用,反映了预期数量对价格的作用。也就是说,对于数字产品的需求而言,一方面,按照传统的边际效用递减,随着需求量的增加,价格有降低的趋势;另一方面,随着加入网络的消费者越多,网络的价值越大(网络效应),最终呈现出边际效用递增的特点,消费者支付意愿增加。

数字产品市场的需求曲线推导基于与传统经济学不同的思路,即需求决定价格。学者们基于不同的假设条件提出了不同的数字产品需求曲线,获得较为广泛认知的有以下两种:

（一）先减后增"对勾"型

基于 Young 和 Barrett（1997）提出的效用函数模型，假设在一定网络规模内，消费者的支付意愿与网络的价值/获取的效用成正比，则数字产品需求曲线的趋势较贴合二次函数形状，可写出数字产品的需求函数：

$$P = \alpha - \beta Q + \delta Q^2$$

这确定了数字产品的需求曲线是一条开口向上的抛物线：

$$\frac{\mathrm{d}P}{\mathrm{d}Q} = -\beta + 2\delta Q$$

产品价格对需求量求导，得到的结果为数字产品需求曲线的斜率，斜率变化存在以下三种情形：

当 $Q < \frac{\beta}{2\delta}$ 时，$\frac{\mathrm{d}P}{\mathrm{d}Q} < 0$，对应图 3-4 中点 Q_0 之前的一段曲线；

当 $Q = \frac{\beta}{2\delta}$ 时，$\frac{\mathrm{d}P}{\mathrm{d}Q} = 0$，对应图 3-4 中的 Q_0 点；

当 $Q > \frac{\beta}{2\delta}$ 时，$\frac{\mathrm{d}P}{\mathrm{d}Q} > 0$，对应图 3-4 中点 Q_0 之后的一段曲线。

据此画出网络产品的需求曲线，如图 3-4 所示：左半段的需求曲线向下倾斜，随着需求量的增加，消费者的支付意愿降低，这时边际效用递减效应大于网络效应，当网络产品的需求落在这个区域时，类似于传统产品；右半段的需求曲线向上倾斜，这时网络效应大于边际效用递减效应，随着网络规模的扩大，网络的价值增加，消费者的支付意愿也增加；当网络规模大到一定程

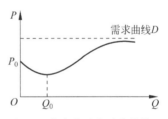

图 3-4　数字产品的需求曲线 1

度后，消费者的支付意愿不再随网络规模的扩大而持续增大，一般会趋于稳定甚至出现小幅下降趋势。

在互联网经济中，当以价格作为自变量时，在价格 P_0 下一个自变量会对应两个函数值，不满足函数要求。那么如果我们只关心当商品数量超过临界值 Q_0 边际效用开始递增时，即需求量和商品价格同方向变化，价格作为自变量就没有现实意义了，因为此时带来边际效用递增的是该商品的市场数量，由商品数量决定的网络经济外部性决定了需求曲线是一条向右上方倾斜的曲线，否则会如传统经济学的需求曲线那样向右下方倾斜，跟商品价格无关。因此，在互联网经济需求和供给的研究中，以商品数量作为自变量，以价格作为因变量。

（二）先增后减"n"型

经济学家 Economids 和 Himmelberg 提出网络外部性下数字产品的另一种需求曲线，其基本假设是：(1)在存在网络外部性的前提条件下，消费者在购买第 n 个单位的某一商品 A 时，支付意愿将受到其对 A 预期销售数量的影响：预期 A 将销售得越多，则愿意为 A 支付越高的价格；(2)在预期的销售数量已确定的情况下，其支付意愿又将随着需求数量的增

加而下降。在此模型中，与需求相关的量有两个，即预期需求 n_e 和实际需求 n，其假设是价格 P 为 n_e 和 n 的函数，即价格受到双变量影响。图 3-5 中的横轴既度量预期需求，也度量实际需求。

设消费者在预期销售 n_e 单位的情况下，为第 n 个 A 商品愿意支付的价格为 $p(n,n_e)$。首先，单纯考虑数量对价格的作用，遵循传统的需求与价格呈反向关系的规律，支付意愿随销售数量 n 的增加而降低，即在每一种预期需求的情况下，P 都随实际需求 n 的增加而下降，所以 $p(n,n_e)$ 是第一个变量 n 的减函数，在图 3-5 中表现为与 $n_1—n_4$ 相对应的 $D_1—D_4$ 均呈现向下走势；在此基础上加入网络外部性影响，$p(n,n_e)$ 是第二个变量 n_e 的增函数，这一点抓住了网络外部性的经济特征：支付意愿 P 随预期销售数量 n_e 的增加而增加，所以每个 n_e 都会对应一条 D_e，并且 D_4 高于 D_3 高于 D_2 高于 D_1。

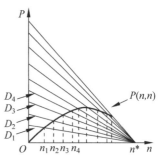

图 3-5　数字产品的需求曲线 2

假定在一个简单的市场均衡状态下，预期实现，则 $n=n_e$，进而可以定义已实现预期的需求为 $p(n,n)$。图 3-5 描述了一个典型的实现预期的需求曲线结构，每条曲线 $D_i(i=1,2,3,4,\cdots)$ 表明了在给定的预期销售数量 $n_e=n_i$ 的情况下，消费者为一个变动的数量 n 所愿意支付的价格（即传统需求曲线）。因此，图 3-5 中这组需求曲线的走势和位置是综合考虑了以上两个变量影响的结果。当 $n=n_i$，预期实现，消费意愿函数 $p(n,n)$ 上的点为 $p(n_i,n_i)$。这样，函数 $p(n,n)$ 就是一条由点 $p(n_i,n_i)$ 组成的曲线，代表当实际需求和预期需求相等时，数字产品价格与其需求量之间的关系。假定每种预期都能够实现，即 n_e 总能等于 n，那么数字产品的需求曲线就是由每种预期需求下消费者愿意支付的价格这一系列点连起来组成的曲线，即 $p(n,n)$。

n^* 代表一定的需求规模，对网络外部性下的需求曲线的研究表明：当网络规模很大时，网络效应可能出现负向作用，消费者支付意愿随之下降，甚至为 0，n^* 即为一个网络规模的临界点。为了避免爆炸式的增长和无限的销售情形的出现，假设 $\lim n \to \infty, p(n;n)=0$ 是合理的，因此 $p(n,n)$ 最终将向下弯曲。

第二节　生产者均衡

生产者均衡，是生产者决策的一种状态，它是指在既定成本下实现产量最大化。在传统经济学中，当某生产者在给定的成本约束下，产量达到最大时，该生产者就处于均衡状态。从另一个角度说，在既定总成本下，当达到最高的等产量曲线时，生产者就处于均衡状态。

一、数字产品的成本

按照微观经济学的分析框架，与传统产品类似，数字产品的成本分为总成本、平均成本和边际成本。

(一) 数字产品的总成本

将所有生产投入要素数量乘以要素价格即为投入这些要素所产出产品的总成本。

$$总成本＝固定成本＋变动成本$$

固定成本是指一定时期和一定业务量范围内不随产量变化而变化的成本 (如厂房、机器设备等投入),而变动成本是指可随产量变化而变化的成本 (如人员工资、办公费等)。

在传统经济学中,总成本曲线会随着产量的增加而增加,并且越来越陡峭。这是要素边际产量递减造成的,这使得企业为了多获得一个单位的产量需要投入比以往更多的要素量。在要素价格既定的情况下,生产成本曲线在产量不断增大时就越来越陡峭。

而在互联网经济下,由于数字产品存在高初始成本和较低的固定的边际成本(甚至为零)的特点,所以在企业生产出第一个单位产品后,总成本曲线不再是一条随产量增加而变得越来越陡峭的曲线,而是一条二阶导数为零的单调递增的函数曲线,而企业生产第一个单位的产品实际是要耗费相当多的劳动以及资本要素的,故产出第一个单位的产品的成本要比之后每一单位产品产出需要的要素要多,如图3-6所示。

固定成本与可变成本之和即为总成本,如图3-7所示。而固定成本是指在一定时期和一定业务量范围内,不随产量或业务量变动的成本。这些成本往往是企业在组织生产之前需要投入的一些不变的要素,在互联网经济下,这些可能是办公设备、计算机设备或者其他前期网络建设的基本投入等。而可变成本则是指那些会随着产量或业务量变动而变动的成本。在互联网经济中,随着用户的增加,伴随着的是对产品质量的维护、更新,而用户的增加意味着企业生产产品数量的增加。这意味着,产量的增加依然伴随着少量成本的增加,这些成本是相关工作人员的工资。至于传统经济生产中非常重要的可变成本——实物原料,在数字产品的生产中几乎不需要考虑,因此,假设互联网企业在进行生产的过程中所需耗费的可变成本基本仅为员工工资。而与传统经济下可变成本曲线不同的是,互联网经济下,生产第一单位产品要比之后生产更多单位的产品耗费更多的劳动要素,这是由数字产品高初始成本的特点决定的,所以它和总成本一样存在一个拐点,具体见图3-7。

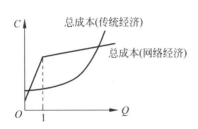

图3-6 传统经济的总成本与互联网经济的总成本

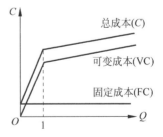

图3-7 数字产品的总成本

(二) 数字产品的平均成本和边际成本

与总成本相关的两个概念是平均成本和边际成本。

$$AC = \frac{TC(Q)}{Q}$$

平均成本,即单位产出的成本。在传统经济中,由于固定成本的存在,所以随着产量的增加,固定成本不断被分摊到更多单位的产品上,导致平均成本下降,直至递增的边际成本超过平均成本,拉动平均成本上升,使平均成本曲线 AC 呈 U 型(见图 3-8)。

$$MC = \frac{dTC(Q)}{dQ}$$

边际成本,是指企业增加一个单位产量时总成本的增加量。在传统经济中要素的边际产量是递减的,所以企业的边际成本曲线 MC 是递增的。

在互联网经济中,产品的平均成本会随着产量的增加而下降。与传统经济所不同的是,由于数字产品边际成本是几乎为零的,所以增加产品的产量几乎不会增加额外成本。因此,互联网经济中产品的平均成本曲线会随产量的增加而下降,而不会出现传统经济中的拐点。

数字产品的边际成本为何几乎为零,主要是由于其高技术性要求最初必须投入巨大的固定成本,一旦产品研究成功,额外生产一单位产品的生产成本相当低,甚至可以认为趋近于零。例如,互联网医疗的建设耗资巨大,但一旦建成使用,随着消费者逐渐加入互联网医疗系统,其边际成本越来越低。互联网医疗供应商为第一个用户提供服务之前,要花费租用网络、购买服务器、招聘技术人员和培训医务人员等高昂成本费用,但从为第二个用户提供服务开始,边际成本几乎为零。数字产品的这一成本特点导致了如图 3-9 形状的边际成本曲线图(边际成本在第一个单位产品后都为零)。

由于数字产品的生产必须达到临界规模,所以成本并非从 0 开始,而是从临界产量开始。

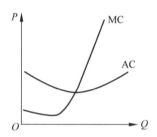

图 3-8　传统经济中的平均成本与边际成本

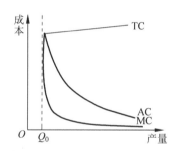

图 3-9　数字产品的总成本、平均成本和边际成本

(三)数字产品的边际成本递减

1. 数字产品边际成本递减现象

互联网经济中存在边际成本递减现象。信息网络成本主要由三部分构成:一是网络建设成本,二是信息传递成本,三是信息收集、处理和制作成本。由于信息网络可长期使用,并且其建设费用与信息传递成本及网络用户规模无关。因此,前两部分的边际成本为零,平均成本都有明显递减趋势;只有第三种成本与网络用户规模相关,即用户越多,所需信息收集、处理、制作的信息也就越多,相应成本会随之增大,但其平均成本和边际成本仍呈下降趋势。因此,信息网络的平均成本随入网人数的增加而明显递减,其边际成本则随之缓慢递减。

2. 数字产品边际成本递减的原因

导致互联网经济下数字产品边际成本降低的原因主要有以下三个。

(1)网络经济下产品的拷贝成本极低。拷贝性成本极低指的是互联网经济中可数字化的产品进行复制的成本几乎为零。在传统的实物经济中,由于受厂商规模的限制,各生产要素之间的比例不能很好地同时发生变化,边际成本曲线必然在某个产出点之后呈上升之势。而在网络世界中,人们要得到这些产品,只要到网上下载即可。对厂商来说,则几乎没有边际成本。可以说,拷贝性成本极低的现象是比特世界和原子世界的根本分水岭。实物产品(对应原子世界)的复制受物质世界资源稀缺性的影响,必然是有成本的,而且往往是边际成本递增的,它改变的基本上是消费者的物质存在。可数字化产品(对应比特世界①)的复制是信息本身的复制,它不依赖物质世界(准确地说还依赖存储媒介和传输通道)稀缺的资源,是没有什么成本的,它仅仅改变消费者的精神存在。

（2）交易成本下降。科斯(L. H. Coase)认为,企业组织是"价格机制的替代物",企业的存在是为了节约交易费用,即用费用较低的企业内部交易替代费用较高的市场交易;企业的最优规模由企业内部交易的边际费用等于市场交易的边际费用或等于其他企业内部交易的边际费用的那一点决定。网络从多方面降低了交易成本,尤其是企业外交易成本的下降。

企业外交易是指企业和企业之间、企业和消费者之间的交易。在互联网经济之,由于信息不对称会引起的逆向选择和道德风险,由于搜寻成本高昂造成的价格不一致,使得市场难以产生高效率。互联网经济不能从本质上解决逆向选择和道德风险（在互联网经济中理性人也不愿意透露对自己不利的信息）,但它可以很好地解决搜寻问题,例如通过互联网搜索引擎,可以快捷地找到想要的相关信息；作为消费者,则可通过 choiceboard 自己设计想要的产品或服务。各种电子商务平台更为 B2B 和 B2C 提供了非常好的接口。互联网中接近零费用的信息成本,极大地降低了主观不确定性,降低了错误决策的成本。

（3）企业内各种运营成本的下降。由于现代企业越来越依靠计算机网络进行管理,企业的自组织能力越来越强,管理费用也越来越低。从 MIS 到 MRP、从 MRPⅡ 到 ERP,企业在网络环境下不断重新整合自己的战略资源。20 世纪 90 年代,哈默博士更是提出基于现代 IT 技术的 BPR（企业流程再造）。企业流程再造成功后的企业营运成本一般都会有大幅度下降。

二、数字产品的收益

同样,按照微观经济学的分析框架,数字产品的收益分为总收益、平均收益和边际收益。在互联网经济学背景下,它们表现出特殊的规律和走势。

（一）数字产品的总收益

$$TR = P \cdot Q$$

总收益是指生产者销售一定数量的产品或劳务所获得的收入总和,等于产品或服务的价格与销量的乘积。

如前文所述,临界容量的存在暗示了一种能支撑得住的网络成长所需要的一个最小的

---

① 比特是电脑中最小的计数单位；当我们把任意一个英文字母输入电脑时,这个字母占了一个字节,一个字节就是由八个比特组成的。因此,我们有时把信息化称作是"比特时代"或"比特世界"。

非零均衡规模。因此,从横轴来看,数字产品的总收益线并不是从 0 开始,而是始于临界产量。

互联网经济由于网络外部性的存在,往往意味着收益递增,某些生产者生产或销售的产品越多,产品的价值越高、优势越大,生产者获得收益也会更加容易。规模越大,用户越多,数字产品越具有标准性,所带来的商业机会也越多……这一系列特征,都导致数字产品的总收益呈现指数型增长的趋势。这与数字产品的边际收益递增其实是一致的。

经济学家 W. Brian Arthur 认为,收益递增实质上是一种从领先到进一步领先的趋势。我们这里所讨论的收益递增与传统经济中的规模收益递增存在差异。传统经济的规模收益递增主要强调供给方规模经济;而互联网经济中的收益递增更受益于需求方规模经济(基于网络外部性)。需求方规模经济的优势在于,没有自然限制,在生产足够大的时候不会分散,收益递增以一种更强烈的方式存在。

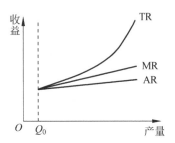

图 3-10　数字产品的总收益、平均收益和边际收益

(二) 数字产品的平均收益与边际收益

边际收益为总收益曲线的斜率。数字产品的边际收益递增,平均收益也随之递增,不过增速相对平缓。图 3-10 表示了数字产品的总收益、边际收益及平均收益曲线。数字产品的总收益和平均收益公式如下:

$$AR = \frac{TR(Q)}{Q}$$

$$MR = \frac{dTR(Q)}{dQ}$$

(三) 数字产品的边际收益递增

1. 数字产品的边际收益递增现象

互联网经济存在边际收益递增现象(边际收益递增与边际成本递减是相联系的),即生产过程中增加最后一个单位的产出所带来的收益逐步扩大。这是因为,在传统经济中,由于资源存在稀缺性,随着市场参与者的不断增加而使有限的资源争夺不断恶化,从而在生产一单位产品所付出的成本增加,最终导致边际收益递减;而在互联网经济中,情况却发生了改变。

以软件业为例,一个软件程序一旦编写成功,其复制几乎不需要再花费多少生产成本和营销成本。例如,微软公司为了生产第一张 Windows 95 光盘支出了 2 亿美元,但从第 2 张光盘开始,每张的成本降低到 50 美分。因此,随着生产产品数量的增加,边际成本下降而边际收益递增。另外,与传统产业占领市场的成本越来越高不同,微软的软件产品想要占领最后 10% 的市场几乎无须花费什么成本,因为它的产品已经成为标准,并且消费者已经形成了消费路径依赖。

2. 数字产品边际收益递增现象的原因

(1) 需求方规模经济的作用。互联网经济存在着"马太效应",即强者恒强、弱者恒

弱。这最终会强化垄断直至赢者通吃。网络经济有许多新定律,如梅特卡夫法则、达维多定律等[1]。这些定律很好地解释了互联网经济中收益递增的原因。例如,梅特卡夫法则是基于每一个新上网的用户都因为别人的联网而获得了更多的信息交流机会,它指出了网络具有极强的"外部性"和正反馈性,联网的用户越多,网络的价值越大,联网的需求也就越大。梅特卡夫法则指出了,从总体上看消费方面存在效用递增——原来的需求创造新的需求;而达维多定律说明网络经济中的主流化现象——由于协同价值和锁入效应的影响,消费者对于一些数字产品的使用产生习惯性,其消费行为显示出巨大的黏性,这些消费者很难再转而使用其他相似的同类产品,从而使厂商拥有不断增加或者至少不会减少的消费者数量。互联网经济中,数字产品链接双边市场,消费端规模的扩大,意味着数字产品的价值对于生产方是有所上升的,即需求方规模经济间接影响着供给方的收益情况。

(2) 边际成本递减。工业社会的经济学基础是边际成本递增法则,这一法则是工业社会高成本社会化的反映,其实质是成本随着社会化范围的扩大而增加。而互联网经济的经济学基础则是完全相反的——边际成本递减法则。它是信息社会低成本社会化的反映,它的实质是成本随着社会化范围的扩大而减小。经济学之所以出现这种根本性变化的原因在于它所依据的实践基础的转移。对于迂回生产方式的工业经济来说社会化成本就是迂回的成本,边际成本递增反映了工业经济的本质特征,它的价值创造和价值耗费都在迂回路径或者社会化范围的扩大上,超过一定限度后这个范围越扩大其创造的边际效益则越小而边际成本越多。而对于直接生产方式的信息经济来说,由于时空距离的消失和"比特"替代物质资本,在社会化上耗费的物质成本几乎可以忽略不计,其相当于一个不变的初始投入,边际效益递增而边际成本递减。由此可见,边际成本递增转变为边际成本递减的关键是两种文明的经济在迂回路径上的成本具有正好相反的特征。

(3) 指数型规模报酬递增。随着网络规模的增加,网络价值爆炸性增长,而价值的增长又会吸引更多的主体进入,结果就产生了更多回报。在互联网经济中,这种规模报酬递增规律已经远远超出传统经济学教科书上所讲的回报规模的增加。互联网经济的规模报酬递增规律和传统的规模报酬递增规律都是一个正反馈循环链,区别在于,前者还会受网络力量的推动。工业经济的规模报酬递增是线性增长,而网络经济的规模报酬递增则是指数增长。工业时代的规模经济来自于公司为了超过竞争对手所付出的艰苦努力,处于领先地位的公司所创造的经验优势归属于自身;与此不同的是,网络的规模报酬递增是整个网络共同创造的并被所有网络成员所分享。

三、数字产品的供给曲线

供给曲线是显示在特定时间内,某产品的价格与供给量关系的曲线,是生产者销售愿意线。互联网经济中,厂商愿意供给的产品数量取决于其在提供这些产品时所得到的价格,以及在生产这些产品时所必须支付的劳动与其他生产要素的费用。和需求曲线一样,供给曲线也是光滑且连续的曲线,它是建立在商品价格以及相应供给量的变化具有无限分割性的

---

[1] 具体介绍见前面章节。

假设基础之上。供给曲线是供给表、供给函数的图像化表达,既可以"曲线"的形态出现,也可以"直线"的形态出现。传统供给曲线的形态在解释数字产品的供给时存在局限性,数字产品供给曲线的推导过程及结果与传统供给曲线存在差异。

(一) 要素投入与生产函数

产品供给曲线的背后,以生产函数理论作为支撑。在推导数字产品的供给曲线之前,需要先简单了解其生产函数特征。

在互联网经济中,生产产品并不需要土地要素的投入,故在此并不进行讨论。以劳动要素投入为例,正如在前面讨论总成本以及可变成本时提到的,网络经济产品存在高初始成本和较低的固定的边际成本(甚至为零)的特点,所以产出第一个单位的产品需要投入的劳动要素量要比之后每一单位产品产出需要的劳动要素要多,而在第一个单位的产品生产出来后,便可以对产品进行几乎零成本的复制,此时,投入的劳动要素增量也是极少甚至为零的。基于此,可以认为在互联网经济下的劳动要素生产函数如图 3-11 所示。

(二) 数字产品的供给曲线

1. 短期供给曲线

短期供给曲线消失说。目前,学术界普遍认为在互联网经济下,产品的短期供给曲线是不存在的。其原理在于,数字产品通常都具有较高的固定成本和较低的边际成本的特点,这造成了互联网经济中产品成本曲线的变化。由于产品的可变成本接近于零,所以随着产品产量的增加,平均成本 AC 是下降的,边际成本 MC 也是接近于零的。如图 3-12 所示,MR 表示边际收益,AC 表示平均成本,MC 示边际成本。

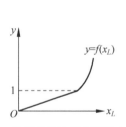

图 3-11 数字产品的劳动要素生产函数

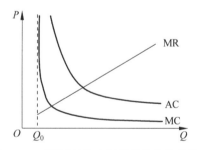

图 3-12 互联网经济中短期供给曲线的消失

根据微观经济学基础中的分析,厂商为了达到利润最大化,会依然按照 $P = MC = MR$ 来制定价格和产量。因此,厂商对产品的定价要接近于零的水平,而这将会让厂商无法通过其所得的利益去弥补巨大的固定成本投入。在这种情况下,产品的价格无法确定,因而也不存在短期供给曲线。而这一结果,还导致了网络经济下的另外几个显著结果[①],以提供数字化信息产品的企业为例:

(1) 产生自然垄断。根据菲斯曼尔德对自然垄断的定义:如果某厂商平均成本最低处产量足以满足整个市场需求的话,就存在自然垄断。又据鲍莫尔定义:如果生产成本函数

---

① 马费成,王晓光. 信息经济学(八)第八讲信息商品价格理论[J]. 情报理论与实践,2003,(02):189-192.

在相关产出范围内是次可加①时,产业是自然垄断的,平均成本递减就意味着可加性。可见,零边际成本的特性使得数字产品可以无限扩大产量以逐渐降低平均成本,而这个产量完全可能满足整个市场需求,所以数字产品市场存在自然垄断。

(2) 为价格歧视提供可能。由于边际成本为零,数字产品提供给额外消费者的成本几乎不受边际成本约束,所以生产商在消费者可能接受的最高价格与自己可以接受的最低价格间,可以任意制定一个有针对性的价格,也就是生产商可以实施价格歧视,用多个价格甄别消费者,避免将消费意愿较低的消费者被排除在市场之外。尽管这种价格歧视备受争议,它还是增加了社会总产出和社会效率,当然也增加了生产者收益。

(3) 规模经济。数字产品生产商普遍具有扩大规模的意愿,因为边际成本为零,取消了生产规模的约束,而产出规模越大,产品的平均成本越低,产品越易出售。因此,数字产品具有规模经济效应,即规模越大,经济效益越高,社会效率越高;反之,越低。

(4) 转售成本低。数字产品的再生产就是制作一份新的拷贝,它的制作相对于物质产品来说较为简单,如果首先购买信息商品的人制作拷贝并转售他人,将会严重改变市场供求结构,并且会促使价格降低,进而可能导致市场崩溃。

2. 长期供给曲线

对于数字产品而言,有观点认为因为其边际成本极低,只要能够生产并销售出去,厂商是不会亏损的②。然而,网络经济产品具备网络外部性的特征,厂商要让产品获得市场认可,生产初期最重要的不是产品的价格,而是产品的现期规模和预期规模。此外,数字产品之间的标准竞争往往比传统产品的市场竞争要残酷。因此,对厂商而言,快速占领市场是关键的战略。基于数字产品的边际成本极低的特点,大量的生产和销售有利于占领市场,所以在短期内厂商甚至愿意采用免费的方式来开拓市场。

多数数字产品面向的并不仅是消费者这一市场,其实是存在双边甚至多边市场的,因而可以实现对消费者免费,而对其他企业收费。这些双边甚至多边市场主要体现在:(1)提供数字化信息产品的企业在为消费者提供这些产品的同时,也会和某些企业达成协议,可以在它们的产品中插入广告,而对于一些需要购买版权的数字化信息产品,则会予以收费;(2)提供交换性工具产品的企业一方面为消费者提供产品信息并生成相关契约,而契约的另一方往往不是提供交换性工具产品的企业本身,而是与其有合作关系的另外的企业,如铁路部门、演唱会主办方等;(3)提供数字过程和服务产品的企业也是如此,它们在为消费者提供服务的同时,也会向广告主、合作企业收取一定服务费。

当然,对消费者的免费并不会是持续不变的,当互联网企业占据市场主导地位、消费者黏性增大,并且在相关技术领域成熟、难以被复制的情况下,企业还是有可能对消费者收取费用的。例如,在打车软件市场还呈现出激烈竞争之势时,众多打车软件采用"价格战"策略(制定低价/超低价打车费用)以吸引更多的用户,这一阶段生产者能够维持低价供给的原因主要在于,虽然产品无法实现可观盈利,但仍有众多投资者看中其发展潜力,提供投资支持;

---

① 成本次可加性(cost sub additivity):又可称为"成本劣加性"或"成本弱增性",如果在某行业中某单一企业生产所有各种产品的成本小于若干企业分别生产这些产品的成本之和,则该行业的成本就是次可加的,该行业具有自然垄断性。

② 张丽芳.网络经济学[M].北京:中国人民大学出版社,2013:82.

而在滴滴打车与快的并购、Uber 退出中国市场后，打车软件市场几乎被滴滴占领，用户忠诚度基本形成，打车的价格也相对之前有所上升，价格战开始"降温"。在竞争激烈之时打车软件对司机的补贴也变成了后来的中间费的收取。

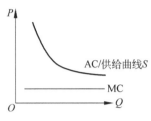

图 3-13　数字产品的供给曲线

综上所述，可以认为，由于数字产品的边际成本几乎为零，所以生产者对数字产品的供给可以做到无限大，而供给曲线难以形成的主要原因在于价格的制定上难以传统经济学理论进行解释。

一些学者对数字产品长期供给曲线的形状和走向进行了大致描绘：传统经济中产品的供给曲线向上倾斜是由于边际成本递增，但如前所述，数字产品具有高固定成本、低边际成本的特征。在这样的成本结构下，随着生产规模的不断扩大，平均成本逐渐下降，规模经济明显，如图 3-13 所示，数字产品的供给曲线即平均成本 AC 曲线。因为其边际成本很小且低于平均成本，如果像竞争厂商一样按边际成本定价则会亏损，因此，网络产品厂商的供给曲线不可能是边际成本曲线。可能的选择是按平均成本定价，这时价格随网络规模的增加而降低。正如保罗·克鲁格曼所言："在互联网经济中，供给曲线是下滑而不是上扬。"

四、数字产品的生产者均衡

（一）数字产品生产者均衡的条件

按照边际分析，生产者均衡的条件是"边际成本＝边际收益"，或总成本曲线与总收益曲线的斜率相同。但是，这一条件对于数字产品不成立。

图 3-14 展示了数字产品的边际成本曲线和边际收益曲线，我们可以发现，除临界产量 Q_0 附近的一个交点[①]之外，数字成本的边际成本曲线与边际收益曲线在右端不相交，所以均衡不存在；从总成本曲线和总收益曲线的角度看，即数字产品的总成本曲线与总收益曲线没有相同的斜率，故均衡不存在，如图 3-15 所示。

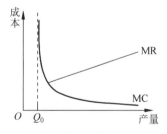

图 3-14　数字产品的边际成本和边际收益

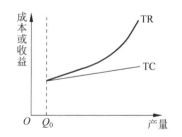

图 3-15　数字产品的总成本和总收益

---

①　此交点自然不是生产者均衡点，因为 Q_0 只是一个能够支撑网络规模成长的最小临界产量，靠近 Q_0 的这个小产量交点并不是生产者追求的理想均衡状态。

（二）数字产品生产者均衡的超边际分析

按照边际分析方法,数字产品生产者均衡的条件不成立,即数字产品的均衡没有内点解。那么,是否数字产品的生产者不存在均衡呢?实际上,数字产品的生产者不可能将产量无限地扩大下去,它最终还是会停留在一定水平,也就是说数字产品也存在相对稳定的均衡状态。不同的是,这种均衡并非边际意义上的均衡,而是"超边际"意义上的均衡。

超边际分析方法由杨小凯提出,它是新兴古典经济学研究的一种分析方法,超边际分析将产品的种类、厂商的数量和交易费用等因素纳入分析框架。超边际均衡包括角点均衡和全部均衡两部分,它的每个均衡都是基于角点解,比较各个角点解的局部最大值,从中可产生整体最优解。

在传统的边际分析中采用的是线性规划,只允许内点解的存在,即所有的决策变量都取内点解,它是决策变量可能的最大值和最小值中间的一个值;而超边际分析采用的是非线性规划,它允许内点解和角点解,角点解就是决策变量的最优解。

如果我们把均衡不仅仅理解为一个内点解,而是按照超边际分析方法,将角点解也看作均衡,那么数字产品的生产者均衡有解,即存在均衡的角点解。与一般产品不同的是,数字产品的均衡解不是一个点,而是一个区域:$Q_0+n(n>0)$,在这个区域内的任一点都可能成为数字产品生产者的最优解。如图3-16所示。

当产量为Q_1时:厂商生产价格>消费者需求价格,即$P_{s1}>P_{d1}$;厂商盈余<0或厂商亏损>0。

当产量为Q_0时:厂商生产价格=消费者需求价格,即$P_{s0}=P_{d0}$;厂商盈余或厂商亏损=0。

当产量为Q_2时:厂商生产价格<消费者需求价格,即$P_{s2}<P_{d2}$;厂家盈余>0。

这说明,在E_0点以下,市场不可能长期存在;在E_0点以上,市场可以不断扩大。E_0点不是通常意义上的均衡点,而是临界点,在E_0点的右边,均可能为均衡解,均衡可以在这一区域任一点上成立。

从临界点E_0开始分析,随着消费者预期从网络中得到效用增大,消费者愿意接受的价格上升,厂商预期到消费者心理的变化把价格提高后到内解点A处。此时,为了获得最大化的超额利润,厂商会扩大规模,而扩大规模后,又会到另一个角点解B。而B点与E点的情况相同,这样B又回到内点解C处,以此类推(见图3-17)。

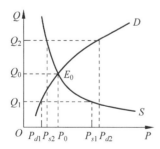

图3-16 数字产品生产者均衡的超边际分析

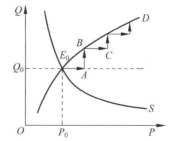

图3-17 数字产品生产者均衡的动态分析[①]

---

① 图中将每次移动都放大了,而实际上每次移动都是非常小的,如果无限细分,那么移动轨迹将与E_0点以上的需求曲线D重合。

由此可知,内点解是不稳定的,角点解也只是相对稳定,互联网经济中的生产者均衡就是这样一个动态变化的过程。

第三节 市场均衡

市场均衡是供给与需求平衡的市场状态。在影响需求和供给的其他因素都给定不变的条件下,市场均衡由需求曲线与供给曲线的交点所决定。此时商品价格达到这样一种水平,使得消费者愿意购买的数量等于生产者愿意供给的数量。本节讨论互联网经济中数字产品的市场均衡。

如前文所述,数字产品的需求曲线有多种模型,这里以"对勾"型需求曲线为例,进行市场均衡分析。

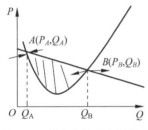

图 3-18 数字产品的市场均衡

根据上述需求曲线和供给曲线,可以得出数字产品的市场均衡,如图 3-18 所示(图中对供给曲线进行简单化线性处理,实际上往往是曲线)。需求曲线与供给曲线相交,存在两个均衡点:A 点 (P_A, Q_A) 和 B 点 (P_B, Q_B)。A 点是一个稳定的均衡,在 A 点,消费者的支付意愿与供给成本相等,如果向右偏离,消费者的支付意愿小于供给成本,理性的供给商会减少供给;如果向左偏离,消费者支付意愿大于供给成本,理性的供给商会增加供给。而 B 点是一个不稳定的均衡,如果向右偏离,消费者的支付意愿大于供给成本,理性的供给商会继续增加供给;如果向左偏离,消费者的支付意愿小于供给成本,理性的供给商会继续减少供给。

需求曲线的左半段为网络规模较小、网络效应较小的区域,均衡落在 A 点,是一个类似于传统产品的负反馈均衡,市场在局部上可能偏离均衡,但理性的经济主体会回归均衡,所以是稳定的均衡;需求曲线的右半段处在网络规模较大、网络效应也较大的区域,这时的需求曲线上升,而供给曲线下降,理论上的均衡落在 B 点,但这个均衡的特点是正反馈,并且是不稳定的。由此可见,数字产品在整体上并不是趋于稳定的均衡。

虽然 A、B 两点是理论上的均衡点,但 A 点的均衡数量较小,还没有形成网络规模,算不上真正意义的数字产品均衡点。B 点是不稳定的均衡点,市场只要偏离 B 点就会发生正反馈。正反馈的特点是强者更强、弱者更弱,在极端的形式下表现为赢者通吃的市场。B 点对于数字产品的发展至关重要,是临界容量点。只有安装基础达到临界容量时,该网络才会迅速扩大。临界容量是指一个网络快速增长时所需要的一个最小均衡规模。网络的安装基础只有达到 Q_B 之后,才会引发正反馈,当用户规模小于 Q_B 时,消费者的支付意愿小于供给价格,消费者不愿意加入进来,这时对供给商来说,采取低价或免费策略吸引消费者加入,使用户规模达到临界容量至关重要。图 3-18 的阴影区域就是供给商为了达到临界容量而付出的补贴,这部分补贴在短期内会造成供给商亏损。但只要突破了临界容量,供给商就可能进入边际收益递增阶段,这时获得的利润将会弥补以前的亏损。

【本章小结】

在互联网经济新规律下,消费与生产呈现出新特征,本章以数字产品为对象,系统介绍了互联网经济中的消费者均衡、生产者均衡、市场均衡。要正确理解互联网经济的均衡是动态的、不稳定的,并且对于不同类数字产品,情况均有可能不同。因此,本章旨在提供一些微观理论基础以及一种推导和分析的范式,面对千变万化的互联网环境,应当学会灵活调整研究重点和研究方法。

【思考题】

1. 数字产品的效用特点是什么?边际效用递增的内在原理是什么?
2. 数字产品的需求曲线呈现怎样的形态?基于什么假设?
3. 数字产品的成本构成是什么?为什么短期数字产品的供给不存在?
4. 超边际分析方法具体是怎样运用的?
5. 互联网经济的市场均衡与传统经济的市场均衡有何不同?

【案例分析】

爆款游戏的诞生与运营

近年来,我国网络游戏产业保持较快的增长势头。中国互联网络信息中心(CNNIC)发布的数据显示,截至2020年12月,我国网络游戏用户规模达5.18亿,占网民整体的52.4%。移动网游成为市场的发展引擎,"互联网+"平台为网游发展铺就路径,分工细化催生电子竞技、游戏直播等新型业态。《王者荣耀》《和平精英》《阴阳师》等多款爆款游戏走进大众视野,加速了我国网游产业的发展。

研发

从产品研发和用户偏好的角度出发,一款成功的游戏需要满足高品质的视觉性、游戏性、社交性和创新性。从生产者来看,如腾讯、网易等公司拥有较充足的研发资金和人员,其游戏的创新力一般会高于大部分厂家,但事实是,近年爆款创新类游戏在小厂出现的比例也在提升。例如,完美世界、鹰角网络、米哈游、哔哩哔哩等。因此,创新型爆款游戏不一定只出现在游戏大厂中,所以更应关注游戏本身的质量和创新力,而非公司本身。

流量

一款网络游戏的流水总量可以简单用如下公式说明:

$$游戏总流水 = 平均活跃用户数量 \times 月\,ARPU\,值 \times 运营月数$$

可以简单理解为,一款成功的游戏,需要满足以下条件:①更多人玩;②更愿意付钱玩;③玩得更久。

更多的活跃用户数量代表了更高的游戏热度,特别是对于《王者荣耀》这类竞技类游戏。2015年年底,腾讯手游《王者荣耀》正式发行,在经历了长达一年左右的推广之后人气逐渐上升；2017年年初亮相春晚，游戏进入高速成长期，目前已经成为世界上最赚钱的手游之一；2017年该游戏收入约113亿元，同比增加近3倍，占了腾讯当年整体收入的16%；2018年10月，即使已经进入平稳期，但其IOS端单月流水仍接近9亿元，是第二名的5倍还多。可以看出，《王者荣耀》属于比较"慢热"的游戏类型，经过了一年宣传运营后才达到人气巅峰，并且热度没有出现断崖式的下滑，生命周期较长。

同样被定义为爆款游戏，网易的《阴阳师》在2016年9月公测，发行后在短短一个月内就达到人气巅峰，超过网易一直以来的顶流《梦幻西游》2倍多。在上线之后的2016年9—12月平均月流水7.5亿—10亿元，直追《王者荣耀》。与《王者荣耀》相比，《阴阳师》的人气提升和流失速度都比较快，大约1年后进入平稳期，2018年10月其IOS流水下降到了《梦幻西游》的1/3左右。事实上，当前相当大部分的重度移动游戏都拥有类似《阴阳师》的运营曲线。

盈利

对于游戏产品，每位用户都有价值，核心用户、基础用户、泛用户都有产出利润的可能。目前，游戏主要有四种收费方式：点卡收费；免费游戏、道具收费；扭蛋抽卡；通行证系统。一款游戏也可以同时包含这四种不同的付费体系。从付费方式的演变可以看出，游戏付费已经和游戏玩法进程高度契合，一方面刺激玩家付费；另一方面又可以加深玩家黏性。

网络游戏消费具有个体成瘾和社交成瘾的双重特性。游戏社交性可以提升游戏体验和用户付费意愿；对比另外两个游戏大国美国和日本，中国玩家偏好于多人、社交性强的游戏类型；根据360统计的国内各类型游戏ARPU值和付费率对比，具有社交属性的游戏类型付费率更高。

挑战

在这些爆款的背后，网游市场也存在网游成瘾、网游侵权等诸多危机事件，使其常处于舆论的风口浪尖。2020年，遵循新版《未成年人保护法》"网络保护"专章的法律要求，实名认证系统日趋完善，防沉迷工作得到普遍落实；新修订的《著作权法》也加强了对著作权的保护力度。通过全行业的共同努力，种种挑战将被逐个突破。

面向未来，我国网络游戏产业要坚持正确的历史观、民族观、文化观，应用好新兴技术，阐释好中国文化，为"十四五"时期推进社会主义文化强国建设贡献力量。

资料来源：

[1]邓闲.网络游戏产业的网络效应研究[J].广西质量监督导报,2020(10):168-169.

[2]闫宏微.大学生网络游戏成瘾问题研究[D].南京：南京理工大学,2013.

[3]中国互联网络信息中心(CNNIC).第46次《中国互联网络发展状况统计报告》[R].2020.

[4]艾瑞咨询.中国游戏IP价值案例研究报告——阴阳师[R].2020.

根据上述案例内容，思考以下问题：

1. 作为一种典型的数字产品，网络游戏的研发、消费体现出数字产品的哪些特征？

2. 思考为什么同为爆款游戏，《王者荣耀》和《阴阳师》的发展曲线却有很大差异？

3. 网络游戏企业何以盈利？游戏社交性对用户付费意愿的影响体现出互联网经济的什么规律？

第四章 互联网经济中的竞争性垄断

【学习目标】
1. 了解互联网经济中的垄断成因;
2. 掌握互联网经济中竞争性垄断的成因及特点;
3. 理解互联网经济中的竞争策略。

【重要概念】

竞争性垄断　转移成本　锁定效应　路径依赖　次优技术获胜　正反馈

【开篇导读】

"强化反垄断"引热议,互联网平台监管将加码

2021年政府工作报告指出,国家支持平台企业创新发展、增强国际竞争力,同时要依法规范发展。强化反垄断和防止资本无序扩张,坚决维护公平竞争市场环境。参加全国两会的代表委员表示,我国强化反垄断监管的信号密集释放,2021年互联网平台反垄断监管仍是重头戏。下一步,应加快完善反垄断法律法规、强化反垄断执法,维护公平竞争秩序,更好地激发市场创新活力。

全国人大代表、上海社会科学院研究员张兆安指出,我国平台经济发展速度非常快,对经济社会发展起到了一定的促进作用,成为产业结构调整、产业能级提升的重要组成部分。但在发展过程中,也出现了垄断和不正当竞争行为,例如,电商平台强迫商家"二选一"、大数据杀熟等,直接侵犯中小企业商家和最终消费者的合法权益,破坏了市场正常竞争秩序。

全国人大代表、重庆璞雨为科技创新中心执行董事高钰指出,通常大平台拥有较强的创新能力,但当某些企业或者平台足够大,在它所属的行业达到垄断地位,很可能会对整个行业的创新形成挤出效应。

反垄断法修订已经呼之欲出。全国人大常委会工作报告显示,根据立法工作计划,围绕建设现代化经济体系、促进科技创新,将制定期货法、乡村振兴促进法等,修改反垄断法、公司法、企业破产法等。

资料来源:央广网. https://baijiahao.baidu.com/s? id=1693812226275474372&wfr=spider&for=pc.[EB/OL].2021-03-10.

案例思考：

互联网领域为什么会产生垄断？垄断会带来哪些问题？

通过以上案例我们了解到，垄断以及对垄断的监管是互联网领域面临的重要问题。本章我们需要理解互联网经济中垄断的形成原因、特点以及带来的问题，并了解互联网垄断企业通常采用的竞争策略。

如前所述，互联网经济存在较强的自然垄断特性，但它又和公用事业（如电力、水力、有线电视等）的自然垄断有所不同。在互联网经济中，同时存在较强的竞争压力，这种竞争会打破垄断。互联网经济中垄断与竞争并存，并且二者相互作用、相互促进的市场形态被称为竞争性垄断。本章将深入探讨互联网经济中竞争性垄断的成因及影响。

第一节　互联网经济垄断的形成

互联网经济下的垄断主要从需求方视角来解释。互联网经济市场中消费者对网络价值的偏好产生了需求方规模经济，需求方规模经济通过正反馈达到必要的市场份额后，互联网经济市场就很容易发展成高度集中的、不完全竞争的市场形态。下面将对互联网经济中垄断的形成原因、机制进行探讨。

一、互联网经济中垄断的形成原因

（一）转移成本

转移成本是使用者在由一个系统向另一个系统转换的过程中所支付的全部费用。网络产品往往含有较高的技术含量，因此，消费者不仅要在交易前花费大量的咨询成本，而且在交易后仍需耗费精力和时间去学习产品的操作流程和使用方法，正是在这个过程中逐渐形成了消费者的转移成本。不仅如此，消费者在向新系统转移时，同时也会失去在原有系统中因网络效应而取得的收益。对于消费者来说，这种系统转移耗费的成本在进行系统转移时会作为他们重要的考虑因素，除非新的系统十分有吸引力或者有重大突破，否则转移成本在消费者心理的价格就会非常高。

转移成本也是评判锁定程度和路径依赖程度的一个重要标准，转移成本不是一个固定的数值，而是在转移的过程中随着市场动态不断变化的。转移成本的衡量也不易被简单测算，高额的市场占有率并不代表转移成本高，更不能代表用户会因此被锁定，在用户消费转移过程中，其实他们所付出的货币成本并没有非常的大，最影响用户决策的是学习和适应新系统所带来的不便。在网络经济中，由于系统更新换代以及技术的升级非常频繁，转移成本是时常需要被考虑的问题。

（二）锁定效应

锁定效应由美国的布莱恩·阿瑟（Arthur W. B.）最先提出，他认为新技术的采用往往具有收益递增的机制，先发展起来的技术通常可以凭借先占的优势，实现自我增强的良性循环,从而在竞争中胜过自己的对手。与之相反,一种较其他技术更具优势的技术却可能因晚到一步,没有获得足够的支持者而陷于困境,先进入市场的产品已经锁定了用户和市场,使得其他想进入市场的产品难以进入,即使它在技术上有巨大优势。

相对于传统产品,网络技术产品的转移成本更高,从而其锁定效应更强。用户在被锁定的过程中可能已经知道有相对更好的产品,但是由于转移成本等原因,往往选择继续使用原有产品。路径依赖和转移成本是形成锁定效应的根本原因。其他的竞争者想要打破这种情况,就要使自己的转移收益非常巨大,使用户忽略转移成本,从而摆脱锁定。

(三)路径依赖

互联网经济中的路径依赖是指某种网络技术或者产品一旦进入某一种路径后,在学习效应、协调效应及规模经济等因素的作用下,系统便将一直遵循某个方向不断的自我强化,并且被锁定在该路径上。用户在使用习惯某种产品或系统后,无论该产品相对于其他产品好或不好,用户都会产生依赖性,并且不会轻易发生改变。

路径依赖的特点有:首先,它不仅是一种状态,还是一个过程。前者指的是路径依赖是一种锁定状态,且该锁定既有可能是有效率的,也可能是低效率的;而后者指的是路径依赖是一种随机的动态过程。其次,历史事件对系统的发展路径具有一定的影响。路径依赖理论认为系统的发展对初始条件极其敏感,发展路径最初往往由细小事件引发,但原本微弱的差异在经过一定时间的发展后,将出现迥然不同的结果,即路径依赖是一种不断发展的自增强过程,早期微小的差别极易引起后期发展路径与绩效的极大差别。最后,路径依赖侧重于系统变迁过程中的时间因素及历史的"滞后"作用。历史的"滞后"作用既可以由历史事件的结果引起,又可以由事件的内在属性引起。但一旦达到临界值后,累积效应和自增强功能开始发挥作用,系统便会被锁定且难以脱离现有的发展路径。

(四)次优技术获胜

次优技术获胜是指在市场的技术竞争中,并不一定都是最优的技术被最多的用户使用并得到推广,而有可能是稍次的技术在市场竞争中取胜。在网络市场中,由于网络外部性和正反馈的存在,当一个更优的技术由于无法达到临界容量而得不到采纳的,一个次优的技术便可能获胜。由于路径依赖和锁定的作用,一个购买了某种后来证明是次优的技术或产品的用户将会陷入不利的境地,因为他已经使用了该产品并适应了,而转移到一个更先进技术的转移成本可能十分昂贵,此时消费者个人的转移成本将阻止他采用更优越的技术。从整体看,由于网络外部性的作用,现有技术的整个安装基础将成为技术更新的障碍。这样就会产生过大的惰性,即由于使用某个系统的老用户担心转移到一个新的系统后,新的系统有可能达不了引起正反馈的"临界容量",所以这些老用户会采取一种观望的态度。

从技术发展的趋势看,新技术往往比老技术更先进,而老技术的安装基础和转移成本往往成为采纳新技术的障碍,因此,过大惰性比过大冲力往往更容易成为次优技术获胜的原因,即一个能实现帕累托改进的新技术可能不会被采用。

(五)正反馈与负反馈

正反馈效应又称马太效应,即"强者恒强"。在一定条件下,优势或弱势一旦出现,就会不断加剧而自我强化,出现滚动的累积效果,在极端的情况下,甚至可能导致"赢者通吃、输家出局"的局面,少数优胜者会获得丰厚利润甚至垄断市场。另外,网络效应要引发正反馈过程,必须达到一定的规模,就是我们通常所说的临界容量(critical mass)。如图4-1所示为正反馈效应,初始状态时两家竞争企业均有50%的市场份额,但市场容量较小。后来一家企业由于采取了更为有效的竞争策略,其网络效应引发了正反馈,最终成为赢家。反之,另一家企业则由于无法发挥正反馈效应,成为输家并淘汰出局。图4-2表示赢家实现正反馈的过程,即图点 A 即为临界容量。在点 A 左侧,用户增长速度较慢;到达点 A 临界容量点后,用户增长速度变快。用户网络外部性告诉我们,大网络的价值大于小网络的价值,但是,只有当网络达到某一个特定的规模时,正反馈才开始发挥作用,否则依然无法实现正反馈。在互联网经济中,正反馈效应占主导地位。

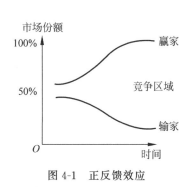

图4-1 正反馈效应

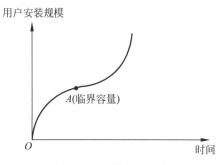

图4-2 正反馈用户基础

负反馈效应在传统经济学中被用于说明经济系统内在的自我调节机制。例如,当企业扩大规模时,会产生规模经济效应,规模经济促使企业规模扩张,但如果规模一直扩张下去必然会导致垄断,导致市场的无效率和社会福利损失。而负反馈的存在,使企业的规模扩大到一定限度就会由报酬递增转变为报酬递减,由规模经济转变为规模不经济,从而阻止企业继续扩大规模,市场达到均衡状态。

二、垄断形成的原因

垄断是指可以不必考虑市场上其他竞争者的存在而独自进行的行为,如进行价格歧视、掠夺性定价和搭售。垄断形成的原因主要有以下几点。

(一)进入壁垒

进入壁垒可以分为结构性进入壁垒和战略性进入壁垒。前者是利用自身在市场中的资源、规模、资金等优势使其他进入者知难而退,后者是利用自己在市场中的主导性地位设立进入门槛从而对其他竞争者进行阻拦。

结构性进入壁垒是不受厂商支配的、外生的,是由产品技术特点、自然资源环境、社会法律制度、政府行为以及消费者偏好所形成的壁垒。产生结构性进入壁垒的原因有很多,有前面提到的规模经济、学习效应,还有绝对成本优势、产品的差异化、对先入资源的占有以及产品对于资本规模的要求,这些都会使得原有的大厂商在生产的过程中形成优势,想要进入市场的新厂商的资本规模、用户的接受度都难以和原有厂商抗衡,从而难以进入市场。

战略性进入壁垒是指在位厂商为了保持在市场上的主导地位,利用在位者的优势所进行的一系列有意识的战略行为,以构筑阻止潜在进入者进入市场的强大壁垒,它可以通过成本和需求两个方面对未来进入厂商进行影响。首先,影响进入厂商未来的相对成本结构:在位厂商通过大规模投资于降低成本的研究和开发活动等方式,降低自己未来产品的成本,或者在位厂商可以通过大规模战略性广告行为来提高潜在竞争对手的未来成本。其次,影响未来市场需求结构:在位厂商可以通过产品扩散战略,创造出针对不同细分市场的差异性产品,对产品需求空间进行先占性的占有,从而影响进入者的预期需求函数。

(二)规模经济与范围经济

规模经济(economies of scale)是指,随着产量的增加,产品的平均成本不断下降的一种状态。如果长期成本线随产量的增加而不断下降,则说明该行业存在规模经济。规模经济形成进入壁垒表现在:首先,市场容量有限,一个或少数几个厂商的供给就可以满足整个市场的需求,从而造成新厂商无法进入市场的局面;其次,进入厂商的进入规模达不到规模经济产出水平,由此导致单位生产成本处于劣势;最后,大规模生产的在位厂商在原材料采购上的优势,使潜在进入者处于劣势。

范围经济又称组合经济,是指企业通过扩大生产经营范围,取得组合经济优势。较早进入的厂商更加有能力拥有多品种产品的生产能力,从而有更强的市场适应能力。范围经济需要在专业化的基础上发展核心竞争力,之后再进行整合协作,这需要较强的专业能力,所以新进入厂商也难以与原有厂商抗衡。

(三)法规和政策环境

国家政府部门为防止恶意竞争等行为对价格的管制,对市场基本稳定的维持,也会隐性地为新进入厂商设置壁垒。法律对于原有厂商在研发中的特有技术和专利保护,使得新厂商难以超越。对于一些公共物品属性较强的产品,国家也会立法进行保护。

第二节 联网经济中竞争性垄断的形成

一、传统经济中的垄断

垄断与竞争的关系是自古典经济学中的一个传统命题,也是现代经济学中经济学家们始终争论不休的话题。在传统的经济学理论中,往往把垄断放在竞争的对立面,认为垄断会抑制竞争,影响资源的优化配置。垄断的概念是相对于完全竞争提出的,只要是不完全竞争就包含有垄断的因素,但垄断的程度又有所不同,可分为垄断竞争、寡头垄断和完全垄断三种市场结构。亚当·斯密从三个方面论证了垄断的低效率性:垄断将导致产量的减少,从而导致福利的下降;资源将被用于获取、维持和扩大垄断,从而造成资源使用的浪费;垄断在技术上是低效率的,给定相同的投入量,垄断者的产出会少于竞争者的产出。莱宾斯坦(1966)从成本损失的角度,提出了 X 非效率概念,即存在于垄断企业内部的低效率的资源配置法则。

传统经济下,若企业处于垄断地位,不仅会降低市场效率,而且会损害竞争的公平性和消费者的利益。具体而言,垄断行为对资源配置的劣化作用表现在两方面:一是福利的损失;二是垄断价格和消费者剩余的减少。20 世纪 90 年代以来,经济全球化、网络化的迅速发展共同促进了新经济形态的形成,并决定了新经济条件下垄断的现代特征。

二、竞争性垄断的形成及内涵

(一)竞争性垄断的形成

互联网经济的特殊性决定了竞争性垄断的成因,一方面表现在互联网产业生产要素的特殊性导致的规模报酬递增效应,另一方面体现在互联网经济的技术特征导致的技术不相容性。在这两方面因素的共同作用下形成了互联网经济特有的竞争性垄断的市场结构。

1. 规模报酬递增

传统经济理论中,规模报酬与企业的长期平均成本相关(见图 4-3)。企业的产量如果处于长期平均成本曲线(LAC)的左侧,企业便处于规模报酬递增即规模经济的阶段;企业的产量如果处于长期平均成本曲线的右侧,企业则处于规模报酬递减即规模不经济的阶段。在互联网经济下,知识成为互联网产业主要的资源和生产要素,而技术进步成

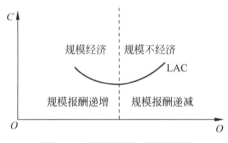

图 4-3 规模报酬与规模经济

为生产力发展的决定性因素。由于其不受资源稀缺性的约束,边际成本趋于零,平均成本递减,故其供给方规模经济的区间趋向于无穷大,突破了传统供给方规模经济的边界。因此,报酬递增开始占主导地位,规模越大,收益越多。报酬递增意味着生产企业的规模不再受到各种限制,可以不断地扩大,直至最后形成一家或少数几家企业垄断的局面。

2. 技术不相容性

在传统产业里,某些传统产品可由不同层面的技术来生产,从而可以满足不同层次的消费需求。但是在互联网经济的背景下这种定理是不适用的,信息的新技术和新产品不仅不会比旧技术和旧产品的价格高,而且价格还可能更低。这样,质优价廉的信息新技术往往一出现,就会很快占领市场,落后的技术也就很快被淘汰。由此可见,信息技术的市场不相容性决定了谁掌握了为市场所接受的先进技术,谁就占据了"胜者全得"的市场垄断地位。

3. 锁定效应

如前所述,锁定效应是互联网经济中垄断形成的重要因素。互联网经济中的产品往往是围绕着一个系统工作的,这导致用户从一个系统转移到另一个系统的转移成本非常大,这种成本达到一定程度之后就很难退出,系统就会逐渐适应并强化这种状态,厂商甚至可以在一定程度上控制消费者,由此成为技术性垄断者。当然,在有重大创新出现时,使用新产品和继续使用原有产品之间的效用差大于消费者的转换成本时,锁定效应是可以被解除的。

4. 消费者的主导地位

由于边际成本趋近于零,市场中消费者的个性化需求容易被满足,能满足这些"长尾末

端"消费者需求的厂商可以实现规模经济,其市场总量十分可观,形成"长尾效应"。在"长尾效应"的影响下,不同需求的消费者都被集中到同一个市场中,多种需求使得多个厂商竞争共存,各企业之间的竞争变得激烈。消费者越来越多的个性化需求对企业的研发能力和生产能力等提出了更严峻的考研,而这些恰恰是小企业的弱点。因此,为了适应大规模定制化服务与高水平的电子商务物流服务,将形成具有垄断势力的企业。

(二)竞争性垄断的内涵

竞争性垄断是指竞争与垄断并存,同时又相互强化的市场结构,它被认为是完全垄断市场、寡头垄断市场、垄断竞争市场以及完全竞争市场之外的第五种市场形态,是互联网经济中一种特有的新型市场结构。

一般来说,在技术创新频率较高的情况下,技术创新集中在少数企业上更容易形成垄断,且更容易形成长期的垄断;反之,技术创新行为分散到各个企业中,处于垄断地位上的企业更换的频率就越快。竞争和垄断就这样巧妙地结合到互联网经济的市场结构中,形成了竞争性垄断的市场结构。竞争性垄断市场能保持高度的竞争,在这个市场结构下垄断是竞争的结果,同时也是竞争的起点,垄断的存在不会阻碍竞争,反而会促进竞争行为的增长,这种新型的市场结构对于企业甚至市场的健康发展有着更加积极的影响。

三、竞争性垄断的市场结构特点

(一)竞争性垄断与一般垄断的区别

1. 技术创新活跃

在互联网经济的背景下,主要的生产要素由劳动资本变为知识和信息,所以创新是形成垄断的根本,也是打破垄断的手段。只有通过不断地创新才能实现有效的投入产出,创建优势并迅速地占领市场,最终占据垄断地位。创新经济学家莫尔顿·卡曼指出,技术创新可以分为两类,一是垄断前景推动的技术创新;二是竞争前景推动的技术创新。前者是指一个企业预计自己的创新能获得垄断利润而进行的创新;后者是指一个企业因担心自己的垄断地位要被取代而采取的创新。因此,在互联网经济下想要拥有并维持自己的垄断地位就必须进行技术创新。

2. 垄断地位不稳定

互联网经济下的垄断在很大程度上可以说是技术垄断,是企业借助技术创新和技术标准竞争确立自己的领先地位。与物质资源具有相对稳定性相比,技术等非物质资源是动态且不稳定的,技术总是不断地向更高级的形式运动,现代信息技术革命更是使技术的开发周期和生命周期大为缩短,依赖知识技术确立优势地位的垄断企业其优势地位是脆弱的、阶段性的,具有暂时性。一旦新厂商开发研制出更新的技术或产品,原有厂商的垄断力量可能马上就会消失。在互联网经济时代人们经常会看到许多在位优势企业一夜之间便丧失了优势地位,而不少新兴的小企业又在忽然变成"巨人"。

3. 协作型竞争成为主流

在工业时代,企业的竞争主要分为资本和资源的竞争,由于这些要素具有稀缺性和排他性,谁拥有的资本和资源更多,谁就能在市场竞争中取得优势,所以工业时代的市场竞争通常是"你死我亡"。网路经济时代,企业竞争的重点从资本和资源转向了知识、技术、人力资源等无形资源,它们具有非稀缺性、共享性等特性,这为企业间的合作提供了基础,使得双赢的竞争成为可能。互联网经济的出现使得许多企业改变了传统的竞争模式,转而寻求以合作的方式共同承担风险并共同发展,协作型竞争已经成为互联网经济时代主流的竞争模式。

4. 社会福利提高

在垄断与竞争此消彼长的传统经济中,竞争活力和规模经济不能兼得,两者只能取其一,竞争能够实现竞争活力但必须舍弃规模经济,垄断可以实现规模经济但却扼杀了竞争活力。因此,行业内实现垄断的企业会通过垄断势力操纵市场价格、控制产量,使得边际社会价值大于边际社会成本,降低了市场效率,损害了社会福利。互联网经济下少数技术创新领先者和运营效率较高者之间的较量不仅有利于实现无数原子式企业间竞争难以实现的规模经济,而且提升了竞争的层次、质量和效率。互联网经济中的垄断克服了传统经济中垄断的缺陷,既发挥了市场竞争的活力,又避免了完全竞争市场可能出现的过度竞争,实现了市场的有效竞争。互联网经济时代的垄断型市场结构能同时兼容规模经济和竞争活力,在一定程度上缓解了"马歇尔冲突"[①]。可见,这种垄断不仅没有降低经济效率,反而可能比完全竞争市场更有效率地利用资源,促进行业内的有效竞争,提高社会福利水平。

(二)竞争性垄断市场结构与传统市场结构的比较

竞争性垄断这种新的市场结构的出现,打破了现有经济学在传统经济条件下对市场结构理论的认知,增加了微观经济学和产业经济学在互联网经济下对市场结构理解的一个新思路。竞争性垄断市场结构与传统经济理论中提出的四种基本的市场结构有着本质的区别,它既不同于传统经济中的寡头垄断,也不同于传统经济中的垄断竞争。

表 4-1 呈现了五种市场结构类型的主要特点。其中,竞争性垄断的核心特点集中于以下四个方面:

表 4-1 竞争性垄断市场结构与传统市场结构比较

市场类型	完全竞争	完全垄断	垄断竞争	寡头垄断	竞争性垄断
企业数量	很多	唯一	很多	很少	较少
定价方式	价格接受者	企业利润最大化性价	高于边际成本定价	不确定(价格合谋、价格领导等)	区别定价
价格变动趋势	稳定	稳定	比较稳定	基本稳定	持续性下降
进退障碍	没有壁垒	非常高	进退较易	进退较难成本较高	基本没有
垄断	不存在	完全控制市场及价格	细分市场垄断	对市场及价格具有较大控制	不稳定的垄断
产品差异	无	唯一产品	有差异	纯寡头无差异,差异化寡头有差异	与寡头市场类似
市场集中度	很低	绝对集中	较低	较高	很高

---

① 马歇尔冲突是指经济学家马歇尔经济理论中关于规模经济和垄断弊病之间矛盾的观点。马歇尔认为:自由竞争会导致生产规模扩大,形成规模经济,提高产品的市场占有率,又不可避免地造成市场垄断,而垄断发展到一定程度又必然阻止竞争,扼杀企业活力,造成资源的不合理配置。因此,社会面临一种难题:如何求得市场竞争和规模经济之间的有效、合理的均衡,获得最大的生产效率。

(1) 市场集中度很高；
(2) 不存在进入和退出壁垒；
(3) 垄断位置置换率高；
(4) 高竞争与高垄断相伴而生，互相强化，相互转化。

四、竞争性垄断的市场效率

由于企业在互联网经济下的垄断地位具有不稳定性，它只有通过不断创新来追求一定时期的垄断，所以在某种程度上可以说它是一种有效率的市场结构。

（一）竞争激烈

竞争是判断市场结构优劣的一项基本指标。由于互联网市场中技术的市场不相容性定律，互联网的市场结构中垄断与竞争并存，并且二者相互作用、相互促进。在互联网经济中竞争是绝对的，垄断只是竞争过程中的一种相对状态。垄断在竞争中产生，又是新一轮竞争的开始。在成熟的市场条件下，只有技术创新能成为唯一起决定作用的竞争形式，所以高额的垄断利润会刺激企业保持长期的激烈竞争。

（二）创新活跃

技术创新是判断市场结构优劣的又一项重要指标。竞争性垄断市场结构兼具竞争市场和垄断市场的特征，所以互联网经济下的垄断企业不仅不会抑制技术创新，反而会促进技术创新的开展。互联网企业的垄断是在竞争中形成的，且处于持久竞争的环境之下，互联网经济的主导生产要素是知识、技术等无形要素，垄断本身就是建立在知识技术垄断的基础上的，是技术竞争和技术进步的结果。技术进步的加快和技术竞争的激烈使得垄断形成及打破的速度加快，技术垄断的暂时性和激烈竞争的持续性使得垄断企业必须不断地进行技术创新，以新技术的垄断代替旧技术的垄断，否则就有可能被对手的创新技术打败。因此，在互联网经济中技术创新能力已经成为企业的核心竞争力，垄断地位确立的基础是技术创新，垄断地位的维持依靠技术创新，垄断地位的打破还是要通过技术创新。身处互联网经济的互联网企业必须时刻保持创新意识，储备创新的技术和能力，才能在残酷的市场竞争中生存下去。

拓展阅读 4.1

市场份额接近垄断，科技巨头应该被拆分吗？

第三节　互联网经济中的竞争策略

由上节分析可知,互联网经济中的市场竞争十分激烈,企业必须采取一些竞争策略为自己获得更大的竞争优势,从而使自己在市场中保持一定的位置,获取更大的生存空间,以免被市场淘汰。

一、标准竞争策略

网络产业中标准竞争是基本的竞争形式,同时也成为互联网经济形态下竞争优势的最重要来源之一。通过标准竞争,互联网企业能够获得其他竞争方式所不能获得的竞争优势。

(一)标准与标准竞争

1. 标准的概念及类型

标准一般指对事物的某种属性如重量、质量、长度等的规定以及经济主体所遵循的一系列技术指标,根据其标准设定的过程又可分为法定标准和事实标准。

(1)法定标准。法定标准是由政府标准化组织、政府授权的标准化组织或国际标准化组织建立的标准。这类标准具有公开性、普适性和非排他性,可以按照需要多次使用,也可以在不同的生产过程中使用。法定标准的设立通常需要遵循一定的标准设定程序,原则上要得到参与标准设立的各利益团体的一致认可方能通过,因而法定标准的制定程序相对复杂、滞后,历时较长。

(2)事实标准。事实标准的设定具有更大的灵活性,所经历的时间较短,更能够适应互联网企业快速多变的技术发展需要。事实标准是由单个企业或少数企业组成的联盟建立的标准,事实标准的制定无须经过标准制定机构的批准,也无须遵循一定的标准设定程序。事实标准是在消费者普遍认可的基础上形成的,是市场筛选的结果。事实标准的提供者对标准有很大程度上的控制权,并且可以因此而获得巨额的垄断利润,特别是当这种标准与企业的专利技术结合时更是如此。

2. 标准竞争的内涵

标准竞争是指两个或两个以上的技术之间为争夺市场支配地位而进行的一种斗争。标准竞争既可以发生在新技术与新技术之间,也可以发生在新技术标准与老技术标准之间,前者是横向的同代标准竞争,后者是纵向的标准竞争。参与标准竞争的主体既可能是两个,也可能是两个以上,前者是双头标准竞争,后者是多头标准竞争。而根据新技术是否与旧技术兼容,标准竞争又被分为四类:竞争渐进、渐进对革命、革命对渐进和竞争革命。双方的技术都与老一代技术兼容的竞争被称作竞争渐进;双方的技术都与老一代技术不兼容的竞争被称作竞争革命;一方技术与老一代技术兼容而另一方技术与老一代技术不兼容则被称为渐进与革命之间的竞争。

正是由于标准属性的变化以及拥有标准对企业成功和获利的重要性才使得互联网经济中标准竞争空前激烈,标准竞争已经成为企业间竞争的制高点。

（二）影响标准确立的因素

1. 用户安装基础

对于具有网络互补性的系统产品或技术来说，安装基础影响消费者的后续选择和退出。安装基础的价值越大，转移成本就越高，消费者被套牢的程度及退出的难度就越大。一个控制较大用户安装基础的厂商可以采取后向兼容的渐进策略阻止竞争对手技术标准的建立，从而在标准竞争中处于有利地位。网络效应市场上消费者效用的相互依赖性使消费者在选择具有网络特性的产品或技术时多采用从众决策方式，消费者的从众选择机制进一步强化了初始安装基础在标准竞争中的重要性，如果企业的产品或技术相对于竞争对手的产品或技术在安装基础上具有领先优势，则消费者从众决策引发的正反馈机制将使这一优势进一步累积，这样企业在标准竞争中取得胜利的可能性就更大。

2. 知识产权

在互联网经济时代，新技术的研发者大多数具有很强的知识产权意识，技术标准在制定过程中不可能再回避知识产权，甚至在相当多的领域还会遇到类似于"专利灌丛"的问题。企业在实施技术标准战略时，首先投入大量资金研发出先进技术并取得知识产权保护，然后通过各种市场手段把自己的技术规范上升为行业标准，最后在标准地位确立以后，向其他进入这个产业的企业收取知识产权使用许可费。在技术普遍知识产权化的今天，标准制定如果要绕过知识产权，或者意图要求其技术方案已经进入标准的知识产权人放弃知识产权都是不可能的。知识产权已经成为企业进行标准竞争的重要筹码，拥有技术尤其是高新技术的知识产权可使企业在标准竞争中处于十分有利的地位。但如果纳入的知识产权过多，也会增加企业研究开发技术的成本，消费者购买该技术产品所支付的费用也会相应提高，从而增加技术标准化的难度。

3. 创新能力和生产能力

创新能力是企业的核心能力，是企业创造优势竞争力的根本。企业的创新能力不光体现在开发新技术、研制新产品上，更表现在其敏锐的创新嗅觉和持续的创新能力上。创新能力强的企业不仅善于发现有价值的创新元素，而且能正确判别技术创新的方向，对技术创新具有前瞻性，因而它们不仅能开发出性能卓越的技术，而且可引领技术的未来发展路线。这样的企业在技术标准的制定上可以领先一步，在标准竞争中处于优势地位。创新能力是决定企业技术能否成为行业标准的核心力量，企业的技术创新能力越强，在技术标准争夺战中的竞争力就越强。

4. 互补产品的力量

系统性是网络产品的一个重要特征，网络产品通常是由基础产品和辅助产品组成的系统，两者之间在技术上是存在互补性的，辅助产品因而也被称为互补产品。在网络产业中，基础产品一般被称为硬件，互补产品被称为软件，相应地，基础产品与互补产品之间的关系被称为硬件/软件范式。硬件/软件范式是间接网络效应的源泉，一个硬件可以有众多的软件与之匹配，可获得的与硬件配套的软件产品种类越多，硬件产品的价值越大。充足的互补产品是产生间接网络效应的一个先决条件。在标准竞争过程中，互补产品的多寡对标准发起者和用户都会产生重要影响，互补产品的种类、质量和价格水平直接影响企业参与标准竞争的基础产品的价值和吸引力，并影响消费者的购买决策。消费者在决定是否购买基础产品时,互补产品的配套供给是其考虑的一个重要因素,理性的消费者一般不会轻易选择目前配套产品比较少的技术产品。企业要想在标准竞争中获胜,必须要能够吸引足够多的互补产品供应商为其提供配套产品或是自己提供竞争对手不能提供的互补产品,只有这样才能取得更多用户的支持,其基础产品的生产技术才更有可能被业界认可并成为行业标准。

5. 品牌与声誉

品牌与声誉对企业来说是一种有价值的无形资产,在信息不对称而消费者的信息搜寻成本又较高的情况下,消费者的选择对品牌和声誉的依赖程度提高。在选择产品时,消费者一般会首先考虑品牌知名度高和声誉良好企业的产品。品牌能够增加消费者对企业产品的认知度,是引导消费者购买的指示器,而好的声誉则有利于提升用户对企业产品的忠诚度。品牌和声誉是企业技术标准化的通行证,品牌和声誉作为市场信号可以向消费者传递企业产品的相关信息,这些信息有助于消费者对企业产品产生正面的感性认识,增强消费者的购买信心。

(三) 基于标准的竞争策略

合理的策略可提高企业在标准竞争中获胜的可能性。为了提高企业在标准竞争中获胜的概率,企业必须从战略的高度对标准竞争的策略进行规划和设计。根据标准竞争的特征及其影响因素,企业可以采用以下几个方面的策略。

1. 设定恰当的目标

在标准竞争中,企业要根据市场环境、自身实力和竞争对手的情况选择恰当的竞争目标:是使自己的技术成为技术标准以主导行业标准,还是将自己的技术融入技术标准之中以追随行业标准。目标设定关系企业在标准竞争中获胜的概率,恰当的目标定位是企业赢取标准战的基础。企业在标准竞争中的目标定位决定了竞争之后企业对标准的控制程度和赢利水平,所以企业不能盲目地设定标准竞争的目标。企业在设定标准竞争目标时既要考虑到自己的生产能力、创新能力、技术性能及知识产权的拥有情况等影响标准竞争的因素,又要考虑到竞争对手在相应方面的竞争实力,同时还要对市场环境以及标准竞争的各种影响进行分析,以保证设立的竞争目标既有利于企业在标准战中获胜,又能在竞争结束后为企业带来最大的回报。通常地,领先企业的竞争目标是使自己的技术成为主流标准乃至唯一标准;而一般企业的竞争目标则是尽力使自己的技术融入技术标准之中以获得尽可能多的收益。

2. 选择合适的进入时机

在标准竞争中成功的诀窍之一是利用互联网经济中的正反馈机制,而先一步出发被认为是有利于激发正反馈率先启动的。在标准竞争中,抢先进入市场有利于建立产品或技术的安装基础、促进互补产品的供应,从而在竞争中获得先发优势并有可能锁定市场。但是,抢先进入市场获取成功也是有条件的。如果抢先进入者不能够使市场迅速达到临界规模,抢先进入市场不仅不能够建立起先发优势,而且有可能成为市场的"试验品"。一旦这种产品或技术被竞争对手模仿加以完善后,其市场地位会被后来者超越或取代。

3. 培育标准竞争所需的内部资源

创新能力、生产能力、品牌和声誉是影响企业在标准竞争中胜负的内部因素。企业竞争实力的大小在很大程度上取决于这些内部资源,企业要想提高自身参与标准竞争的实力,就必须加大加快对这些内部资源的培育。首先,企业要加大研究开发方面的投入,培养和引进与企业经营领域相关的各类人才,不断提高企业的自主创新能力,研制出性能卓越尤其是具有首创性的技术,并及时地为技术申请知识产权保护,以培育标准竞争所需要的核心资源;其次,企业要努力提高生产能力,高固定成本和低边际成本的特性客观上要求企业的生产能力达到一定的规模,需求和供给双重规模经济作用下的强规模经济为企业扩大生产能力提供了充足的空间,生产能力决定了企业的生产成本,而生产成本的高低影响到标准竞争中企业竞争力的大小;最后,企业要重视对品牌、声誉等无形资源的培育,企业领导层要有开发品牌和树立声誉的战略意识,积极营造健康的品牌和声誉培育环境,加大与品牌开发和声誉树立有关的各项投入,创建优质品牌,树立良好声誉。标准竞争中包含品牌和声誉的竞争,谁的品牌知名度更高,谁的声誉更好,谁在标准竞争中就更胜一筹。

4. 合理的组织安排

合理的组织安排支持企业赢得标准竞争。当企业依靠独自的力量不能够建立起正反馈启动所需要的临界容量而企业又力图把自己的技术推广为标准时,与利益相关者结成联盟能够有效地扩大技术的用户规模,并诱发消费者对企业技术的未来前景产生积极的预期,从而在选择上偏向于该企业的技术产品。与利益相关者结成联盟,是标准竞争过程中厂商最常用的组织策略。有时为了削弱竞争对手基础产品的竞争力、切断竞争对手互补产品的供应,企业还与互补产品供应商签订排他性协议,当然排他性协议必须在法律许可的范围内进行。另外,企业还可以依赖政府的力量建立新标准:一方面,政府作为一个公共组织,可以对不同利益集团的利益进行协调,在标准竞争中主要是对参与技术标准竞争的企业、互补产品供应商和消费者之间的利益进行协调,这种协调会对标准竞争的结果产生间接影响;另一方面,政府作为一个强大的购买者,其购买选择直接影响标准竞争中的标准偏向。

二、用户锁定策略

用户锁定效应是一种典型的依靠路径依赖产生的结果,锁定是维持网络企业用户基数稳定的有效策略。互联网经济时代全球范围的竞争及竞争的高强度使得主流产品的换位成为常有之事,市场份额的扩张虽然是产品主流化的直接目标和衡量指标,但仅仅有这种量的指标扩张,产品主流化的地位未必能够持久,产品主流化地位持续时间的长短还得取决于扩张的市场份额是否稳定。由于市场竞争是动态变化的,产品供应商出现暂时的市场份额减少也是正常的,但不能减少到临界点的用户基数以下。临界点的用户基数是正反馈机制良性循环的底线,真正主流化成功的网络企业在后续的竞争中必须要保住其产品的用户基础,确保这部分扩张的市场份额是高稳定性的。

(一)锁定与转移成本

1. 锁定

锁定是指由于各种因素,从一个系统(可能是一技术、产品或是标准)转换到另一个系统的转移成本大到转移不经济,使经济系统达到某个状态之后就很难退出,系统逐渐适应和强化这种状态,使形成一种选择优势把系统锁定在这个均衡状态的现象。

2. 转移成本

转移成本是与锁定相联系的一个概念,它是顾客从一个系统转移到另一个系统所需支付的成本。越高的转移成本,锁定和路径依赖的程度越高。总的转移成本可分为私人转移成本和社会转移成本。

私人转移成本包括沉没投资,转向新系统所需的支出和消费者付出的时间成本、心理成本等。社会转移成本是消费者因网络效应的存在而付出的成本,即转向新系统后消费者在原系统的网络效应中失去的利益。

3. 锁定策略

锁定策略是网络竞争中特有的竞争策略,其目标是锁定用户,防止用户外流。在互联网经济下,信息的转移成本很高,网络效应的存在也加大了转移带来的成本。在这种情况下,一方面,企业要考虑如何打破别人已经形成的锁定,将别人的用户转移过来;另一方面,企业要对自己已有的用户进行锁定,稳定自己的用户基数。

(二)市场锁定的类型

锁定源自转移成本,转移成本可以来自不同的方面,表 4-2 列举了七种锁定类型对应的转移成本内容。

表 4-2　锁定和相关转移成本的类型

锁定的类型	转 移 成 本
合同义务	补偿或毁约损失
耐用品的购买	设备更换,随着耐用品的老化而降低
针对特定品牌的培训	学习新系统,既包括直接成本也包括生产率的损失;随着时间而上升
信息和数据库	把数据转换为新格式,随着数据的积累而上升
专门供应商	支持新供应商的资金,如果功能很难得到/维持,会随时间而上升
搜索成本	购买者和销售者共同的成本,包括对替代品质量的认知
忠诚顾客计划	在现有供应商处失去的任何利益,再加上可能的重新累计使用的需要

1. 合同义务

合同对双方都具有锁定作用,当合同签订后,其补偿或违约成本就是锁定成本。

2. 耐用品的购买

消费者在购买耐用品后就不得不购买与之互补的易耗品,由此形成锁定效应。这时转移成本随着耐用品的老化而降低。

3. 针对特定品牌的培训

厂商在出售商品时会对使用者进行培训,消费者学习得越多,转移成本也就越高,这种转移成本包括直接成本,也包括生产率的损失。

4. 信息和数据库

网络产品的信息和数据库具有累计增值效应,数据库的内容会随着时间的推移不断丰富,数据价值也因此而不断增值,其转移成本通常随着信息量和历史数据的增加而上升。

5. 专门供应商

当顾客选择了某种产品的单一供应商后会产生依赖,供应商的售后服务也会导致锁定。

6. 搜索成本

搜索成本是指为获取有关产品信息相关的成本，即当消费者和生产者想要从一个系统转向另一个新系统时所需要花费的成本，包括对替代品信息收集的成本。

7. 忠诚顾客计划

忠诚顾客计划也叫人工锁定，是指通过企业的个性化服务和管理维护，与顾客建立良好的关系，使得顾客形成品牌偏好从而形成锁定效应。

（三）企业的市场锁定策略

1. 抢先化策略

互联网经济是速度型经济，在特定的情况下速度比质量更重要，时间比性能更重要；互联网经济是注意力资源稀缺的经济，顾客的关注度是影响厂商产品市场推出成败的重要因素之一，先入为主的规则在互联网经济中表现得更加突出。最先进入市场的产品也最早进入消费者的视线，这时由于可供选择的其他竞争产品少，产品被消费者选中的概率就更高。对于互联网经济下的企业来说，品牌选择阶段的关键通常不是一步到位推出功能全面的产品，而是要力争率先推出产品以吸引消费者的眼球，功能可以通过日后的升级来逐步完善。

2. 性能演示策略

网络产品多数是经验产品，消费者需要"亲身体验"才能对其价值进行评判；网络产品是知识密集型产品，了解其性能需要专门的知识或需要花费相当大的搜寻成本。性能演示为生产者提供展示产品、为消费者提供体验产品的平台，生产者通过性能演示推销产品、消费者通过观看性能演示获得产品的有关知识。优质产品在性能演示中展现的优于其他同类产品的卓越性能，不仅可以吸引尚处于选择前观望阶段的消费者，甚至可以把准备选择竞争对手产品的消费者吸引过来。性能演示是有一定风险的，性能演示不只是展示产品好的一面，也可能在不经意之中暴露产品不够好的一面。成功的性能演示必须建立在产品品质真正卓越的基础之上，产品越卓越，其性能演示就越有效。

3. 提高用户满意度策略

试用阶段厂商能否留住用户关键取决于用户对产品的满意程度，用户的满意程度越高，产品对用户就越有吸引力，厂商拓展市场份额就越容易。用户满意度一词最早出现在20世纪70年代中期，是指用户对一个产品的可感知效果与他们对产品的期望相比较后形成的感觉状态，如果产品的可感知效果大于他们对产品的期望，就说明他们的期望得到了满足。由此可见，厂商要提高用户的满意程度，有两条路径可以选择：要么降低用户的期望；要么提高产品的效用。在产品试用期间，厂商要加强与用户的沟通，及时跟踪研究用户的满意程度，在难以改变用户期望的情况下，可根据用户反馈回来的信息，改进和完善产品的功能，努力提高产品的客观效用；同时，针对有些用户的个性化需求，厂商要适时地设计出满足这种独特需求的个性化产品，以提高用户从产品中感受到的主观效用。

4. 不兼容策略

兼容具有双向功能：既可能扩大网络规模也可能侵蚀网络规模，何种功能起主要作用取决于厂商的现有规模。规模大、市场占有率高的企业采取兼容性策略可能使其部分市场份额被竞争对手盘剥；规模小、市场占有率低的企业通过与现有市场主流企业的兼容可以扩大市场规模。不同规模的企业从实施兼容中获得利益的不对称性决定了它们对待兼容态度的不一致性,用户规模大的企业一般反对兼容;用户规模小的企业一般赞成兼容。在品牌选择和试用阶段运作成功的市场在位企业已经积累了一定的用户基础,采取不兼容策略有助于它们进一步锁定用户,阻止用户向竞争对手的产品转移,从而可以巩固其先前阶段获得的市场地位。

5. 培育用户忠诚度策略

进入品牌确立阶段,仅仅是顾客满意难以达到锁定用户的目的,不断提升顾客满意度最终获得顾客忠诚对于企业能否最终锁定用户至关重要。狭义的顾客忠诚被定义为顾客的重复购买行为;广义的顾客忠诚是指伴随着较高的态度取向的重复购买行为,即在情感依恋和行为取向两个方面都表现出来的忠诚。互联网经济下忠诚顾客计划越来越普及,越来越多的企业根据顾客的历史购买提供相应的优惠待遇,如为购买量或购买次数达到一定限度的顾客提供折扣或积分,这些折扣或积分提高了顾客更换供应商的转移成本。

6. 产品升级策略

互联网经济时代技术更新的速度和频率是前所未有的,企业要想保住现有的用户、吸引新的用户,就必须跟上技术进步的步伐,及时地提升自己的技术,升级自己的产品,完善产品的性能和功效,否则再忠诚的用户也会转移。随着供应商对产品的一次次升级,用户弃用产品的沉没成本越来越高,被锁定的程度也因此而加深。

7. 提供互补产品策略

网络产业中的间接网络效应使产品对用户的价值直接受到互补品数量的影响,提供竞争对手不能提供的互补产品有利于促进企业品牌的确立。能够成功地提供和销售丰富的、具有吸引力的互补产品组合的厂商,将在基础产品锁定的市场中享有极大的优势,因为互补产品可以增加基础产品的价值和吸引力。厂商既可以自己提供互补产品,也可以与辅助厂商签订合同,由它们来提供互补产品。互补产品策略既增加了厂商拥有的安装基础的价值,也为顾客增加了价值,是卖家和买家皆大欢喜的非零和博弈。

(四) 反锁定策略

新进企业要在未来的市场中生存,就必须打破在位企业对用户的锁定,并逐步确立自己对用户的锁定。在这一破旧立新的过程中,新进企业的成功取决于反锁定策略的正确运用。

1. 降低转移成本策略

锁定中最重要的概念是转移成本,决定反锁定策略成败的关键是用户转换成本是否得以有效降低。总转移成本等于顾客承担的成本和新供应商承担的成本两部分之和,新供应商承担的成本是新进厂商为吸引顾客所付出的代价,在总转移成本不变的情况下新供应商承担成本的提高意味着顾客承担成本的减少。新进企业要想把用户从在位企业那里吸引过来,就必须设法减少用户承担的成本,甚至不惜提高自己所承担的成本。

2. 创新策略

新进企业反锁定策略的最终目的是为了锁定,反锁定作为与在位企业争夺市场份额的一种竞争手段,在使用方法上同锁定策略有相似的地方,比如可以通过提供更优质的产品和更好的售后服务等与在位企业争夺市场份额,而这样做的基础就是创新。创新是网络企业的生命力所在,相比于在位企业的先占优势,新进企业必须创造后发优势,开发出更好更具特色的产品,以明显的压倒性的技术优势战胜在位企业已经累积的网络规模优势,只有这样才能使消费者有足够的动力摆脱在位企业的锁定,从而让新进企业实现后来者居上。新产品相对于在位企业产品的技术优势越明显,新进企业替代在位企业时消费者损失的价值就越少,消费者也就越愿意进行这种转移。

3. 兼容策略

新进企业为了避免被在位企业逐出市场,常采用与在位企业产品或技术有一定兼容性的设计,以打破在位企业对用户的锁定壁垒。兼容可以分为前向兼容和后向兼容、单向兼容和双向兼容。如果新进企业采用可以与在位企业相兼容的技术或技术标准,就是后向兼容,反之即为前向兼容。后向兼容不宜太多,否则不能突出产品的优势,形成不了后续的锁定。新进企业与在位企业的双向兼容要优于新进企业向在位企业的单向兼容,双向兼容下新进企业不仅可以利用在位企业的网络效应,而且还可以克服转移成本对消费者选择的不利影响。

拓展阅读 4.2

"头腾"大战升级!巨头商战再举反垄断大旗

三、数字产品的价格策略

(一)消费者对产品的支付意愿

价格的变化与消费者的支付意愿有关。消费者的支付意愿是指消费者为获得某种效用而愿意支付的货币代价。数字产品的特点对消费者的支付意愿产生影响,进而影响其定价,主要表现在以下几方面:

(1)产品的差别性对价格的影响——从生产的角度来看,数字产品的生产大多是创造性的劳动,含有很高的智力成分,而由于在对产品的研发过程中,可能存在对产品的理解、研发活动环境、目标人群的不同,从而导致最终生产出来的产品是存在差异的;从消费的角度来看,如效用理论所述,数字产品的效用是从消费者的满意程度中体现的,这种效用评价因人而异,所以是一种主观评价。因此,不同的消费者对于同样的数字产品存在支付意愿的差别:获益大的、满足程度高的消费者愿意支付较高的价格,而获益小的、满足程度低的消费者愿意支付较低的价格。这为差别性价格歧视提供了可能,也让数字产品的价格离散现象更为明显。市场的变化分散、商品经营过程中销售条件的差别以及商品的异质性都是造成价格离散的原因。数字产品所具有的差异性使得产品本身的价格离散更为突出,即使是同一款产品,因为对不同消费者所产生的效用不同,也可能产生不同的价格。

(2)产品的非竞争性对价格的影响——数字产品的非竞争性为多个消费者共同购买一件产品,分时或同时共享使用提供了可能,如视频网站的 VIP 服务,奇艺、腾讯等视频网站均提供有共享性的消费充值服务。然而,每一个人的消费体验并没有因此而受到影响,但总的商品消费量却可能因为共享消费而降低,从而降低整体的市场需求,而通过对产品的共同购买分摊的购买费用,最终使价格降低。也正因为如此,消费者可能会降低对产品的价格预期,使得产品在原来的价位上无法售出。

(二) 数字产品价格的形成

一般认为,提供不同类型数字产品的厂商所面临的市场结构以及产品自身的特点将作为定价策略的基础。

首先,目前数字产品的市场结构大多属于垄断竞争市场。这使得提供相关产品的企业都具有一定的市场垄断势力。而数字产品的经验性产品属性以及差异化特点为产品的个性化提供了可能,这样可以尽可能增加用户黏性、降低产品之间的替代程度;但又由于技术进步等内生因素的影响,使得互联网经济市场上存在着多家相互竞争的厂商。

其次,数字产品边际成本几乎为零的特点要求其按照消费者的不同支付意愿进行差异化定价。同时,几乎为零的边际成本也使得提供产品的企业在理论上可以接受任意价格,极大地增强了企业实行差异化定价的能力和空间。而差异化定价正好可以把更多的消费者囊括在目标消费者之列,这有利于形成规模经济。

1. 按边际成本定价

边际成本定价法也叫边际贡献定价法,其定价规则是:企业使得价格等于边际成本,即以变动成本作为定价基础,只要定价高于变动成本,企业就可以获得边际收益(边际贡献),用以抵补固定成本,剩余即为盈利。其计算公式为

$$P = (CV + M)/Q$$

其中,P 为单位产品价格;CV 为总的变动成本;Q 为预计销售量;M 为边际贡献,$M = S - CV$;S 为预计销售收入。

如果边际贡献等于或超过固定成本,企业就可以保本或盈利。

这种方法适用于产品供过于求、卖方竞争激烈的情况。在这种情况下,与其维持高价,导致产品滞销积压、丧失市场,不如以低价保持市场,不计固定成本,尽量维持生产。

数字产品的边际成本定价:数字产品的边际成本很低,几乎接近于 0,如果按照边际成本定价,就意味着产品的价格也几乎接近于 0,如此低的价格企业将面临无法挽回先期投入的巨额开发成本,使企业面临巨大亏损。显然,按照边际成本定价并非最优平衡状态(对应图 4-4 中点 (P_0, Q_0))。

2. 按平均成本定价

按照平均成本定价,即以边际收益与平均成本相交的一点上的价格 P 确定数字产品的价格。如果按照平均成本定价,意味着企业不仅用于生产的成本可以收回,其用于先期的开发研制的成本也可以收回。在经济学中,凡平均成本一直处于下降趋势的情况下,其价格不是由边际成本决定,而是由平均成本决定,边际收益与平均成本相交的点为均衡点,对应图 4-4 中点 (P_1, Q_1)。

一般来讲,满足"平均成本一直下降"这一条件的行业是自然垄断行业。如前所述,理论上从生产者角度讲,零边际成本的特性使得数字产品

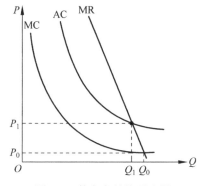

图 4-4 数字产品按照边际成本/平均成本定价

可以无限扩大产量以逐渐降低平均成本,而这个产量完全可能满足整个市场的需求,所以有些数字产品市场可能存在自然垄断,此时平均成本定价法成为一种合理的定价方式。

拉姆齐价格是指一系列高于边际成本的最优定价,它能资助商品和服务的提供。当某一商品或服务的价格提升所产生的效率损失小于运用额外收入所产生的净收益时,经济效率就提高了。现以视频网站VIP服务的定价为例来说明。

假设某视频网站实施VIP用户付费的成本极小,可以忽略不计。虽然目前对互联网内容付费的习惯仍未大规模形成,但对于已经有VIP付费习惯的用户而言,VIP费用的增加对他们是否继续购买VIP服务的影响是相对较小的,即简单增加VIP收费的数量对额外收入的成本的影响甚微。

因此,假设某视频网站的经济效率价格($P=MC$)为20元/月以及3200万的VIP用户。如果将价格上升为30元/月,而愿意购买VIP的用户数量下降至3000万,那么图4-5中的梯形ABDC区域则表示视频网站通过提高价格使得消费者损失掉这部分剩余部分,共31 000万元。其中,电视台的净收入为长方形ABEC所代表的区域,共30 000万元,是视频网站的额外收入,剩下的1000万元为用户的效率损失。视频网站

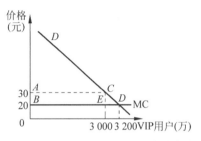

图4-5 视频网站VIP购买的定价变化

可以将这些额外收入用来购买或自制更多高质量的节目,或者升级服务器,从而为用户提供更高质量的用户体验。如果视频网站利用这30 000万元的净利润来购买或自制节目、升级服务器,因而带来的升级版的VIP用户体验可以为这些VIP用户带来35 000万元的收益。这样一来,VIP用户通过损失31 000万元的消费者剩余,可以从额外的服务中得到35 000万元的收益。也就是说,该视频网站的VIP用户用1000万元的效率损失从额外的服务那里购买了5000万元的收益,获得了4000万元的净收益。在这个例子里,30元/月的VIP服务价格就是拉姆齐价格(见图4-5)。

由于拉姆齐价格能够带来社会总福利的增加,所以它是一种有效的定价策略。在具体的定价过程中,关键是要在高于边际成本的逐个系列中选择最佳的价格,从而使净收益与净损失的差值最大,实现经济效益的最大化。

3. 渗透式定价

渗透式定价是指在产品进入市场初期时将其价格定在较低水平,尽可能吸引最多的消费者的营销策略。价格的高低与产品周期相关,以一个较低的价格打入市场,目的是在短期内加速市场成长,牺牲高毛利以期获得较高的销售量及市场占有率,进而产生显著的成本经济效益。渗透价格并不意味着绝对的便宜,而是相对于价值来讲它比较低。

随着互联网和大数据技术的发展,技术的传播与模仿日益加快,产品差异性逐渐缩小,数字产品的数量及其包含的信息已经超载,出现了注意力稀缺的现象,如何锁定消费者、培养其消费偏好并实现商业转化是营销的关键所在,"先发制人"对于数字产品非常重要;另外,数字产品想要获得规模效应,就必须要争取更多的使用基础,达到必要的临界量。所以对于某些数字产品,渗透定价是开拓市场的重要方法。

数字产品的渗透定价主要是依据其特殊的成本结构和网络外部性等特点,着眼于产品

的长期收益,在进入市场初期采取低价格、免费价格、负价格的营销策略,现实中有许多软件类产品采用这种定价策略。

4. 差别定价

差别定价是一种价格歧视定价策略,也是企业普遍采用的一种定价策略。差别定价是根据用户的需求和支付意愿向不同的用户收取不同的价格,从而让企业最大限度地获取利润。互联网经济除了更容易地对产品进行个人化以外,还容易对价格进行个人化。通常情况下,互联网企业会根据客户使用产品和服务的时间来评判客户的忠诚度,并据此制定不同的价格来吸引不同类型的用户。

传统经济中厂商出于获得更多消费者剩余的动机实施价格歧视策略;互联网经济中厂商的定价导向由生产者的边际成本转向消费者的支付意愿,而消费者的支付意愿是千差万别的,歧视定价是一种普遍性的定价方式。

(1) 传统经济学中的差别定价。在经济学中,差别定价也被称为价格歧视。价格歧视是指对于同一种商品,向不同的人群收取不同的费用,这对部分高收入的消费者存在歧视。英国经济学家庇古(Pigou,1920)把价格歧视分成以下三种类型:

① 一级价格歧视,指厂商对每一单位的产品或服务收取不同的价格,且这个价格是消费者所愿意支付的最高价即消费者的保留价格。这时全部的消费者剩余被转化为生产者剩余,价格歧视是完全的,因而一级价格歧视又被称为完全价格歧视。在现实经济生活中消费者为数众多,厂商不可能获悉每个消费者的支付意愿,一级价格歧视很难做到。

② 二级价格歧视,指根据不同的购买量或购买时间来定价,即按数量段或时间段设计不同的价格,因而又被称为非线性定价。二级价格歧视与消费者的身份无关,每个消费者面临相同的价格表,但此表对不同的购买量或购买时间有不同的价格。二级价格歧视在日常生活中比较常见,如数量折扣。

③ 三级价格歧视,又被认为是一种群体性定价策略,指的是根据年龄、性别、职业、居住地等可观察到的特征将消费者分成不同的组别,同一商品或服务,消费者的组别不同,支付的价格也就不一样;组别相同则支付的价格相同。与同一级价格歧视一样,三级价格歧视也是针对人的,但又不像一级价格歧视那样把消费者进行完全的细分,而是根据需求弹性把消费者进行大致的分类。三级价格歧视在现实经济生活中最为普遍,如火车票有学生票和非学生票之分,等等。

(2) 互联网经济中的差别定价。在互联网经济的条件下,由于数字产品的成本特征以及信息技术的推广,使得产品差异化成为了信息型企业生存的必须,同时产品差异化与定价的联系也越来越紧密了。如果产品不能凸显差异化,那么企业在市场竞争中的地位就难以维持。企业之所以不断进行技术创新,在产品上体现差异化,是想通过产品的差异化使得企业在定价方面有更大的自主空间,让企业拥有一定的市场支配权,并依靠这种支配权进一步地抬高价格,最终形成垄断。此外,信息技术的发展促使企业更了解每一位用户的需求,为其订制个性化服务并收取不同的价格。信息技术能帮助企业实现定制化生产,使顾客失去比较的机会和条件,无法进行转手套利,为差别定价的实现创造更大的可能性。互联网中的差别定价主要分为以下几种:

① 个人化定价。个人化定价是指以不同的价格向每位用户出售同一产品或服务。在传统经济中,厂商获得单个消费者信息、了解单个消费者偏好的成本是很高的,所以个人化

定价仅在少数行业少数情况下使用。互联网经济时代互联网为个人化定价提供了细分市场的便捷渠道,极大地增强了企业了解消费者偏好的能力,使网络产品供应商可以较以往更轻松地辨别出消费者的类型及其对产品或服务的支付意愿。电子商务的涌现实现了企业与消费者之间"点对点"的交易模式,增加了企业分析研究消费者的机会,企业可以根据消费者的需要向他们提供不同的产品甚至为他们定制产品,并可以为这种量身定制产品设置一个消费者愿意支付的最高价格。在互联网经济下越来越多的厂商发现以个性化的价格向顾客销售个性化的产品是一种可行且有效的战略选择。在图 4-6 中,厂商对 X_1 单位产品索取价格为 P_1,对 X_2 单位产品索取价格为 P_2……,对最后一个单位产品 X_n 索取的价格为 P_s。这时,由需求曲线中具有不同支付意愿的消费者买进一定量信息产品所愿意支付的价值,也成为信息产品供应商的边际收入曲线。这样,信息产品供应商就能把在单一定价下的消费者剩余全部转化为由于实行个人化定价而追加的收益,从而使收益达到最大化。通过个人化定价而追加的收益,可使收益达到最大化。

② 版本划分。版本划分是指提供一个产品系列,让用户选择最适合自己的版本。虽然顾客的积极参与和配合有助于互联网企业获得关于顾客的有用信息,但顾客并不总是乐于这样做。在这种情况下,互联网企业可以提供一份产品清单,通过考察顾客的选择了解他们、甄别他们的类型。版本划分实质上是通过制造产品的差别化来实现有差别的定价,针对不同版本的产品确定不同的价格,以引发消费者进行自我选择。版本划分策略的优势是互联网企业不必去盘算顾客对自己产品的评价,顾客对版本的选择将暴露他们对产品的价值判断和支付意愿。如图 4-7 所示,当顾客消费一个低级的版本 X_3 时,收费 P_1;当其再购买高一点的版本 X_2 时,收费 P_2……这样信息产品供应商就可获得比单一定价 P 多的销售收入,在图 4-7 中用阴影部分表示。

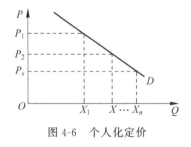
图 4-6　个人化定价

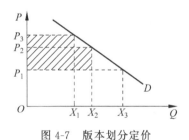
图 4-7　版本划分定价

③ 群体定价。群体定价是指对不同群体的消费者设置不同的价格。传统厂商根据不同群体的价格敏感度向他们提供不同价格的产品;互联网经济下的网络效应、转移成本和锁定效应及网络产品的可共享效应使网络企业的群体定价更具优势。版本划分实质上也是一种群体定价,因为版本划分很少是针对单个顾客的,一般都是针对不同的顾客群体的。网络产品生产商推动网络效应产生的动机和网络产品消费者对网络效应的追求使群体定价易于获得成功。对学生提供折扣的原因在于传统经济中往往认为学生群体对价格比较敏感,而网络产品供应商对学生群体仍然采取低价销售策略,不仅因为学生群体的价格敏感度比较高,更深层的原因是要锁定这个年轻的消费群体,他们越是"上瘾",厂商就越有机会建立长期的忠诚顾客基础。

群体定价的原理如下:假定实行群体定价的信息产品供应商可以把它的产品分割为两

个市场：$A=a$ 和 $b=B$。这两个市场的需求曲线如图 4-8 所示。为了得到尽可能多的收益，信息产品生产商的总产量由联合边际收益 CMR 与边际成本 MC 相交点决定。此时总产量等于各个分市场上的产量之和，即 $Q=Q_1+Q_2$。在这个总产量水平上，生产最后一个单位信息产品追加的成本（MC）恰好等于在任一市场上出售该单位信息产品所能得到的追加收益（MR_a 或 MR_b）。厂商将把它的总产量（Q）用如下方法在两个市场之间进行分配：使得每个市场销售的最后一个单位信息产品取得的收益即边际收益相等，并都等于总产量的边际成本，即 $MR_a=MR_b=CMR=MC$。

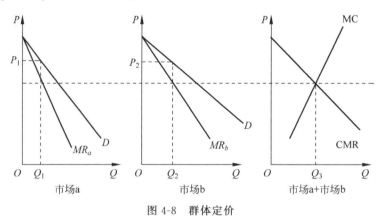

图 4-8　群体定价

综上所述，网络产业较传统产业更具备价格歧视的条件，合乎市场环境和产品特征的歧视定价对厂商和消费者都是有利的，但厂商在实施价格歧视时还是必须要谨慎，歧视价格的制定形式必须合法，否则会受到有关机构和法律的规制。实行歧视定价要以不会引起顾客的反感为限，否则会因为顾客的抵制而失败。

5. 双边市场下的价格制定

（1）双边市场的概念回顾①。双边市场是指一种具有双边参与人并且双方通过平台相互作用的市场结构。现实经济生活中尤其是在互联网经济中，有很多双边市场的情况，平台企业通过一些策略性行为向产品或服务的买卖双方提供服务，以促成交易的发生，如电子商务平台、支付平台、招聘平台等都面向双边市场（甚至多边市场）。

双边市场理论是对现实问题的抽象。Rochet 和 Tirole（2004）认为，面对双边市场的平台向需求双方索取的价格总水平（$P=P_B+P_S$），任何乙方用户价格的变化都会对平台的总需求和交易量产生直接影响；Armstrong（2004）指出，双边市场中一边用户加入平台的收益取决于加入该平台的另一边用户的数量。这些观点描述了双边市场的基本特征，也是它与单边市场区分开来的本质原因，即双边用户之间必须通过平台实现相互连接且交易结构中双方各自的数量与对方的收益存在紧密关联，这种特性叫作"交叉网络外部性"。

（2）双边市场的特征。双边市场的特征主要体现在以下两个方面：

① 双边用户需求互补，多方主体参与的平台结构。双边市场由至少两种不同类型的用户通过平台联接而成。例如，操作系统平台联接应用软件商和消费者，电子商务平台联接商户和消费者，搜索引擎服务平台联接广告商和消费者。而且，买卖双方之间、买卖双方与平

---

① 双边市场的定义详见第一章导论。

台之间存在依赖关系,比如买方需要卖方的产品或服务,卖方则需要买方的数量及关注。同时,双方交易在平台影响下达成,缺乏任何一方平台都无法搭建。因此,平台经营者需要采取策略以维持或扩大平台规模。

② 交叉网络外部性。交叉网络外部性是双边市场独有的性质,双边市场中的网络外部性不仅取决于交易平台一边的数量,而且取决于交易平台另一边的用户数量,是一种特殊的网络外部性。

双边市场中两类不同的用户彼此之间存在交叉网络外部性,用户自身并不能对自己产生的外部性进行内部化,只能通过独立的中间人进行内部化。在此条件下,双边市场的两端的需求是相互关联的,价格变化对需求的影响比起传统的单边市场更为复杂。假设双边市场中存在正向交叉的网络外部性,该市场两边主体为 A 和 B,其中一边 A 提高价格,导致 A 的用户量或者使用量下降,由于交叉网络外部性的作用,平台对于 B 的用户而言价值下降,B 的用户量或者使用量也会下降,反过来又导致平台对于 A 用户的价值下降,A 用户量进一步下降。这一效应被称为乘数效应。交叉网络外部性存在,消费者对互联网产品的价值评价对产品的价格有十分重要的影响。

(3) 双边市场的分类。双边市场分为以下三种类型:①市场创造型。这种双边市场的特点是方便双边用户的交易,能通过中介平台来提高搜索交易对象的效率和买卖双方的配对的成功率。电子商务平台、中介信息网站等都属于这类双边市场。②受众创造型。这种双边市场平台的职能是吸引更多的观众、读者、网民等。这样才会有企业愿意在该平台上发布广告和产品信息。门户网站、社交网站就属于这类市场平台。③需求协调型。这类双边市场能帮助两边的用户通过平台来满足相互的需求。Windows 操作系统、移动业务增殖系统就属于这种双边市场。

(4) 影响双边市场定价策略的因素。以下因素可能会影响双边市场定价策略。

① 两边的需求价格弹性。与单边市场定价策略相同,双边市场定价往往会对弹性较小一边的价格加成比较高,而对弹性较大的一边则价格加成比较低,甚至低于边际成本定价,或者免费乃至补贴。

② 收回成本。互联网经济相关行业的固定成本投入一般都很高,无论是营利性平台还是非营利性平台都必须收回成本并实现盈利,它们主要根据拉姆齐定价法来实现预算平衡。

③ 网络外部性。网络外部性越强,即网络外部性参数越大,平台两边价格的不对称性也就越严重。在强网络外部性的条件下,平台的一边可能会出现负价格。

④ 两边收费的难易程度。在平台某一边收费可能比较困难,如网站较难向上网者收费,就只能主要依靠向企业收取广告费来获得收入。

⑤ 平台观察用户参与和交易量的难易程度。平台可能较难观察到用户的参与程度和交易量,如媒体平台可能不清楚有多少用户在看它们的节目,在这种情况下,平台会倾向于收取注册费,而不是按交易量来收费。

⑥ 单归属和多归属。单归属是指用户只在一个平台上注册交易,而多归属是指用户同时在多个平台上注册交易。例如,我国移动电话用户一般都是单归属,要么加入中国移动的网络,要么加入中国联通的网络,很少有用户同时使用两家运营商的服务;而超市平台供应商则属于多归属,供应商一般会把产品供应给多个超市销售,而很少只向一个超市供货。单归属会形成平台间的竞争瓶颈,平台通常对单归属的一边制定低于成本的价格,而对多归属

的一边设定高价。

⑦ 排他行为。竞争环境中的平台通常会采用排他行为来阻止用户的多归属行为,如采用各种优惠措施诱使用户放弃多归属行为或者采取拒绝交易的方式来迫使用户只在其平台上交易。

⑧ 产品差异化。在现实中,平台往往会实施产品差异化策略。平台两边的产品差异会影响用户"归属数量"的决策,从而影响平台的定价策略。

⑨ 互联互通。竞争性平台(如信息中介和电子商务平台)之间的互联互通可以提高效率和社会福利,用户接入一个平台,就可以访问互联平台的信息资源。从定价角度看,平台为了收回互联互通的成本,通常会提高价格。

【本章小结】

本章分析了互联网领域垄断形成的成因及影响。竞争性垄断是互联网企业垄断的重要特征。与一般传统垄断不同,技术创新活跃、垄断地位不稳定、协作型竞争成为主流、提升社会福利是竞争性垄断的重要特征。由于竞争激烈,互联网经济中企业之间常常采取标准竞争、用户锁定及价格竞争策略来维持自身的市场地位。

【思考题】

1. 简述互联网经济中的垄断成因。
2. 结合实例说明互联网经济中的竞争性垄断的形成。
3. 试说明竞争性垄断的市场结构特点。
4. 什么是用户锁定?请结合实例说明。
5. 结合实例说明数字产品的定价策略。

【案例分析】

谷歌垄断了什么?

2020年10月20日,美国司法部提起了一桩反垄断案,指控谷歌通过反竞争手段,维护其在搜索引擎和线上广告领域的垄断地位。这是21世纪至今,美国政府对科技公司提出的最严重反垄断指控。司法部在诉状中写道:谷歌将竞争对手拒之门外,借此维持自己"互联网守门人"的地位。

谷歌垄断了什么?

"搜索引擎"是谷歌的起点,也是一切业务的基石。

1996年,还在斯坦福大学读书的拉里·佩奇和谢尔盖·布林发明了一种"网页排序算法",这就是谷歌搜索引擎的雏形。1998年,谷歌公司成立,并在2000年成为了雅虎的搜索引擎提供商。当时雅虎的核心业务是门户网站,在互联网泡沫刚刚破裂的21世纪初,其并没有意识到"搜索"将成为未来互联网世界里最重要的一个按钮。

第四章 互联网经济中的竞争性垄断

谷歌的市场份额不断增加，不知不觉中，"谷歌一下"已经成为了"搜索"的代名词。2006年，谷歌超越雅虎，成为全球被访问次数最多的网站。谷歌在搜索领域取得胜利的同时，整个互联网也从"门户网站时代"进入了"搜索时代"。

之后4年里，谷歌继续保持着前进势头，将自己的市场份额一点点做到了90%。根据Statcounter数据，从2010年至今的10年里，谷歌在搜索领域的市场份额常年保持在90%上下。但谷歌的野心不止这么简单。2006年，谷歌以16.5亿美元的低价收购YouTube，2008年，谷歌又推出了内核开源的Chrome浏览器和Android系统，它们分别在各自领域赢下了最大的市场份额。Chrome拿下了浏览器市场接近70%的市场份额，巩固了谷歌搜索的绝对领先地位。Android也占领了全球75%左右的智能手机，给谷歌服务带来了源源不断的用户。YouTube则成为了谷歌最重要的广告现金牛之一，覆盖全球20亿用户，每年为谷歌贡献超过150亿美元收入，并且还在以35%的年复合增长率飞速成长。搜索业务的绝对优势，加上诸多产品的市场领先，谷歌坐稳了"互联网王者"的座位。也正是这些优势，成为了谷歌日后被控垄断的"关键罪状"。

美国政府对谷歌提出的指控中，最核心的逻辑是：谷歌通过广告业务获得巨额收入，然后又用这些钱向手机制造商、运营商和浏览器支付费用，让谷歌成为这些平台的默认搜索引擎，巩固其领先地位，获得更多广告收入。据分析师估计，谷歌每年仅向苹果支付的费用就高达100亿美元，谷歌一直是Safari浏览器的默认搜索引擎。同时，谷歌还能利用搜索引擎，为自家产品输送流量，比如YouTube、Chrome或Google Suite，帮助这些产品取得领先地位。与此同时，这些产品之间的协同作用，又增强了谷歌建立用户画像的能力和"垄断流量"的能力，提升广告平台的效率，在产品之间形成更多正向反馈。

餐馆点评网站Yelp和旅游信息网站Tripadvisor（猫途鹰），都深受谷歌业务发展的影响。它们针对某个垂直领域提供信息搜索服务，但越来越多的用户开始直接用谷歌搜索一切。谷歌也顺势将很多信息整合显示在搜索结果里。比如，当用户搜索一家餐厅，页面的右侧会直接显示出该餐厅的基本信息、地图、评价、菜品图片。这种"一站式体验"吸走了大量原本属于垂直信息网站的流量。很多新闻网站也早已对谷歌心存不满。谷歌在搜索领域的领先，让它能针对搜索引擎用户进行最精准的广告投放，进而在网页广告市场取得领先。众多新闻网站几乎没有其他选择，只能在自己的网站上挂上谷歌的广告插件。这赋予了谷歌极强的议价权。

面对政府和竞争对手的严厉指控，谷歌已经没有退缩的余地。

资料来源：极客公园.谷歌垄断了什么？https://www.huxiu.com/article/389914.html,2020-10-27.

根据上述案例内容，思考以下问题：

1. 谷歌的垄断是怎样形成的？
2. 谷歌的垄断会带来哪些影响？
3. 对谷歌的反垄断指控是否合理？政府应该采取哪些措施？

第二部分

互联网对社会生产过程的创新

第五章
互联网经济中的生产创新

【学习目标】
1. 把握互联网经济中的生产模式和生产特点;
2. 理解互联网经济中的生产体系相较于传统生产体系的变化;
3. 掌握互联网经济中的组织结构;
4. 了解互联网经济中生产系统的创新;
5. 了解互联网经济中决策管理流程的创新。

【重要概念】

数字化　网络化　智能化　柔性制造　智能制造　柔性组织　虚拟组织　平台型组织　价值链　产业生态系统　大数据

【开篇导读】

海尔的数字化生产

目前,发展新一代信息技术赋能的智能制造产业,已经成为企业提升核心竞争力、实现新旧动能转换的重大方向。同时,设备全面接入难、数据实时分析难、生产自主决策难、决策精准执行难和生产线设备维护难这 5 大难题,大大制约了制造业产能和效率的提升。

针对这些痛点,海尔智家基于"AI+5G"技术和模式的深度融合,建立跨界的生态体系,以标准化、无人化、数智化制造,实现全流程信息自感知、全要素事件自决策、全周期场景自迭代,为行业提供了解决问题的新思路、新维度。

海尔智家在智能制造上的核心是打造可以实现大规模定制的互联工厂。通过与用户共同建立一个基于网络的生产模式,让不懂技术的用户,和不了解需求的设计师、供应商在海尔提供的共享平台上互动协作,实现与用户需求的无缝对接与迅速响应,提供全生命周期的最佳体验。

在海尔空调胶州互联工厂,用户可以与工厂生产线直接对话,个性化需求可以在第一时间反馈到生产线,实现从线上用户定制方案,到线下柔性化生产的全定制过程。这样一来,不仅提升了工厂的不入库率,还最大限度缩短了生产制造所耗时间。

如今,海尔智家已建成 17 座互联工厂。依托工业互联网平台,海尔智能制造围绕用户体验形成了大规模定制的核心优势,持续满足用户美好生活体验,为行业数字化转型升级提供了示范标杆。

资料来源：https://www.sohu.com/a/440978488_104421.

案例思考：

海尔智家通过打造大规模定制的互联网工厂实现了由传统制造向智能制造的转型。通过学习我国优秀制造企业的互联网转型案例，请分析我国制造业能走出国门、享誉全球的原因。

随着互联网技术的发展，企业的生产模式、组织结构也随之进化，企业决策也更加智能化、科学化，互联网平台成为企业间沟通联系的重要桥梁，数据也成为企业生产的重要依据。本章将重点介绍互联网经济中企业的生产变革。

第一节 生产模式创新

一、新的生产模式

（一）相关生产概念

1. 柔性制造

柔性制造的概念是1965年由英国的MOLINS公司首先提出的，其核心思想就是根据客户的订单与市场需求而组织生产的一种新型生产方式，或者说无订单、无须求则不生产。柔性可以表述为两个方面：一是系统适应外部环境变化的能力；二是系统适应内部变化的能力。相对于生产线主要用于实现单一品种大批量生产的刚性生产，柔性生产可以应付多品种小批量的生产。随着批量生产逐渐被适应市场变化的生产所替代，柔性化生产更具效率，并有助于生产者利润和消费者福利的提升。

柔性化供应链会给下游品牌商带来巨大的商业价值。"互联网＋"平台可以帮助企业根据市场需求实现产品的灵活、即时供应，从而提升效率，获得更大的利润。例如，基于"互联网＋"平台，企业可以把刚上线的商品通过小批量试售来实时测试市场，并对消费者的偏好与销售数据进行精确预测，同时将数据实时传递给生产商车间。通过建立生产商与品牌商之间的动态补货ERP系统，生产商可以根据销售和库存情况，安排好下一步物流及生产前准备。当出现供不应求时，生产商能够利用多频次小批量补货等手段最大限度地满足市场要求，获取最大利润。

淘宝的"双十一"预售就是柔性制造的典型应用。从模式本身来看，"双十一"预售是先有销售订单，再有生产、运输、流通，最后实现销售，这个环节里面的生产成本或者流通成本能够降低，流动资金的周转天数能够大大加快，构造高效的供应链。

2. 敏捷制造

敏捷制造是指制造企业采用现代通信手段，通过快速配置各种资源（包括技术、管理和人），以有效和协调的方式响应用户需求，实现制造的敏捷性。敏捷性是核心，它是指企业在不断变化、不可预测的经营环境中善于应变的能力,是企业在市场中生存和领先能力的综合表现,具体表现在产品的需求、设计和制造上。

数字技术对消费端的赋能以及新生代人群对于产品功能、产品包装等求新求快的需求变化,都对制造业敏捷响应、灵活生产、缩短产品研发周期、加快产品更新等方面提出了更高的要求。

在消费互联网带动产业互联网发展的大背景下,制造企业敏捷性的一个重要体现就是新品的投放速度,这也是企业打开新市场、建立竞争优势的重要手段。以天猫小黑盒为例,天猫小黑盒是天猫打造的一个新品平台,也是数字赋能企业实现敏捷响应,加快新品投放,从而在市场竞争中脱颖而出的典型案例。天猫定义的新品是新产品、新升级、新包装和新市场的合集。与老品着眼于存量市场不同,新品主要看重增量市场和较高的溢价。天猫新品借助其前端所积累的全渠道消费者数据和小样本调研,运用大数据分析,洞察新品机会,帮助企业优化产品、精准定位目标用户,从而使得生产企业能更精准地设计及孵化新产品并缩短上市周期,同时更高效地通过柔性供应链加快产品的更新换代。与此同时,天猫新品还通过对用户反馈数据的分析,反哺品牌制造商后续新品的开发。

3. 智能制造

智能制造是一个大系统工程,要从产品、生产、模式、基础四个维度系统推进,其中,智能产品是主体,智能生产是主线,以用户为中心的产业模式变革是主题,以信息—物理系统(cyber-physical system,CPS)和工业互联网为基础。

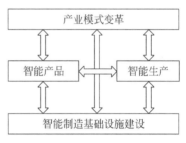

图 5-1 智能制造推进的四个维度

智能制造是基于科学而非仅凭经验的制造,科学知识是智能化的基础。因此,智能制造包含物质的和非物质的处理过程,不仅具有完善和快捷响应的物料供应链,而且需要稳定且强有力的知识供应链和产学研联盟,源源不断地提供高素质人才和工业需要的创新成果,发展高附加值的新产品,促进产业不断转型升级,如图 5-1 所示。

拓展阅读 5.1

智能制造技术在工业自动化中的应用

(二)互联网经济下的生产特征

互联网经济下生产的基本特征包括技术柔性、时间柔性、分散生产、弹性生产、多品类生产。

1. 技术柔性

技术柔性是指依托现代信息技术和制造技术实现敏捷制造的一种制造方式。在激烈的市场竞争环境下,利润与效率是厂家追求的目标,厂家都希望根据消费者的最新反馈意见进行产品的研发与生产,这就需要技术和生产流程得到迅速的反应和匹配。然而,根据消费者需求进行快速反应,对于生产过程相对复杂的汽车行业来说,这并非一件易事。一般而言,柔性化生产线可以节约重建生产线所需的两年左右的时间,而这也意味着产品可以提前两年时间面世。以上海通用汽车的总装车间为例,其技术柔性化体现在生产线上不再是统一的流水线,而是各款不同型号的汽车总装生产线。

2. 时间柔性

时间柔性是指依托现代信息技术和制造技术实现敏捷制造的一种制造方式。生产过程的信息化使信息流与物流传递速度提高,生产商之间、生产商与消费者以及供应商之间的信息和物料的传递更加快速准确,有效提升了生产商的市场适应能力。网络信息技术对传统制造业的改造与整合,使现代计算机集成制造、柔性制造等新的生产方式成为趋势,企业生产的适应性与敏捷性大大提高。基于 Web 技术的 ERP、CRM 和 SCM 管理软件在企业中的大力推广应用,也显著提高了传统制造业的运行效率。

3. 分散生产

分散生产是指通过分工合作和资源的合理分配实现整体的最优生产。多种类生产是指针对需求的多变以及用户个性化的订单组织生产,最大限度地满足市场需求的生产形式。而分散生产则是多种类生产实现的基础。

在互联网经济下,分工的广度和深度不断扩展和深化,企业内和企业间分工、产业内与产业间分工、垂直和水平分工并存,信息技术特别是电子商务的发展带来的交易效率提高以及不同国家比较优势的差异使得产品内分工成为可能,并且日益成为最主要和最重要的分工形式。产品内分工是产业之间分工和产业内分工的进一步发展,它是一种新的生产方式形态,是将产品生产过程中涉及的不同工序、阶段、环节拆分并分工到不同组织、空间中来协作完成,这种协作甚至是可以跨越国界的。比如,20 世纪 50—60 年代,计算机的生产方式是高度垂直一体化的,计算机生产商独立进行研发、生产、流通、销售。20 世纪 90 年代情况就发生了变化,形成了跨国的产品内分工模式,美国企业主要生产微处理器和操作系统,日本主要生产高端的存储芯片、平板显示器和 CD ROM 等,韩国主要生产内存条和中低端存储芯片,新加坡主要生产硬盘,台湾则采取从生产集成电路主板到鼠标和键盘的多样化定位。计算机生产已经是高度分散化的生产方式,也被称作模块化生产。所谓模块,是指可组成系统的、具有某种确定独立功能的半自律性的子系统,可以通过标准化的界面结构,与其他功能的半自律性子系统按照一定的规则相互联系而构成更加复杂的系统。模块化是指把一个复杂的系统或过程根据系统规则分解为能够独立设计的半自律性子系统的过程,或者是按照某种联系规则,将可进行独立设计的子系统统一起来构成更加复杂的系统或过程。这样通过模块化,一个复杂的系统就能分解为一系列相对独立的具有特定功能价值的模块,从根本上改变了企业之间的关系。

4. 弹性生产

弹性生产是指针对市场的需求不确定性,根据企业的实际订单组织生产,从而最大限度地减少库存以实现利益最大化。具体来说,弹性生产要求企业在订单量不稳定时也可以有效地组织生产。弹性生产的基础是数字化,数字化的本质是使世界上可数字化的事物可计算。在生产过程中,通过将劳动、机器、原料等生产要素数字化并纳入数字生产系统,可以基于算法对这些要素进行计算、模拟、仿真,最终找到要素间最佳的组合方式。

5. 多品类生产

"互联网+制造业"对于传统制造业来说将是一场革命。"互联网+"释放的是消费者个性化的需求,同时也催生出新的销售方式与生产方式。多元个性化的需求要求生产线不再局限于单品类的生产,而应该转为灵活性更高的多品类生产。以淘宝网为例,"多品种、小批量、响应快"是主流。库存是供应链中一个重要的关注内容,柔性化供应链最大的优势是,在把握销售机会的同时,最大限度地降低库存。事实上,"互联网 + 制造业"正在反过来倒逼生产制造企业建设更强的柔性生产能力,并进一步推动供应链乃至产业链,使之适应当前复杂多变的市场需求。

互联网经济与传统经济下生产厂商的改变如表 5-1 所示。

表 5-1　互联网经济与传统经济下生产厂商的改变

	传 统 经 济	互联网经济
生产模式改变	大批量、低成本	小批量、多品种、快速反应
销售模式改变	工厂-分销商-用户	工厂-用户
库存模式改变	大量库存	零库存成为可能
广告模式改变	狂乱轰炸	精准营销、口碑传递
管理模式改变	人工管理	数字化管理

二、生产体系的变化

(一)需求发现的变化

工业大生产提供了源源不绝的丰富商品,到 20 世纪 70 年代,发达国家几乎所有的行业都出现了供过于求的局面,卖方市场逐渐转为买方市场,个性化消费的浪潮也开始出现。如何以一家企业有限的产能去满足海量消费者快速多变的个性化需求,对传统企业来说是一个巨大的挑战。

传统企业对消费者需求的预测,往往来自市场调查,厂商委托调研机构对消费者需求进行调查,或将产品通过摆台、邮寄等方式供消费者试用。在很多情况下,这一方式持续时间长且样本量有限,对消费者需求的预测仍不够精准。同时,也有企业的市场需求信息来源于门店或经销商层层上报,但这同样是一种洞察消费者的间接方式,很难做到快速、有针对性的需求预测。

互联网、大数据和智能化,则为消费者参与到制造业的各个环节提供了越来越多的可能性。随着"数据 + 算法 = 服务"这一逻辑的持续演绎,越来越多的个性化需求正在被进一步地识别、激发。一方面,消费者行为数据成为预测消费者需求的重要工具,庞大体量的消费者行为数据越过了市场调研样本数量不足的缺陷,日趋成熟的算法也能更加精准地、快速预测消费者需求。另一方面,越来越多的消费者,都已经开始主动地参与到研发设计环节——如服装的在线定制、新闻的阅读定制等。消费者通过互联网直接将自身的个性化需求传达给供给者,亲自参与到商品和服务的生产中;生产者则根据消费者对产品外形、性能等多方面的要求提供个性化商品。"互联网+"间接促进了消费个性化趋势的形成,消费者成为了商品和服务的生产出发点与归宿,与生产有了直接紧密的联系。这种互动性体现的不仅是一种商业模式,更代表着未来新经济和新文化的发展方向和趋势。

(二)研发环节的变化

工业革命以来,企业产品的研发模式,基本上是一种串行工程,即企业把产品开发过程,拆分成需求分析、结构设计、工艺设计等诸多环节。按照逐个环节的逻辑顺序,研发活动在不同部门、不同人员、不同项目以及设备资源等之间不断推进。

但集成电路产业的发展,却提供了另外一种可能性。尽管该领域产品的复杂度越来越高,但研发周期、投入等却一直几乎保持了一个固定值。美国国防高级研究计划局AVM的研究表明,从1960年至今,航空航天系研发成本投入复合增长率为8%~12%;汽车系研发成本投入增长率4%;集成电路芯片的研发成本复合增长率则几乎为0。这是因为,集成电路产品对环境和精度的要求非常高,这使得它的设计、测试等工艺一直都在数字空间中完成,正是因为这一点,也大大提高了研发的效率。1988年美国国家防御分析研究所提出并行工程的概念,其含义是:随着计算机辅助设计(computer aided design,CAD)、计算机辅助工程(computer aided engineering,CAE)、计算机辅助工艺过程设计(computer aided process planning,CAPP)等研发工具的大量使用,高度集成的数字化模型以及研发工艺仿真体系终于能够实现,传统上相互独立、顺序进行的研发工作在时空上也终于实现了交叉、重组和优化,一些原本下游的开发工作,也提前到了上游进行,跨区域、跨企业、跨行业的研发设计资源被有效整合,研发流程也在整体上实现了从串行向并行的演进。

洛克希德·马丁公司在联合攻击战斗机(JSF)项目研制中,基于网络化协同研发平台,最终实现了30个国家、50家公司设计人员的协同设计,正是这种并行协同,使得研制周期缩短了50%,研发成本降低了50%。我国的中航工业,也构建了跨地域、跨企业的数字化并行协同研制平台。通过设计与制造的关联设计和并行协同,冲破了专业、部门和厂所之间的壁垒,从而使得产品设计、工艺和工装设计实现了并行开展,提前解决了各类协调问题,大量减少了返工。在中航工业沈阳所,通过基于数字化并行工程的飞机研制管理模式的创新,发展建立起了产品成熟度分级控制机制,也实现了数字样机对传统实物样机的替代。

随着数据采集技术和设备的进一步普及,以及基于互联网、云计算的高效协同平台的创新研发,如图5-2所示的并行逻辑将在更多领域出现。

(三)采购环节的变化

过去,在信息技术的支撑下,伴随现代零售业和物流业的发展,发达国家的大中型企业普遍建立起了自己的现代供应链体系。例如,沃尔玛与宝洁建立起信息系统的连接之后,沃尔玛一旦发现宝洁某一产品存量不足,就会自动通知宝洁供货。甚至每当顾客购买宝洁产品时,沃尔玛的系统就会将相关信息传到宝洁,而宝洁就可以按照这些信息来安排生产。从生产线到货架,一切都如流水般通畅无碍。

这种高效协同有着自身的鲜明特点:从主体来看,它是大企业主导的供应链,中小企业只能被动加入;从成本来看,它也是大企业才能用得起、用得上、用得好的信息系统;从运行过程来看,它是相对刚性的、固化的供应链。由于信息在供应链上各主体之间传递速度

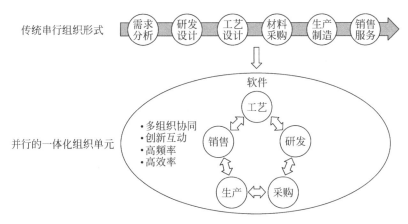

图 5-2　生产流程变化：从串行到并行

慢，信息共享不及时，这使得供应链的牛鞭效应①难以避免，来自零售端的无序信号在供应链各个环节之间被层层扭曲，最终使得成品库存难以避免地大量积压。

随着 AI 应用的不断深化，未来采购领域中一些相对日常化和高频化的采购，将会被 AI 系统大规模地代替。借助于算法推荐，采购决策将变得更加快速高效。比如，过去寻找供应商的途径，主要来自于行业会议、大型展览、朋友圈介绍等。后来的搜索引擎（如百度）、电商平台（如阿里巴巴）、社交网络（如腾讯）等，在一定程度上也成为了企业寻找部分供应商的渠道。而未来的 AI 机器人，借助算法和数据，则可以帮助企业更准确、更高效地寻找到潜在匹配度更高的供应商。AI 对客户需求挖掘将日益精确化，企业可以更精准地预测和把握某个时间、某个空间上的消费需求，从而更有计划地安排采购和生产，最终形成能够灵活满足消费者个性化需求的供应链协同网络。

（四）生产环节的变化

伴随着技术的突破与发展，生产设备的智能化、数据和算法对生产效率持续优化、生产组织方式的柔性化将成为互联网经济时代生产环节变化的诱因。

工业时代的制造业，基础是机械设备和电动零件，而互联网经济下的制造业，已经成为了包括芯片、传感器、网络设备等硬件，以及数据库、生产管理软件等在内的复杂系统。设备的数字化、智能化，连接的即时化，都已经在越来越多的行业和企业中成为现实。在过去，生产环节被拆分为各个需按部就班的部分，各生产部门间的生产数据也很难做到实时的共享与更新。而互联网数字技术则为更高效地获取生产数据、共享各部门生产数据提供了技术支持。这进一步为跨地区生产、各部门同步生产提供了可能。

（五）营销和销售的变化

营销和售后环节，是离消费者最近的环节，也是数字化、智能化程度最高的环节。过去

---

① "牛鞭效应"是指供应链上的一种需求变异放大现象，是信息流从最终客户端向原始供应商端传递时，无法有效地实现信息共享，使得信息扭曲逐级放大，从而导致需求信息出现越来越大的波动，此信息扭曲的放大作用在图形上很像一个甩起的牛鞭，所以它被形象地称为牛鞭效应。

的消费者,对于企业来说是一个陌生的黑箱,即使拥有"会员体系"的企业,也难以实现与消费者的实时互动,难以与消费者共创价值。而在智能化、数字化的环境下,随着消费者数据的不断沉淀,消费者的概念也正在由"客户"变成"用户",并进一步地变成"产消合一"视角下的"价值共创者"。

三、创新生产模式的特点

(一)生产智能化

进入21世纪,互联网、新能源、新材料和生物技术正在以极快的速度形成巨大的产业能力和市场,这将使整个工业生产体系提升到一个新的水平,推动一场新的工业革命。2013年4月,德国技术科学院(ACDTECH)等机构联合提出"第四代工业——Industry 4.0"战略规划。工业4.0提出的智能制造是面向产品全生命周期,实现泛在感知条件下的信息化制造。智能制造技术是在现代传感技术、网络技术、自动化技术以及人工智能的基础上,通过感知、人机交互、决策、执行和反馈,实现产品设计过程、制造过程和企业管理及服务的智能化,它是信息技术与制造技术的深度融合与集成。

基于工业4.0构思的智能工厂将由物理系统和虚拟的信息系统组成,我们将其称为信息物理生产系统(Cyber Physics Production System)。作为应于进行物质生产的虚拟的信息系统,是信息物理生产系统的"灵魂",它控制和管理物理系统的生产和运作,物理系统与信息系统通过移动互联网和物联网协同交互。因此,这样的工厂不一定有实体的车间,工厂可以借助网络利用分散在各地的社会闲置设备,无须"关心"设备的确切所在地,只要关心设备可用与否,从而成为"全球本地化"的工厂。就好像在淘宝网上购物,并不需要知道实体商店在哪里,下了订单,商品就会快递到家。

生产模式的智能化,也进一步导致了商业模式、管理模式、企业组织模式以及人才需求的巨大变化。首先,是产品设计与生产的分离,这使得生产优势不仅在特定生产条件下一次性体现,也可以将由多家工厂、多个生产单元所形成的全球网络环境下的生产集合体的生产最优化作为目标。智能工厂的生产环境由智能产品、智能设备、宜人的工作环境、高素质的劳动者和职能能源供应组成,它们相互之间进行企业内的通信,包括生产采集、工况分析、制造决策等。智能工厂可以通过中间件、云计算和服务连接成庞大的制造网络,借助基于物流网的智能物流构建完整的制造体系。而在配送方面,智能工厂和物流之间的所有活动需要实时通信、交互和确认,即共同遵守规则环境,共同完成。

制造业的数字化、网络化、智能化是实现机械产品创新的共性使能技术[①],使机械产品向"数控一代"乃至"智能一代"发展,可从根本上提高产品功能、性能和市场竞争力。智能制造是可持续发展的制造模式,它借助计算机建模仿真和信息通信技术的巨大潜力,优化产品的设计和制造过程,大幅度减少物质资源和能源的消耗以及各种废弃物的产生,同时实现循环再用,减少排放,保护环境。

---

① 使能技术是指一项或一系列的、应用面广、具有多学科特性、为完成任务而实现目标的技术。

（二）管理系统完善化

企业管理信息系统的完善发展是按照企业组织形式、职能定位以及企业战略目标等要素来设计的。在互联网时代，企业管理信息系统在企业的经营过程中占据着重要的位置，具体体现在以下方面：

第一，企业管理信息系统可以全面提升企业的管理水平。目前，很多企业开始注重企业管理信息系统科技化、现代化的建设与完善，以此来提升企业的市场竞争力。如对钉钉等办公管理软件的使用，可以帮助企业搭建其内部沟通所需的管理信息系统，成功实现无纸化办公和及时办公，对企业工作成果与工作质量的提升起到了重要的推进作用。

第二，企业管理信息系统可以帮助企业管理者加强内部管控，通过辅助企业形成流程化、制度化的管理模式，保证企业所有的数据输入与信息录入符合企业业务逻辑，降低人为失误，帮助企业管理者在管理过程中掌握真实全面的企业活动数据。

第三，企业管理信息系统可以加快企业内部办公效率，帮助企业实现在线办公。如企业微信等信息化办公平台可以帮助企业形成内部管理系统，提升办公效率。

在信息技术发展迅速应用普及的当下，数字化信息平台已经广泛应用于社会化生产的各个领域。在企业管理信息系统完善过程中，企业要立足于打造数字化的管理信息系统平台的目标，一方面，打造数字化管理信息系统，完善企业现有的信息系统，保证企业管理信息系统得到升级更新，形成新的企业管理能力；另一方面，则有助于企业形成闭环式的利用模式。例如，通过在企业管理信息系统中加入区块链技术，形成企业数字化管理信息系统平台，可以帮助企业内部管理信息形成闭环式的利用模式，在企业内部形成信息的交叉使用与及时利用，方便企业各个部门及时调用与自身业务有关的公司资料，在数字化管理信息系统平台的应用下，全面提高企业综合办公效率。

拓展阅读 5.2

企业数字化转型

第二节　生产组织创新

一、组织结构创新

（一）从刚性到柔性

1. 刚性组织结构

传统组织的特点表现为层级结构。一个企业的高层、中层、基层管理者组成一个金字塔式的形状。这种金字塔组织结构以权力和等级制度为基础，控制方法为自顶向下，命令层层传递。金字塔结构是在组织规模已定的情况下，通过比较狭窄的管理幅度和较多管理层级的设计形成职能严格划分、层级严格确定的组织结构形态,它是立体的三角锥体,等级森严,高层、中层、基层是逐层分级管理。

在生产力相对落后的阶段、信息相对闭塞的时代,金字塔结构不失为一种较好的组织形态,它分工明确、等级森严、便于控制、决策迅速。但是随着社会的发展和时代的变迁,这种组织结构的弊端已日益显露,它会造成管理成本居高不下,管理效率低下,组织内部信息传递不畅,创造潜能难以释放等问题。

2. 柔性组织结构

柔性组织是指与动态竞争条件相适应的具有不断适应环境和自我调整能力的组织。柔性组织无论是在管理体制上,还是在机构的设置上都具有较大的灵活性,对企业的经营环境有较强的应变能力。与封闭、僵化、灵活度低的传统企业组织模式相比,柔性组织更能满足数字经济时代生产协作网络化、产品服务个性化、市场响应及时化等需求。

为适应网络化协同生产要求,企业搭建互联网平台,形成"平台＋个人"的产业分工协作新架构,通过调整组织传递实现了信息快速传递获取、资源有效分配、生产协同创新。平台还能帮助企业在全产业链甚至全球范围内更高效地汇聚、更便捷地开放、更有效地配置要素资源,并在很大程度上融合生产者与消费者,推动创新创业主体向个人延伸。

人员素养和观念转变要求企业组织模式向以创业小微企业为基本单元的"创客公地"转变,员工不再是被动接受指令的执行者,而是主动为用户创造价值的创客或动态合伙人。劳动者借助新技术对知识和信息的把握更加精准,能力得到进一步发挥,自主性逐渐凸显,自身价值得到充分体现。

现实中,诸如阿里巴巴、京东等领军企业选择了对企业组织进行液态化变革,通过增强个体的创造性、独立性、灵活性来提升个体竞争力,进而再塑企业活力。其他企业纷纷效仿,顺势而为,纷纷搭平台、建创客公地、构小型作战单元,以网络化、扁平化、柔性化为主要特征的液态组织成为新的企业组织结构。其具体特征表现如下:

第一,结构形态:向边界无限延展的网络化转变。通过互联网等新技术应用,企业开始构建以协作关系为基础的组织模式,并催生出互联网平台这一典型形态,组织模式开始从单个企业向跨领域多主体的协同创新网络转变。

第二,管理机制:向层级缩减的扁平化转变。通过减少管理层级,增加管理幅度,精简管理流程,缩短最高决策层到一线员工之间的距离,增强各层次之间的沟通,组织中的多个单元更可能是协同式的并列关系,而非汇报式的层级关系,企业开始构建扁平化组织。

第三,工作运行方式:向高效灵活的柔性化转变。通过大数据、人工智能等新技术的应用,企业开始向多品种、小批量、按需定制的生产方式转变,进而构建快速响应、精准管理、灵活制造、高效服务的柔性化组织。此外,更多的虚拟组织开始出现,在线协作的工作模式成为常态。具体的表现形态如下:

（1）组织在线:将组织架构中的各部门、岗位实时在线,做到权责清晰,扁平可视化。

（2）协同在线:使工作任务实时在线,工作流协同,做到共享知识与经验。

（3）沟通在线:实现高效、安全地沟通,工作与生活分离。

（4）业务在线:将业务流程、业务行为实时在线化,为企业决策分析提供大数据支持。

（5）生态在线:把企业的关系户实现在线化连接,对所有用户的体验进行大数据分析,改进产品,不断提升生产销售效率。

基于上述特征,柔性组织结构提升了组织运行效率。企业间网络、平台生态体系等柔性生产组织方式的加速发展,对组织运行效率等也产生了显著的影响。传统组织处理一条较重要的业务相关事宜可能需要经过各个部门层层汇报,花费几天甚至一周左右的时间进行审批和反馈,而数字技术使得信息的无时差传递成为可能,极大地消除了信息传递的鸿沟与障碍,提高了组织效率。金字塔式组织结构到柔性组织结构的变化如图 5-3 所示。

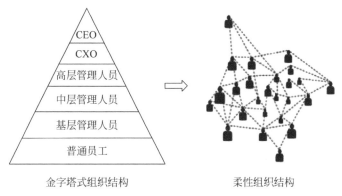

图 5-3 从刚性金字塔组织到柔性组织结构

拓展阅读 5.3
阿里巴巴"变形"组织

(二)虚拟组织

步入网络时代,信息技术和制度安排互相渗透,企业组织流程的各个环节都有可能通过虚拟技术获得重置,从而改变了企业组织过程的运作逻辑,使之逐渐走向虚拟化。

所谓虚拟组织,即以信息技术为支撑的人机一体化组织,也就是运用技术手段把人员、资产、创意动态地联系在一起。通俗地讲,虚拟组织是指两个以上的独立的实体,为迅速向市场提供产品和服务、在一定时间内结成的动态联盟。虚拟组织往往没有与一般组织一样的组织结构。虚拟化的本质是市场契约和企业契约的互换,能够互换的原因是信息技术和网络的应用降低了市场交易和企业内交易的"转换壁垒"。虚拟化有助于降低管理成本,而且还能在关键业务领域进行优化组合。虚拟组织最深刻、最本质的意义在于核心竞争力的集聚,它集中了不同企业的优势,形成了核心竞争力。

为了取得最大的市场竞争优势,可以只保留企业组织中最关键的功能,将其他功能虚拟化。虚拟化了的功能可迅速实现资源重组,有效地对市场变化做出快速反应。

(三)平台型组织

平台型组织是坚持以客户需求为导向,以数字智慧运营平台和业务赋能中台为支撑,以多中心+分布式的结构形式,在开放协同共享的战略思维下,广泛整合内外部资源,通过网络效应实现规模经济和生态价值的一种组织形式。平台型组织以"后台+中台+前端+生态"为固有组织范式,拉通组织内部流程,架构组织外部生态,为客户提供个性化、多样化、一体化解决方案。

与传统科层制由上至下设置的单一话语体系不同,互联网经济时代要求组织的话语权分散在各个价值创造环节,呈现出分布式的特征。连接多方利益主体的平台型组织将人才、资源与市场机会直接对接,为创造出各价值环节无法独立创造的价值提供了可能。例如,平台组织通过设定规则、提供支持系统、设计机制吸引各方资源,孵化创业,形成新的业务和企业。与传统组织不同,平台型组织更关注组织的长远利益和隐性价值,倡导工作的关系特征和协同效应,并将沟通、协作、激励、赋能等作为典型的管理手段,其"自下而上"的管理方式和"自组织"机制在本质上与量子思维整体性、辩证性、非线性的思维方式相契合。

网络效应和演化能力是平台型组织具备的两大优势。网络效应体现在平台型组织所能吸引的资源(服务提供者)越多,消费者的需求就越能得到满足,消费者的需求越能通过平台得到满足,平台能吸引的资源也就越多,整个过程呈现螺旋上升的正向循环趋势。此外,平台由核心成分、可变成分、互动成分组成,在不确定性高的环境下能够更快速地实现资源的重新配置,使企业内部资源与广泛的外部资源实现灵活对接、优胜劣汰、择优发展,从而具有强大的演化能力。

二、组织形态的创新动力

(一)互联网推动网络组织结构的构建

互联网本身是一种无中心化组织,一种网状的模型,没有决策中心。网络化是指以拥有核心技术或设计能力的企业为核心,通过契约或控股的形式,利用高技术信息手段整合优势资源,与具有原材料供应、生产制造、销售等功能的企业形成产供销协作网络。网络化使企业内部决策的层次减少,管理幅度增加,提高了专业化生产水平和核心能力,增加了企业运行的效率,降低了企业的运行成本。

互联网企业的组织架构,对内部人员的能力要求很高,由于团队成员之间的分工模糊化、复杂的流程控制管理,所以是一种任务驱动式的协作方式。在互联网等新技术的推动下,生产活动越来越呈现去中心化的趋势,许多产品或服务的生产已经不需要一个发号施令的中心,而是通过无数中心自发组织来实现。多中心化要求以任务为导向设立工作团队,能够自我优化、自我设计、自我创造和自我组织,激励员工的创新意识和自我提升动力。

(二)互联网为资源整合与跨界协作提供可能

平台的出现,进一步破除了企业内部和外部的边界,使得组织呈现液态化,即"自由组合、自由流动"。在液态组织里,由企业家指挥的生产变少了,而交易活动变多了,但协调、控制等组织功能依然存在。液态组织仍然存在部门,但部门的边界已不清晰,组织成员长期处于"共同创业"的状态,随时随着组织目标的变化而变化。从外部来看,平台的所有权与使用权实现了分离,企业之间那种界限分明、基于资产专用性的组织边界正在发生很大的松动。大量的商业流程被流动的数据所驱动,并在企业之间展开灵活组合,新的组织边界也呈现为一种网状交融的格局,企业组织由此将进一步走向开放化、社区化。

因此，互联网让跨越企业边界的大规模协作成为了可能。当越来越多的业务流程在网上运行，互联网让企业组织内部的管理成本和外部市场的交易、协同成本都有所下降，但后者的下降速度却远快于前者。这种速度上的不一致所带来的结果就是，公司这种组织方式的效率已经大打折扣了，"公司"的边界也因此而松动。公司中很多商业流程正在大量地向市场外移。从价值链的视角来看，研发、设计、制造等很多个商业环节，都出现了一种突破企业封闭边界的趋势。

（三）灵活应对市场需求成为企业间竞争的关键能力

对于顾客的合理要求要尽力满足，这是每一个服务行业的经营理念。这是因为在激烈的竞争环境中，顾客的需求如果没能得到满足，企业将付出顾客流失的代价。在互联网技术高速发展的当下，用户需求更加的多元，更需要及时地满足需求。而变幻莫测的市场环境要求企业必须从以产品为中心向以满足消费者需求为中心转变，构建小型作战单元，加强对客户资源的重视、信息的收集以及营销部门的管理和投入，从而满足不同的消费者需求。这种做法也能够有效增强员工与客户之间的沟通，深入了解客户需求，满足其对产品和服务多样化、个性化、差异化要求，同时让员工参与决策，对产品和服务及时做出相应调整，最大限度地提升用户体验，从而做到灵活、敏捷、高效。

第三节　生产系统创新

一、产业链创新

（一）传统产业链

传统产业链是各个产业部门之间基于一定的技术经济关联，并依据特定的逻辑关系和时空布局关系客观形成的链条式关联关系形态。产业链是一个包含价值链、企业链、供需链和空间链四个维度的概念。产业链中大量存在着上下游关系和相互价值的交换，上游环节向下游环节输送产品或服务，下游环节向上游环节反馈信息。

传统产业链是一种建立在价值链理论基础之上的相关企业集合的新型空间组织形式，其具有四个基本的特征：(1)与一般的供应链不同，它是特定的产业群聚区内相关企业的集合，并同群聚区内的政府及其他重要相关机构有密切的联系；(2)与一般的市场交易关系不同，产业链中的企业相互间是一种长期的战略联盟关系（从战略供货到核心业务领域内的合作）；(3)与通过各种途径实现的纵向一体化不同，产业链是独立企业间的联合，产业链上各企业、行业间的边界清晰，融合程度低；(4)与各种松散的企业联合不同，产业链中的企业联盟在各方承诺的关键性领域中能像单一的公司那样运作。

（二）互联网经济中的产业链

1. 以平台为主导的产业链逻辑

平台是互联、开放和快速的产物，使得信息交互的精准度大大提高，依托于互联网诞生的网络平台,无论形式和类型,其本质都是信息的中介。依托于互联网的网络平台解构甚至重构了每个人的生活状态,也重构了传统产业的生产链,极大提升了生产效率。大数据互联网去除了产业链中一切不必要的中间环节,贯通了生产和消费两个领域,横亘在二者之间的盘剥中介、商人不断消失,传统意义的生产链不断缩短,生产和消费日益融合在一起。互联网影响传统行业的特点体现在两个方面:(1)打破信息的不对称性格局,竭尽所能使一切信息透明化;(2)对传统行业中的资源进行整合利用,通过互联网使得资源利用最大化。

在平台的运行逻辑中,平台方很少作为信息的生产者,而是利益相关方的信息提供者,提供的是服务。因此,平台扮演着传统产业链中营销渠道的角色,平台连接了产业价值链中的生产者和消费者,实现了生产和消费信息的互通互联。同时,作为产业链中连接利益关联方的主体,平台方通过整合、配置信息资源,进一步赋予生产方和消费方使用信息资源的权力,促进了企业之间、消费者之间、企业与消费者之间信息的流动,模糊了企业间、行业间以及生产者与消费者之间的界限,让原有的生产和服务模式,由定点采购和定点服务变成多点采购和多点服务。这种运行逻辑也进一步推动了利益关联方之间的价值共创,如图 5-4 所示。

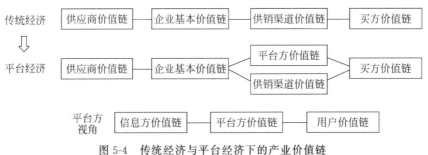

图 5-4 传统经济与平台经济下的产业价值链

2. 基于平台的价值链重构——价值共创

企业商业模式是通过对企业全部价值活动进行优化选择,并对某些核心价值活动进行创新,然后再重新排列、优化整合来实现的。毋庸置疑,商业模式反映了企业创造价值、延伸价值并与利益相关方共创价值的逻辑,这种在商业模式上的价值创造、延伸、共创是基于企业价值链的,企业可根据自身所处产业价值链的位置来创新商业模式。因此,价值链理论可以用于对商业模式创新演进的分析。

迈克尔·波特在价值链理论中指出:每一个企业都是在设计、生产、销售、发送和辅助其产品的过程中进行种种活动的集合体。企业价值链囊括了所有能为企业创造价值的活动和因素,这些活动和因素可以用一个价值链来表明。企业价值链同时与上游的供应商价值链、下游的渠道价值链和买方价值链一同构成整个价值体系。可见,在传统经济视域下的价值链分析是基于实物经济的,生产和交换的主体是实际存在的商品。而伴随着互联网的出现与发展,平台经济开始兴起。依托于互联网诞生的网络平台,无论形式和类型,其本质都是信息的中介:电商平台整合商家的商品信息和消费者信息,并帮助商家和消费者进行信息匹配;短视频平台整合内容信息和用户信息,通过算法实现内容和用户的连接。在平台的运行逻辑中,平台方很少作为信息的生产者,而是作为利益相关方的信息提供者来提供服务。因此,平台扮演着传统经济下渠道的角色,平台方价值链则与信息方价值链、用户价值链相连。

传统价值观点认为，企业和顾客在价值创造过程中分别扮演着价值创造者与价值使用者。然而，随着市场竞争关系的变化，价值不再由企业单独创造，而是由企业和顾客通过互动共同创造，这种基于消费者体验的价值创造理论仍认可商品或企业的主导地位，顾客只在企业限定的范围内参与价值创造。互联网的出现使得固有的边界开始模糊，用户被赋予了参与甚至主导价值创造过程的权利。在信息传播层面，信息的接收者也是信息的生产者，信息的生产者亦是信息的接收者，只是生产和接收信息的内涵和外延不尽相同而已。因此，平台企业端（B端）商家是信息的提供者，处于信息方价值链；同时它们也是用户画像、消费反馈等信息的接收者，处于用户价值链。同理，用户是内容信息的接收者，处于用户价值链；同时，他也是用户数据信息（用户基础信息和平台使用行为等）以及互动反馈的提供者，处于信息方价值链。边界的模糊帮助平台更全面地整合价值链各方的信息和资源并进行分配，从而提升各方价值。

二、产业生态系统

（一）产业生态系统概述

自然界中的生态系统是一个生物群落与其环境中非生物组成部分通过营养循环和能量流动相互联系、相互作用而形成的一个循环系统。在人类商业世界，产业生态系统则类似于自然生态系统的循环体系，包含相互依赖的生产者、消费者以及规制机构，这些利益关联者之间相互联系，并与外部环境相连，实现物质、信息的交换。也就是说，产业生态系统是一个由利益关联的组织和个人组成的经济联合体，联合体中的组织和个人必须依靠其他参与者才能实现其系统价值。因此，生态系统中的企业需要考虑如何在提升企业内部能力的同时，与其他参与者共同提升生态系统的整体能力，实现更好的共同发展。

互联网经济中的产业生态系统则依托互联网实现了关系密切的企业、组织机构以及消费者之间超越地理位置界限的互通互联。互联网作为竞争和沟通平台，通过虚拟、联盟等形式进行优势互补和资源共享，结成了一个各"物种"成员各司其职、相互交织的完整价值网络。产品、服务、数据信息等通过这个价值网络在联合体内流动和循环，共同组成一个多要素、多侧面、多层次的错综复杂的产业生态系统。

随着人工智能、大数据技术的发展，产业生态系统开始向以协同共赢为原则、以消费者为中心、精准匹配供需、重构供应链的方向发展。针对某一位用户，可以在众多商业场景中利用智能设备与传感器采集其线下行为数据，并与线上消费数据比对融合，形成随交易增长而愈加精准的"消费者画像"和"供应商画像"。整合供需两端数据的平台可随时掌握细分客群的喜好变化，通过算法实时个性化地推荐新款商品，快速返单、小批量定制，反向设计新品，形成C2B（consumer to business）、C2M（consumer to manufacture）的精准产销，实现库存最小化、生产柔性化、广告精准化。如图5-5所示，在诸如物流公司、金融机构、政府机构、电信服务商等相关支持机构的支持下，平台通过建立规则连接了产业生态系统中的各利益关联方。平台则基于数字技术实现生产活动、物流运输、渠道推广、消费行为以及市场反馈等关键环节的可观可控，生产过程的把控确保了产出的产品或服务的品质，而市场的消费反馈则进一步指导生产往更迎合消费者需求的方向发展，实现从生产到消费，再从消费到生产的良性循环。可见,利益关联方数据精准高效的整合与共享,实现了产品从生产到消费的有机循环。

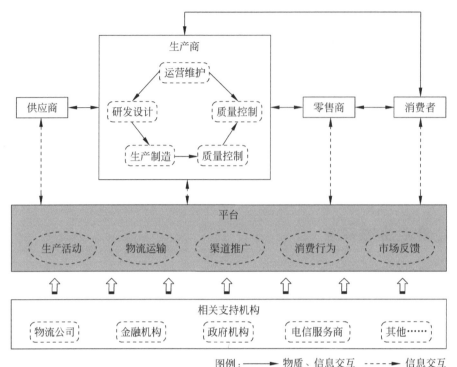

图 5-5 产业生态系统概念图

进一步而言,互联网经济中的生态系统还可以通过需求与供给的有效连接和重构,实现产业生态的更新与重塑。通过对互联网、云计算、大数据的充分利用,创新商业方法和生产工具,可广泛改造和升级零售、批发、制造、供应链各环节,淘汰落后的零售能力、过剩和低级别的生产能力。伴随互联网技术发展到第二个三十年,互联网技术的影响与效能开始向各个行业渗透。目前,我国正与复杂度最高的实体商业展开深度融合,随着越来越多的数据可用于商业决策,越来越多建立在数据基础上的多企业协作网络组织、类产业集群甚至生态系统,将逐步走进公众视野。

1. 产业生态系统的特征

(1) 相互依赖性。在一个生态系统中,各种生物之间存在相互依赖、相互制约的关系。与此类似,生产生态系统整合了产品的研发、设计、生产、分销等过程,每个环节中的各个因素都在这种动态生产中发挥着不可替代的作用,相互之间发挥着供应与被供应、服务与被服务的效应。创新、生产、应用三个子系统构成了完整的生产生态系统的环节。创新子系统是整个系统的初始阶段,它提供了产品的构想、设计以及实现方式,勾勒出产品的原型,为生产子系统提供了可以具体操作的方案,也为应用子系统提供了新的分销渠道、用户参与方式和服务形式。生产子系统将创新子系统的构想以物质或非物质的形态在本阶段生产出来。应用子系统将整合前两个阶段的信息,将产品通过某种渠道流通到消费者的手中,使产品的价值得到体现,并且最终得到用户的反馈。值得强调的是,用户反馈因为会参与到前两个阶段中,所以会对产品研发以及更新产生重大影响,从而促进整个系统的良性循环。由此可以看出,整个系统是完整且联系紧密的,每个环节都相互影响、相互渗透,这体现了生产生态系统的相互依赖性。

(2) 复杂性。复杂连接、复杂多样、动态平衡是系统的常态。生产生态系统由于因素繁多、数量巨大、系统多维等特点使其具有时空演化的复杂性。各种因素的多样性和互为因果性使整个系统保持着非线性动态变化。关于系统内部的连接也十分复杂。生产生态系统是众多平台提供类似产品的一个集合,在这个集合中,最终产品可以由许多家平台来提供,每个平台都会以自己的核心利益建立起自己的一套生产生态系统,这些系统之间不是相互独立的,而是相互连接的,最终形成错综复杂的网络关系。例如,网易正要推出一款游戏,出于某些原因,它可以将游戏的测试部分外包给腾讯,这样系统里的每个商业生态便"你中有我,我中有你"。

(3) 自我修复性。生态系统具有一定自我修复的能力。当生态平衡被破坏时,生态系统可以依靠自身的力量来修补某些局部损伤或破坏,以恢复到原来的状态或实现新的生态平衡。产业生态系统具有类似的自我修复能力。产业生态系统将充分实现顾客价值,发挥用户智慧以实现共赢与价值共创,源源不断的数据流、技术流、信息流、能量流、物质流、人才流和资金流将实现跨区域、跨行业、跨层级的交换和共享,最终使得生产生态系统朝着更高级的方向螺旋上升。在开放、共享、整合、集聚的过程中,生态系统逐渐具备自我修复的特征。

2. 产业生态系统的新发展

在 AI、云计算等技术的驱动下,产业生态系统从信息化与数据化逐步转向数智化,实现全生态可持续发展。在数智化生产生态系统到来之前,产业能力主要体现在电子商务、自动化、泛社交与移动互联等方面,通过吸收用户反馈,使得交易的效率得到很大提高。随着互联网经济的发展,以及云计算、5G、AI 等技术发展,新兴互联网公司利用这些数智技术服务于传统行业,可驱动业务能力持续迭代优化,具体体现为决策智能化、运营数据化、业务在线化、触点数字化。决策智能化是指生态系统中的企业基于复杂的算法,对大数据不断地学习与训练,作出更加智能化的决策。运营数据化是指数智化的企业为利用数据洞察赋能企业的全价值链,为企业自生与合作伙伴提供服务,同时改善消费者的体验。业务在线化是指企业通过数字化业务升级:一方面提升业务价值,优化业务流程,提升触点反应灵敏度;另一方面重构了业务服务,实现生态之间的共享与创新。触点数字化是指企业借助各种数字技术保持全链路的紧密相连,通过各个触点来迅速、多维度地感知消费者行为、企业行为和产品状态。

(二) 行业边界融合——制造业服务化

制造业服务化是在制造业内部自发演化出服务业务的过程,在这一过程中制造企业由仅仅提供物品(或包括附加服务)向提供物品加服务构成的"产品—服务包"转变。完整的"包"(bundles)包括物品、服务、支持、自我服务和知识,并且服务在整个"包"中居于主导地位,也是增加值的主要来源。

制造业服务化现象最先出现在传统制造型跨国公司的转型过程中。20 世纪 90 年代以来,国际商用机器公司(IBM)、通用电气(GE)、施乐(XEROX)等制造业跨国公司的服务业务出现了大幅度增长。从行业来看,"制造业服务化"正在使制造业和服务业之间的产业界限变得日益模糊。主要表现为：无形要素的作用在价值创造中变得日益重要；新旧知识要素的广泛融合；制造业正在迅速提供越来越多的服务活动。

从制造业服务化的具体服务种类来看，根据美国标准产业目录第一级和第二级分类中编码为10～39之间的制造产业标准，世界各国制造企业提供的服务涉及12个方面：设计和研发服务、系统解决方案、零售和分销服务、维修和支持服务、安装和运行服务、金融服务、财产和房地产服务、咨询服务、外包和经营服务、采购服务、租赁服务、运输服务。

制造业服务化现象可以通过投入和产出角度的一些特征加以识别：(1)从产出的角度看，服务化的过程就是最终产品中有形产品部分的比重逐渐减少，无形服务部分的比重逐渐增加，直至为顾客提供整体解决方案的转化过程。(2)从产品和服务提供方式上看，服务化的过程是制造企业向客户主动提供相关服务的过程。(3)从投入的角度来看，与普通消费者服务业以劳动密集型为主的服务不同，制造业生产所需的服务要素往往具有知识密集、技术密集的特征。

服务活动对制造业的促进作用表现在三个方面。一是关键增值环节日益体现为知识型服务要素密集的特征，为产业带来范围经济。二是价值链各环节间的服务连接日益紧密，可降低环节间的协调成本。这两个方面都将最终促进制造业降低生产成本，提高生产效率，实现收益增加，从而促进制造业的转型升级。三是制造业服务化有利于产品消费数据的获取，这实现了消费端和生产端的高效联动。消费端的数据帮助企业在生产过程中不再局限于生产过程的可控，而是开发设计更符合市场需求、体验感更好的产品，从而实现生产满足消费，而消费行为指导生产的循环，为产业生态闭环的打造提供现实基础。

制造业服务化可打破行业边界，使互联网经济与传统制造业融合，实现制造和服务协同发展，提升了创新设计能力，强化信息技术和生产性服务业的支撑作用，提高对制造业转型升级的支撑能力，从而使产业生态系统更加系统化。

第四节 决策管理流程的创新

一、决策流程创新

（一）传统生产决策流程

企业决策是在一定约束条件下，为实现企业目标而按照一定程序和方法，从备选方案中择优选择一个最适方案的过程。一般而言，企业决策流程包括以下几个阶段：(1)诊断企业问题所在，确定决策目标；(2)搜集尽可能完备的资料与信息，为制定决策提供充分的信息保障；(3)依据尽可能完备与可靠的信息，对企业发展的趋势、市场的变化作出准确的预测；(4)拟定各种可行的备选方案；(5)对各种备选方案进行可行性评析；(6)选择最优方案；(7)实施决策；(8)反馈与修正决策。

其中，诊断企业问题主要是指抓住企业在不同时期所面临的主要矛盾，以及制约企业发展的主要障碍。并且在这一基础上，确定企业的决策目标。需要注意的是，决策目标必须具体和明确，在时间、地点、人员和数量上都要加以确定。

在确定决策目标后,企业需要搜集尽可能完备的资料与信息,为制定决策提供充分的信息保障。要利用各种传媒系统和互联网了解信息,健全信息的收集、储存、传递、加工、解读等各个环节,形成完善、有效的信息系统。

在搜集信息后,企业需要依据已有的信息,对企业发展的趋势、市场的变化作出准确的预测,这是进行企业决策中一个不可或缺的环节。对企业而言,市场预测是最主要的预测,主要包括:国家3~5年内宏观经济政策的变动及其对市场的影响,与自己相关的产业发展走势和市场潜在力量,同类企业的竞争水平,自己企业的市场潜力。

基于已有信息进行预测后,企业需要拟订各种可行的备选方案。要根据企业的最低目标、最高目标、中间目标,根据对未来发展的不同判断,制定几种备选方案。决策上有一句格言:"如果看来似乎只有一条路可走,那么这条路很可能是走不通的。"

在备选方案拟定结束后,需要对各种备选方案进行可行性评析。在评析时,首先要紧密结合决策目标,考虑各个方案的成本与效能,考虑不同方案的风险与不足。然后,从各种备选方案中选出最优方案。最优方案的标准是:正确的,好的,高效的,唯一的,风险最小的。选择方案时要充分考虑企业发展的需要与条件,运用科学的决策方法,遵循决策规律。最后,企业需要根据计划,实施决策,并对决策进行反馈与修正。

(二)基于大数据的企业生产决策

随着互联网用户的暴增,互联网Web2.0以及社交网络和移动互联网的发展,网络空间出现了海量数据,并且呈现迅猛增长之势。碎片化喷涌而出的数据也使得网络空间数据呈现复杂化趋势,不确定、无规则、非结构化、实时性等特征让数据的分析和应用变得越来越困难。

1. 大数据的基础概念

所谓大数据,根据麦肯锡全球研究所的定义,是一种规模大到在获取、存储、管理、分析方面大大超出了传统数据库软件工具能力范围的数据集合。其战略意义在于,通过对这些含有意义的数据进行专业化处理,可以优化管理流程,提供决策依据,提高生产效率。因此,大数据是建立在掌握所有数据,或者至少是尽可能多的数据的基础上的。正如舍恩伯格所指出的,大数据的"大",并不是指数据本身绝对的数量大,而是指处理数据所使用的模式"大":尽可能地收集全面数据、完整数据和综合数据,同时使用数学方法对其进行分析和建模,挖掘出背后的关系,从而预测事件发生的概率。因此,大数据的价值重点并不是数据的大和多,而是数据的多元和汇集。不同品性的数据集的关联,能够为说明特定对象的属性、状态和内外部的连接起到价值增益的巨大作用。

大数据分析,是智慧企业科学决策的基础。企业正常运行的前提条件是获得必要的用户信息、合作伙伴信息和环境信息,并且能针对海量信息进行处理分析。通过大数据分析,从中寻找规律性,就可以了解竞争状况,清晰地洞察用户的使用行为、态度、需求和发展趋势,从而科学地进行市场细分,制定高效的服务和营销战略。在买方市场条件下,用户就是上帝,谁掌握的用户数据多,谁的数据处理能力强,谁就能准确地把握用户需求,并且迅速通过实施营销组合,协调内外资源,抢占市场先机。

2. 大数据的特征

大数据具备数据量大(volume)、多种类(variety)、高价值(value)、真实性(veracity)、高速性(velocity)的特点,即 5V。

(1) 数据量大:2010 年的数据规模就已经达到了以 ZB(10 亿 TB)计数,而数据的产生还在以几何倍数增长。

(2) 多种类:多种类体现在数据的种类来源众多,在数据可以从音频、文本、图片、视频等中获取,这也进一步要求数据的获取和处理能力需要进一步提升。

(3) 高价值:通过大数据技术的处理,可以从海量数据中甄别出有用信息,进一步创造价值。

(4) 真实性:真实性是指数据反映的是行为主体真实的行为、意愿,在数据的生成和收集过程中也不能对数据进行人为篡改。

(5) 高速性:高速性体现在数据产生的高速以及在应用数据时对时效性的考虑。

需要注意的是,大数据技术在应用过程中需要收集的是全部数据样本,而非抽样;在数据分析过程中关注效率和相关性,而非精准度和因果关系。因此,大数据通常是用概率说话,而非准确无疑。

3. 数据的获取

在生产组织中需要获取和整合原材料、能源动力、资金、信息、劳动力等各种资源信息,在互联网经济时代生产数据的获取方式却发生了巨大变化。智能制造使各种信息可以通过数字技术方便快捷地获取。例如,在生产线上安装传感器可以收集产品生产过程中产生的相关数据。

在用户数据的获取方面,包括人口统计数据(性别、年龄等)、用户行为(使用频次、时长、操作习惯、消费类型等)、使用场景(地理定位等)等内容。用户数据的获取可以来自于用户在使用产品前填写的用户相关信息,也可以来自于用户授权给产品采集的各种用户使用行为数据以及产品能够采集到的用户授权的隐私信息。例如,用户可以授权某 App 通过手机 GPS 采集自己的位置信息(包括即时定位和历史轨迹)等。

(三) 生产决策过程中大数据的运用

以制造业为例,产品的生产决策过程包括产品的研发设计阶段、生产制造阶段、产品销售阶段。

(1) 研发设计阶段。在研发设计阶段,基于用户需求的研发设计的出发点在于满足消费者需求。消费者在使用产品的过程中会产生大量数据,通过对数据的收集与分析可以较为精确地把握消费者的偏好和使用习惯,以及消费者在使用产品时的潜在需求。消费者的产品使用数据可以帮助企业研发设计出更符合市场需求的产品,同时,根据企业自身的规划,也可以针对消费者个性化的要求进行生产,从而创造更大的市场价值。基于模型的研发设计,则注重通过对设计、生产、销售数据的收集、整理和分析对生产模型参数进行修正,从而更高效地设计出符合市场需求的产品。基于仿真的研发设计,则利用大数据模拟场景对产品设计进行模拟仿真,以达到检验产品设计的合理性、发现产品缺陷、优化产品性能的目的。

(2) 生产过程阶段。智能制造是制造业的发展趋势,要求整合原材料、能源动力、资金、信息、劳动力等各种资源。通过对制造业数据的收集和分析,可以在以下三点中提升制造业的效率。第一,减少中间品库存。企业可以通过大数据分析,合理制订生产计划,使库存保持在合理的区间。第二,减少边角料和废品。MES(Manufacturing Execution System)制造系统可以通过大数据技术追踪产品生产、库存、销售以及售后服务过程,实现生产过程的公开化,帮助企业根据实际情况调整生产方案,提升资源的利用效率,从而减少边角料和废品的出现。第三,故障预测。大数据技术可以帮助记录生产过程中的全部信息,从而有利于及时发现生产过程中的故障,生成故障设备记录,减少停机次数。

(3)产品销售阶段。在产品销售方面,大数据分析可以帮助企业获得区域市场内各消费群体的需求结构、消费比重等信息,从而帮助企业制订产品的营销方案。在产品投入市场后,大数据将进一步帮助企业收集产品在线上及线下各个零售渠道的销售数据,帮助企业掌握产品的销售情况和库存情况。企业也可以根据产品的销售情况制订或调整后续的生产计划,以实现合理控制库存、提升资金周转率。

二、管理流程创新

互联网对管理流程的创新主要体现在产品生命周期管理系统的引入中。在工业领域,产品生命周期管理(product lifecycle management,PLM)是指管理产品的整个生命周期的过程,即从开始到通过工程设计和制造,一直到制造产品的服务和处置[1]。简单地说,PLM就是把工业设计软件扩展到了整个产品研发的流程。PLM 的目标是缩短产品上市时间,提高产品质量,降低原型设计成本,确定潜在的销售机会和收入贡献,减少产品寿命终止时对环境的影响。为了制造成功的新产品,公司必须了解其客户、市场和竞争对手。产品生命周期管理(PLM)集成了人员、数据、流程和业务系统,它为公司及其扩展的供应链企业提供产品信息。PLM 解决方案可帮助组织克服为全球竞争市场开发新产品带来的日益增加的复杂性和工程挑战。

PLM 起源于产品数据管理(product data management,PDM)和计算机辅助设计(computer aided design,CAD)。其中,PDM 是一门用来管理所有与产品相关信息(包括零件信息、配置、文档、CAD 文件、结构、权限信息等),以及所有与产品相关过程(包括过程定义和管理)的技术,侧重于对产品开发阶段企业内部数据的管理。以软件为基础,PDM 提供产品全生命周期的信息管理,并可在企业范围内为产品设计和制造建立一个并行化的协作环境。CAD 则是指运用计算机软件制作并模拟实物设计,展现新开发商品的外型、结构、彩色、质感等特色的过程。CAD 最早的应用是在汽车制造、航空航天以及大公司的电子工业生产中。之后随着 CAD 实现技术的演变和计算机价格的变化,其应用范围也逐渐变广,现广泛运用于平面印刷、出版等诸多领域。

产品生命周期管理可以被视为制造公司信息技术结构的四大基石之一。所有公司都需要对以下信息进行管理:与客户的沟通信息,即客户关系管理;供应商及其履约信息,即供应链管理;企业内部资源,即企业资源计划;以及产品计划和开发,即产品生命周期管理。产品生命周期管理集成了人员、数据、流程和业务系统,并为公司及其扩展企业提供了产品

---

[1] Kurkin,Ondřej;Januška,Marlin (2010). "Product Life Cycle in Digital factory". Knowledge management and innovation: a business competitive edge perspective. Cairo: International Business Information Management Association (IBIMA):1881-1886.

信息主干。

知名的三大PLM管理系统厂商有西门子(Teamcenter,领域：汽车、通用机械)、法国达索(Enovia,领域：航空、汽车、高铁等交通运输行业和机械行业)、PTC(windchill,领域：船舶、电子)。PLM可涵盖一个产品的产品及项目分析、竞品分析、产品设计、产品开发、产品开模、产品设计变更、产品测试等产品制造阶段，到产品的质量管理、产品销售等产品销售阶段，再到产品的使用、维护、报废等产品使用阶段等诸多环节的追索、管控。PLM管理系统可以对一个产品的所有信息(包括零部件、文档、设计图纸、问题反馈、工艺等)进行有效存储、调用，使不同工程师、不同部门、主机厂与零部件供应商有效协同，缩短产品上线周期。同时，PLM可以在线驱动项目管理，使项目相关人员或部门达到协同，告别人工驱动的低效率。

在创新的信息和通信技术(Information and communication technology,ICT)环境中，产品生命周期管理(PLM)的数据采集需要开放的基础架构，包括互联网、云计算和大数据，以期建立一个开放的生态系统。截至2009年，ICT发展(欧盟资助的PROMISE项目2004—2008)已使PLM扩展到传统PLM之外，并将传感器数据和实时"生命周期事件数据"集成到PLM中，并允许将这些信息提供给单个产品的整个生命周期中的不同参与者。

这导致PLM扩展为闭环生命周期管理(closed-loop lifecycle management，CL2M)。得益于高度发达的传感器技术，在产品的整个生命周期中，都可以从多种来源生成与产品相关的数据。例如，来自制造过程中安装在制造车间中的传感器的数据、成品运输期间的交易数据、来自仓库安装的控制产品进出的电子监视系统的数据以及来自智能产品的产品使用数据等。技术的进步为数据收集方式的转变、数据类别和级别的扩大提供了可能。

以PLM管理系统——Windchill[①]为例，Windchill作为PTC产品开发系统重要的组成部分，可以在整个产品和服务生命周期内管理所有产品内容和业务过程，并具有可靠的体系结构。下面列举了Windchill具备的功能。第一，所有产品和流程信息的中央信息库，其帮助企业在生产过程中定义新的配置、创建现有产品的变型、定义并分配任务，并帮助管理人员直观实时监视和管理工作，以确保生产过程中的问题能得到及时快速的解决。第二，在产品生命周期的每一步中有效收集、配置和管理所有产品信息，减少返工并加快产品上市的时间。第三，在产品开发的早期阶段通过分析产品性能，帮助企业更快地将更高性能、更高利润的产品投入市场。第四，在整个产品开发的周期中实现质量的跟踪和管理，确保产品的质量、可靠性和安全性与预先提出的需求一致。为实现上述功能，Windchill采用多个不同的"单点解决方案"来管理产品的质量和可靠性，帮助企业尽可能避免生产过程中极易出现的低效率的重复问题和质量错误。覆盖整个企业的质量管理能够在产品问题和早期产品设计之间闭合质量环，在整个企业中传递关键的质量信息，确保产品的过程和质量在其整个生产生命周期中都被高层管理者知晓。第五，帮助企业简化产品的开发或更新过程，辅助产品的设计决策。第六，同步更新产品开发、设计等流程产生的数据并实现利益相关者和团队成员间的数据共享，产品设计数据随时可见，为协同世界各地的工作组、分散团队实现有效设计提供可能。

---

① 资料来源：PTC《Windchill宣传册》。

【本章小结】

互联网经济再造了企业的生产过程：第一，消费者开始参与到生产过程中，与企业一同实现价值共创；第二，企业的生产具备了技术柔性、时间柔性、分散生产、弹性生产、多品类生产等特征。在生产过程中，企业可以根据市场需求实现产品的灵活、即时供应，生产线不再局限于单品类的生产，而转为灵活性更高的多品类生产。此外，数字技术也帮助加快了产品的更新频率，产品可以快速根据消费者的反馈进行功能、外观、包装等方面的升级，加快了新品投放的速度。

【思考题】

1. 互联网经济中的生产具备哪些特点？
2. 与传统经济相比，互联网经济中的生产体系有哪些变化？
3. 列举互联网经济中的组织结构。
4. 简述互联网经济中的产业生态系统及其特征。
5. 简述数据在企业管理决策过程中的作用。

【案例分析】

华为的数字化转型

过去数十年，华为通过不断变革，有效支持了业务的发展。随着业务全球化、复杂化以及不确定性的增长，华为决策者认为，如果仍采用中央集群管理方式作战，既不能适应新的挑战，也无法匹配华为"把数字世界带入每个人、每个家庭、每个组织，构建万物互联的智能世界"的愿景，未来的作战方式应该是一线在充分授权的情况下精兵作战。在这种作战方式下，整个组织的管理架构、运作流程，以及 IT 系统都需要改变。

为此，华为提出了数字化转型的目标：在 3～5 年率先实现数字化华为，实现大平台支撑下的精兵作战。对外，要准确作战，通过与客户交易过程的数字化，实现客户、消费者、合作伙伴、供应商和员工这 5 类用户的 ROADS 体验（Real-time 实时、On-demand 按需、All-online 全在线、DIY 服务自助、Social 社交化），提高客户满意度；对内，实现各业务领域的数字化与服务化，打通跨领域的信息断点，达到领先于行业的运营效率，并在以下生产领域进行了数字化转型实践：

研发上云，全球协同

华为依托华为云打造"研发云"，将研发涉及的环节进行了服务化解耦，为研发提供仿真云、持续集成云、设计云、桌面云、杀毒云、测试云、分析云七种服务。通过代码上云，建设 10 万桌面云，奠定研发全面云化基础；通过作业上云，重构研发作业模式，大幅提升研发效率，利用百万级虚拟机集中管理和调配，实现分钟级环境准备，资源复用率提升 2.5 倍；通过研发作业上云，实现了跨区域全球协同研发，使得作业时间缩短 50%，加快产品上市周期，并通过云上云下隔离,重构安全架构。

全球制造运营与指挥中心

计划准确率往往是各个制造型的企业最难管理的,华为也同样如此。直通率是衡量生产线出产品质水准的一项指标,之前由于业务场景复杂和数据量庞大(细化到工序级实时计算),导致华为终端制造直通率的统计耗时长,借助高性能计算平台,可实现直通率当天实时计算(完成数据集成、清洗、计算和展示)以及制造监控运营可视。未来在人工智能和高性能计算的辅助下制造还将走向智能决策。

全联接协同办公

华为打造了一个云化、移动化的全连接协同平台 WeLink,为员工提供连接人、连接知识、连接业务、连接设备的全连接 Living Service,融合 IM、邮件、视频会议、视频直播、知识、业务待办、智能装备等先进的协同服务与技术,极大地提升单兵作战、团队协同和跨地域协作的整体效率。以 WeLink 视频会议为例,其已经融入华为站点远程验收、客户远程沟通、远程面试等多个场景领域,为华为人的内外沟通提供实时连接的桥梁,同时降低企业出差成本。从 2016 年启动规划,2017 年年初发布,WeLink 至今全球 18 万华为员工全面使用 WeLink,用户遍布全球 170 多个国家,每日活跃用户达 12 万人。

华为智慧园区

华为计划汇聚园区 24 个子系统,打通数据,建立全球统一的数字化运营中心,以实现提升安全防护、提升响应速度和提升服务体验三大目标。华为智慧园区以"1+1+1"(一套 ICT 基础设施、一个数字化使能平台、一个智能运营中心)的模式构建了一个真正意义上的全联接数字园区。其中,数字化智能平台融合了视频云平台、大数据平台、集成通信平台和其他支撑平台(GIS/BIM、应用引擎等),打造成统一数据底座,向下对接 ICT 基础设施汇集多元数据,向上提供统一接口,支撑智能运营中心(IOC)应用。智慧园区改变了园区业务运营模式,园区管理从计划管控模式转变为按需供应模式,高效匹配供需,实现了对园区中的人、物、环境全联接,基于不同场景,构建起一个安全智慧、绿色的园区。

资料来源:华为官网。

根据上述案例内容,思考以下问题:

1. 华为的数字化转型对企业自身发展有什么战略意义?
2. 华为的数字化转型体现了数字技术对生产环节有哪些影响?
3. 分析数字技术从哪些方面助力企业的生产。

第六章
互联网经济中的收入分配

【学习目标】
1. 明确互联网经济中收入差距的来源；
2. 掌握互联网经济中收入差距的测算方法；
3. 理解互联网经济中收入分配的影响机制。

【重要概念】
洛伦茨曲线　库兹涅茨比率　泰尔指数

【开篇导读】

网络扶贫体现以人民为中心的发展思想

以习近平同志为核心的党中央把贫困人口脱贫作为全面建成小康社会的底线任务和标志性指标，并且将其摆在治国理政的重要位置。互联网作为现代文明的重要标志，在改变生产生活方式、推动经济社会发展、促进文明成果共享等方面发挥着特殊作用，也是助力打赢脱贫攻坚战的"超常规武器"。互联网是20世纪最伟大的发明之一，它给人们的生产生活带来巨大变化，也对很多领域的创新发展起到了很强的带动作用。互联网的普惠共享可以有效解决贫困地区农产品难卖的问题，成为贫困地区经济社会发展弯道超车的新引擎；互联网也是贫困人口增收脱贫的新途径。网络扶贫行动的推进，不仅改变了贫困地区群众的生产生活环境，而且为贫困地区群众带去了新的思维方式和理念，为贫困地区的发展注入了活力和动力；互联网还是提升扶贫管理水平的新手段。习近平总书记强调："要强化互联网思维，利用互联网扁平化、交互式、快捷性优势，推进政府决策科学化、社会治理精准化、公共服务高效化，用信息化手段更好感知社会态势、畅通沟通渠道、辅助决策施政。"

资料来源：王大洋.网络扶贫体现以人民为中心的发展思想[J].网络传播，2020(11)：24-27.

案例思考：
互联网在缩小贫富差距方面能起到什么作用？

在本章中需要理解互联网经济下收入分配的机制、收入差距的来源、测算方法及影响。

第一节　收入分配机制理论概述

收入分配既是社会再生产的重要环节,又是国民经济运行的重要组成部分,还是社会发展和社会建设的重要内容。合理的收入分配关系和完善的收入分配制度有利于经济社会的可持续发展,一定程度上也决定并影响着经济增长的动力。社会的收入分配关系取决于社会生产关系和交换关系,分配关系和分配方式必须与一定的生产关系相匹配,分配方式的具体实现形式又受到生产关系具体形式的影响。

一、马克思主义的收入分配理论

马克思提出的社会主义分配理论的主要思想是按劳分配。按劳分配建立在具有高度发达生产力的社会主义基础之上,建立了纯粹的公有制体系,实行的是有计划的产品经济模式,在分配上不需要借助商品货币关系,分配原则是按劳分配。

马克思在《哥达纲领批判》等著作中指出"生产者的权利和他们提供的劳动是成比例的平等就在于以同一尺度——劳动——来计量"。在马克思的社会主义分配理论的指导下,当时的社会主义国家形成了自己的分配模式。这一模式是政府作为公共利益的代表通过高度集中的计划经济体制及各种手段对国民收入进行分配和再分配,实行按劳分配原则。但由于精确的计量劳动是比较困难的,所以当时的社会主义国家实践的结果都是由按劳分配转变为一种近似平均主义的分配模式。

二、古典经济学的收入分配理论

以大卫·李嘉图为代表的古典经济学收入分配理论是建立在要素所有权明确基础上的要素收入的决定问题,也就是按要素分配。

古典经济学根据所拥有要素的不同,把社会划分为三大阶级,即工人、资本家、地主,分别获得工资、利润、地租。古典经济学家把社会总产品分为两部分:一是社会再生产所必要的部分;二是社会总产品中扣除必要部分的剩余部分,也被称为"纯产品",古典经济学理论的主要任务是解释决定剩余产品数量的主要原因以及它在各个阶级中进行分配的条件。

古典经济学家为了集中分析资本家和工人之间的分配问题,将地租抽象掉后认为工资和利润是一种对立关系,此消彼长。古典经济学理论认为工资是一个既定的量,它的正常水平是由"最低限度的生活资料"决定的,该理论不否认工资会随着劳动供求的变化而产生波动,但人口增长规律和土地报酬递减规律相互作用必然导致工资会回到它的正常水平。这样,在既定的占支配地位的技术水平基础上,利润就是扣除工资外的被决定量。

古典经济学还从动态上讨论了工资、利润、地租三者的变动趋势。随着经济增长和人口的增加,人们不得不耕种肥沃程度越来越差、位置越来越偏远的劣等土地。等量劳动在优等土地和劣等土地上所获得收益差额越来越大,地租也就随之上升。另外,由于土地报酬递减规律的作用,为了获得与以前同等的粮食产量,就必须增加劳动投入量,工资也随着上升。

因此,古典经济学在将技术看成是外生变量的情况下,认为地租、工资趋于上升,利润趋于下降。

三、新古典经济学的收入分配理论

新古典经济学的收入分配理论继承了萨伊的价值论和收入分配理论,认为劳动、资本、土地作为生产的三要素是平等的,它们的分配是按其对生产产品的贡献进行分配的。在萨伊的基础上,新古典经济学运用边际分析方法对生产要素的贡献进行测定,其收入分配理论的主要代表人物有克拉克、马歇尔。

克拉克提出了边际生产力为核心、以静态经济研究为基础的工资和利息分配理论,以及以动态经济研究为基础的利润决定论。克拉克认为,工资和利息这些生产要素的分配都是由其边际生产力决定的。在完全竞争的市场经济条件下,如果工资低于劳动的边际生产力,资本家就会增加工人,如果工资高于边际生产力,资本家就会减少工人,直至工资与劳动的边际生产力相等为止。利息的分配也遵循同样的规律。克拉克把工资和利息等于其边际生产力的分配规则是社会收入分配的自然规律。

马歇尔的收入分配理论比克拉克的更进一步。他把生产要素概括为土地、劳动、资本和企业家才能。在此基础上,他把要素的收入分配看成是要素价格的形成过程,由要素的边际生产力推导出要素的市场需求规律,要素的成本推导出要素的供给规律,两者相互作用形成要素的均衡价格。要素通过要素市场的交易获得收入。简而言之,马歇尔认为收入分配是通过市场实现的,而各种生产要素的定价与产品的定价一样受共同原则支配,即由最大化目标的经济行为者的供给和需求的力量决定,从而形成了一套完整的新古典学派的收入分配理论。

四、内生决定的收入分配理论

内生决定的个人收入分配理论主要从个体本身差异的角度来探讨个人收入分配决定的问题,包括人力资本理论和生命周期理论等。

现代人力资本理论是在20世纪50年代发展起来的,其研究主要有两个分支:第一分支主要是以舒尔茨、罗莫等人为代表,从宏观视角分析人力资本对经济增长和生产率提高的贡献;第二分支则是由贝克尔、敏赛尔等为代表,从微观角度研究人力资本投资对收入分配的影响,他们认为人力资本投资会增加一个人的工作能力和生产效率,进而对收入分配产生影响。根据敏赛尔的实证研究,正规教育直接对收入差异的影响为7%,加上毕业后人力投资等,人力资本对收入差异的影响提高到33%。他还指出,教育程度越高,人力资本投资的收入弹性也越高,即进行同等数量的人力资本投资,教育程度高的人收入水平提高更快。人力资本对收入分配的作用,简化为教育收益率模型,成为收入分配的重要分析工具。

同样,生命周期理论从个体视角探讨收入分配问题,关注储蓄、个人资产、劳动在人的生命周期中的作用及其与收入分配的关系。其中,年龄是影响收入分配的重要变量;劳动性收入与财产性收入对于收入差异存在影响,财产性收入还存在代际传递的问题。

五、外生决定的收入分配理论

与内生决定的个人收入分配理论相反,外生决定的个人收入分配理论主要考察影响个体收入水平的个体以外的因素,主要包括机会不平等理论、寻租理论。

机会不平等理论认为由于固有制度、习俗等因素,使得不同的个体获取与收入相关的机会是不一样的。因此,对于尽管有着不分伯仲的能力、素质以及同等努力程度的不同个体而言,由于机会的不平等,人们的收入水平却表现出巨大差异。同时,引致机会不平等的因素在发达国家和发展中国家存在不同。在发达国家,机会不平等更多的是由于种族歧视、性别歧视引起,在不同种群、性别人群之间的收入表现出固定的差异;而在发展中国家,普遍存在的就是二元经济结构,即经济中存在两个部门,一个是现代化部门,另一个是传统农业部门,现代化部门的收入明显高于传统部门。虽然二元经济结构中的不同部门存在生产率的差异,但基于二元结构基础的不同制度安排以及由此导致的两个部门之间居民的教育、医疗、就业等不平等也是导致两部门收入差异的重要原因。

寻租理论是用来分析社会经济中某种具体的、非正规的分配形式的理论,它兴起于20世纪70年代。寻租理论对寻租行为的理解一般强调两个特征:第一,它纯粹是一种寻求财富转移的活动;第二,这种财富转移是借助于政府授予某种特殊的权利或地位而实现的。寻租理论认为寻租是一种通过政治过程来改变资源配置方向的最大化行为形式,它对寻租者来说是一种有效率的理性行为,但对整个社会来说,其结果不是增加社会剩余而是社会资源的纯粹浪费。但是,作为一种经济人的理性行为,只要存在着通过影响政府决策以改变社会财富分配的可能性,那就不可能根除寻租行为。寻租理论的政策含义是很明显的,即任何政策若要想得到有效的执行,就必须考虑到寻租行为的影响。有些学者还进一步提出对付寻租者的各种办法,其中包括披露寻租行为、消除那些造成寻租行为的制度安排、给潜在的寻租者利益使其放弃寻租、变革政治制度结构等。对处于制度变革的发展中国家而言,寻租理论有更大的理论指导意义。

第二节 互联网经济中的收入差距

一、收入差距的测量工具

经济学中的收入差距一般是指一定时期内,不同的劳动者、不同的行业、不同的地区之间,由于个人拥有的生产要素所产生的效益以及国家所采取的收入分配政策不同,从而形成收入的多与少的差距。

经济学理论中测量收入差距的方法比较多,主流的理论及方法有以下几种。

(1) 洛伦茨曲线(Lorenz Curve)。洛伦茨曲线是1905年由美国经济统计学家洛伦茨提出的表示收入分配的曲线,是将一个地区或国家内,从最贫穷到最富有的人口百分比对应的收入百分比的点构成的一条曲线。洛伦茨曲线处于45°~90°之间,45°线为平均分配线,右下90°线为绝对非平均分配线,距离90°线越接近代表收入差距越大。

(2) 基尼系数(Gini Coefficient)。基尼系数是1943年由美国经济学家阿尔伯特·赫希曼根据洛伦茨曲线所定义的判断收入分配公平程度的指标。基尼系数取值在0~1之间,0代表收入分配完全平等,1代表收入分配绝对不平等,根据国际通常标准,基尼系数在0.3以下为最佳的平均状态,在0.3~0.4之间为正常状态,超过0.4为警戒状态,而超过0.6以上就属社会动乱随时发生的危险状态。

(3) 库兹涅茨比率(Kuznets Ratio),是1975年由诺贝尔经济学奖获得者西蒙·库兹涅茨在研究收入分配差距及其度量时提出的。该计算方式是把各收入层的收入份额与人口份额之间差额的绝对值相加起来,然后再除以人口数。

(4) 泰尔指数(Theil Index),是由泰尔利用信息理论中的熵概念来计算收入不平等而得名的,作为衡量个人之间或者地区间收入差距的指标。一般来说,泰尔指数大于或等于0,与差异水平成正比。若份额比大于1,则相应对数值大于0;份额比小于1,则相应对数值小于0。又由于权数为部分收入占总收入的份额,对数值小于0时相应权数较小,即保证了泰尔指数绝大多数情况下为正值。当泰尔指数为负时,表明公平形势发生了逆转。差距越小、指数越大,表示收入差距越大。

二、互联网经济中收入差距的来源

(一) 行业间收入差距

1. 互联网造成行业间收入差距的原因

(1) 互联网改变了经济发展的方式,提升了人力资本水平,造成了不同产业之间的收入差距。长期以来,我国政府主导的是以高投资、高出口为主的经济增长模式,而这种模式是以低工资制度为配合的。低廉的劳动力成本使我国商品以价格优势在国际贸易中获得优势地位,带来了出口的持续扩大,也是推动我国经济快速增长的主要原因。同时,在以出口、投资为推动力的经济增长格局下,以经济增长为目标的地方政府为了吸引外资,有意压低劳动力价格以吸引外资,导致了劳动力工资水平长期低于生产率水平,从而使得劳动份额维持在较低水平。

同时,这也与我国经济发展的阶段有关:在经济发展初期,是资本偏向的经济发展方式,劳动力要素逐渐被资本要素所替代,资本要素获得了较高的收入,而劳动要素的收入呈下降趋势;但随着经济的不断发展,劳动要素的份额会逐渐上升,即劳动收入份额与经济发展水平呈U型关系。经济的结构会影响劳动收入份额:当经济在发展的初级阶段,结构偏向重工业或制造业,劳动的份额会较低;但当经济发展进入高级阶段,结构偏向服务业或农业时,劳动收入份额会逐渐提高,即劳动贡献分配标准在产业间的差异造成了劳动收入占比的不断下降。这一点与我国过去长期以重工业为主的经济增长方式相吻合。

"互联网+"逐渐改变了经济发展的方式,促使经济发展进入更高级的阶段,并且已初现端倪。互联网的扩散促进了知识的溢出,由于互联网降低了人们获得优质教育资源的成本,促使更多的居民接受了更高质量的教育,提升了整体的人力资本水平,而人力资本作为经济增长的基本要素之一,人力资本水平的提高必然会促进经济增长的潜力,提高经济增长的质量。

(2) 技术进步的偏向性导致了行业间的收入差距。20 世纪 80 年代以来,发达国家的劳动力市场中,高技能和高教育水平劳动力所占的就业比重大大提高,不同技能和教育水平劳动力之间的收入不均等现象也日益加剧。这些现象引起了经济学界广泛的关注,目前占主流地位的研究是从技术进步的角度来展开解释,认为快速的技术进步加大了对高技能劳动力的需求,从而改变了就业中的技能结构,加剧了收入不均等现象,而这就是"技术进步的偏向性"。

互联网普及引发的技术进步具有偏向劳动的特征,体现为若劳动者利用互联网的程度由外生因素决定,则企业联网劳动力占比的增加将促使厂商更多地研发与劳动力互补的技术;若劳动者利用互联网程度由企业内生因素决定,则随着互联网技术的发展与普及,企业更倾向于扩大联网劳动力的规模。内生与外生两方面因素所引出的技术进步,都具有劳动偏向特征,都导致技术进步的劳动偏向强化,资本偏向弱化。

同时,由于"互联网+"教育的便利性,使低收入者以较低的成本获得优质的教育资源,提升其人力资本水平,进而带来低收入者收入状况的改善。互联网平台催生的大量创业公司,多以粗放式资本投入建立与发展,拉低了资本的产出率。互联网带来的两种要素生产率的一升一降,最终的效应是技术进步的劳动偏向。由于劳动力能以较低的成本参与互联网经济(如众包等形式的劳动雇佣关系),进而缩小了行业间的收入差距。

2. 基于洛伦兹曲线计算的行业间收入差距

洛伦茨曲线是将一个地区或国家内,从最贫穷到最富有的人口百分比对应的收入百分比的点构成的一条曲线。我们采用洛伦兹曲线的思想,找出与互联网相关的十个行业(分别是住宿和餐饮业,制造业,批发和零售业,房地产业,交通运输、仓储和邮政业,租赁和商务服务业,文化体育和娱乐业,科学研究和技术服务业,金融业,信息传输、软件和信息技术服务业)将十个行业按收入排序后,以行业人口累积百分比为横轴、行业收入累计百分比为纵轴绘制面积图来代表实际收入分配曲线,并以行业人口累积百分比与该数据本身 1:1 的映射分别作为横轴和纵轴作面积图构造理想收入分配曲线。这里的逻辑和洛伦兹曲线的思想一致:如果所有收入都集中在一个行业而其余行业的从业人员一无所获时,收入分配达到完全不平等;而当从业人员百分比均等于其行业收入百分比,收入分配是完全平等的。

图 6-1 呈现了 2010 年和 2019 年上述十个行业的收入分配差距。可见与 2010 年相比,2019 年的行业收入分配差异缩小了。这从一定程度上反映了互联网经济带来的技术进步的偏向性提升了劳动报酬的份额,而互联网经济中的新型劳动关系如众包、共享等较之传统企业与员工之间更为紧密的雇佣关系更易于建立,从而缩小了行业间的收入差距。

拓展阅读 6.1

数字技术对就业的影响分析

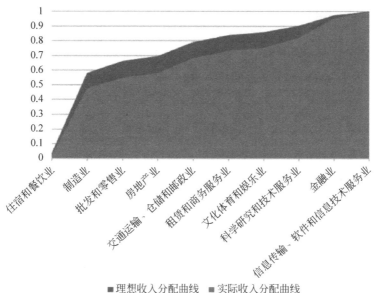

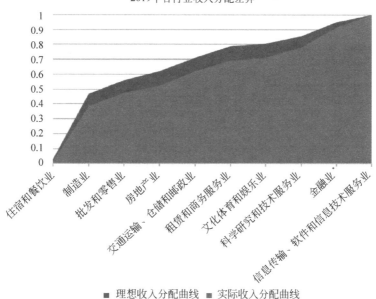

图6-1　2010年、2019年各行业收入分配对比

资料来源：中华人民共和国统计局.中国统计年鉴(2010)[M].北京：中国统计出版社,2010.

中华人民共和国统计局.中国统计年鉴(2019)[M].北京：中国统计出版社,2019.

（二）区域间差距

1. 互联网造成城乡收入差距的原因

中国特殊的城乡二元结构导致城乡之间经济发展水平、居民受教育水平、信息化基础设施、文化等存在很大差异，出现了特殊的城乡互联网普及二元结构。根据《第39次中国互联网络发展状况统计报告》截至2016年年底,中国网民规模7.31亿,其中农村网民规模为2.01亿,农村网民占比仅27.4%,表明中国城乡居民互联网普及程度差距较大。但另一方面,电商、互联网+农业以及互联网技术在精准扶贫工作中的应用都对农村发展以及增加农户收入和非农就业等方面发挥着重要的作用,并且互联网还可以促进城乡之间资源的优化配置,已经成为缩小城乡之间收入差距的一把"利器"。

Ho和Tseng(2006)[①]、Scheerder(2017)[②]等学者的研究发现,互联网普及与收入差距之间存在"倒U型"关系,如图6-2所示。在联网发展早期,由于农村居民在信息的可获得性,尤其在信息的进一步鉴别、利用和再加工等方面比城镇居民存在明显的弱势,从而互联网普及对城镇居民的收入溢出效应高于农村居民。随着互联网的进一步扩散,特别是移动互联网技术的发展和普及,城乡之间互联网普及差距不断缩小,互联网技术在农村也得到广泛应用,农村居民对互联网信息的处理和加工能力得到很大提高。同时,农村地区还可以借鉴城镇地区早期互联网技术应用的经验,互联网普及在促进城乡之间生产要素流动,带动农村产业升级等方面的作用日益成熟,此时互联网普及对农村居民收入提升的后发优势会对城乡居民的收入差距扩大具有抑制效应。

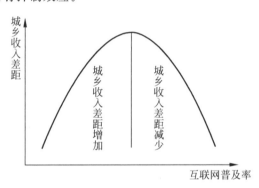

图6-2 互联网普及与城乡收入差距之间的"倒U型"关系

有学者研究表明:互联网等信息与通信技术的普及对中国城乡收入差距产生了重要影响。这一影响体现为,2003—2016年,互联网普及对城乡收入差距的影响呈现先增加后降低的"倒U型"趋势,互联网普及对城乡收入差距的影响在2009年左右已经越过拐点,这表明互联网技术给缩小中国城乡收入差距带来了重要的机遇。[③]

2. 基于泰尔指数计算的城乡收入差距

如前所述,泰尔指数是分析不同人群、不同区域之间收入差距的重要工具,它等于各地区收入占总收入份额与各地区人口占总人口份额之比的对数的加权和,权数为收入份额。其计算公式如下:

$$\text{Theil}_t = \sum_{i=1}^{n} \left(\frac{I_{it}}{I_t}\right) \ln \frac{I_{it}/I_t}{N_{it}/N_t}$$

以城乡收入差距为例,若需衡量城乡收入差距,可设 $n=2$,此时 I_{1t} 和 I_{2t} 分别表示 t 时

---

① Ho C C, Tseng S F. From digital divide to digital inequality: the global perspective[J]. International Journal of Internet & Enterprise Management, 2006, 4(3): 215-227.

② Scheerder A, Deursen A V, Dijk J V. Determinants of Internet Skills, Uses and Outcomes. A Systematic Review of the Second-and Third-Level Digital Divide[J]. Telematics and Informatics, 2017.

③ 程名望, 张家平. 互联网普及与城乡收入差距:理论与实证[J]. 中国农村经济, 2019, 410(02): 19-41.

期城镇居民与农村居民总可支配收入水平(人均可支配收入水平和人口总数的乘积),I_t 表示 t 时期的总收入;N_{1t} 和 N_{2t} 表示 t 时期城镇和农村的人口数,N_t 表示 t 时期总人口数。

同样,若需衡量区域收入差距,可设 $n=3$,此时 I_{1t}、I_{2t} 和 I_{3t} 分别表示 t 时期东部、中部和西部居民的总可支配收入水平,I_t 表示 t 时期的总收入;N_{1t}、N_{2t} 和 N_{3t} 表示 t 时期东部、中部和西部的人口数,N_t 表示 t 时期总人口数。

据此,根据《中国统计年鉴(2013—2018)》的数据,我们可计算 2013—2018 年我国城乡收入差距的泰尔指数如表 6-1 所示。

表 6-1 我国城乡收入差距及其变化趋势(2013—2018 年)

年份	基于泰尔指数计算结果			
	全国	东部	中部	西部
2013	0.111	0.083	0.093	0.138
2014	0.106	0.079	0.088	0.131
2015	0.102	0.076	0.086	0.127
2016	0.099	0.073	0.084	0.123
2017	0.097	0.071	0.082	2019
2018	0.093	0.069	0.079	0.114

图 6-3 呈现了我国 2013 年至 2019 年全国及三大地区[①]的城乡收入差距情况。由图可知,2013 年后,全国城乡收入差距呈明显下降趋势。从分区来看,中国东部、中部、西部地区城乡收入差距都呈明显下降趋势,但东部、中部地区城乡收入差距仍优于西部地区。以泰尔指数计,2013 年至 2019 年,全国泰尔指数由 0.111 下降至 0.089;东部地区泰尔指数由 0.083 下降至 0.068,中部地区泰尔指数由 0.093 下降至 0.079,西部地区泰尔指数由 0.138 下降至 0.114。

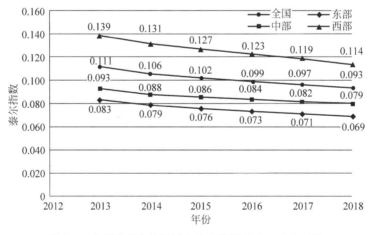

图 6-3 全国及三大地区城乡收入差距(2013—2019 年)

---

① 根据国家统计局标准,我国东部地区包括北京、天津、河北、辽宁、上海、江苏、浙江、福建、山东、广东、海南;中部地区包括山西、吉林、黑龙江、安徽、江西、河南、湖北、湖南;西部地区为其他所有省级区划单位。

图 6-4 描述了 2013 年至 2018 年中国按东部、中部、西部划分的区域间收入差距情况。自 2013 年起,中国区域收入差距呈明显下降趋势,2013 年泰尔指数为 0.0265,2018 年泰尔指数下降至 0.0225。

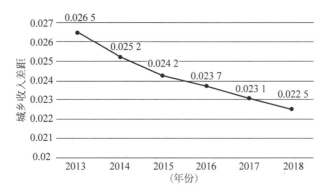

图 6-4　中国区域收入差距(2013—2018 年)

3. 互联网普及率与我国城乡收入差距

我们进一步探讨互联网普及率与城乡收入差距的关系。图 6-5 呈现我国不同地区互联网普及率的变化,显然东部地区互联网普及率要远高于中部、西部地区,但总体来说,2013—2018 年,我国互联网普及率呈现上升态势。

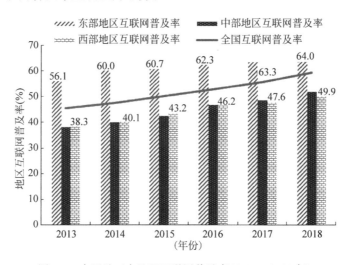

图 6-5　全国及三大地区互联网普及率(2013—2018 年)

如图 6-6 所示,从城乡差异来看,我国城镇互联网普及率要远高于农村,2013—2017 年城镇互联网普及率是农村的 2 倍;至 2018 年差距开始缩小;2019 年我国城镇互联网普及率已降至农村的 1.66 倍。

图 6-7 呈现了互联网普及率与我国城乡居民收入增长的关系,显然,城镇居民的点斜率大于农村居民的点斜率,这说明在 2013—2018 年期间,随着互联网普及率的提升,城镇居民的收入增长仍然快于农村居民,互联网对于城镇居民的收入增长溢出效应更高。

图 6-6　我国互联网普及率的城乡差异（2013—2018 年）

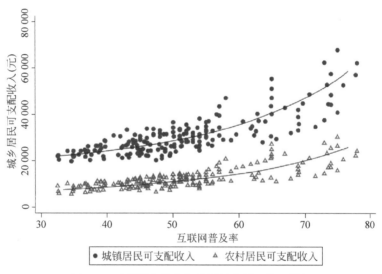

图 6-7　互联网普及率与我国城乡居民收入增长

图 6-8 呈现了互联网普及率与城乡收入差距的关系。总体来说，随着互联网普及率提高，各省的城乡收入差距在减少。其中，西部地区城乡收入差距总体上劣于东部地区和中部地区。

（三）人群特征的差距

1. 互联网影响不同人口群体收入差异的原因

（1）性别工资差异。诺贝尔经济学奖得主加里·贝克尔（Gary S. Becker）是研究性别差异的先驱。贝克尔等劳动经济学家认为劳动力市场中性别工资差异一直存在，女性之所以获得

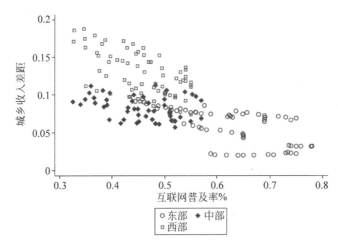

图 6-8 城乡收入差距和互联网普及率的拟合关系

较少的工资,与其较低的教育水平、较少的工作经验等有关。[1] 然而也有观点认为,在市场经济发达的美国,工资不平等现象加剧与教育回报率上涨并驾齐驱,劳动力市场中性别工资差异依然存在,种族歧视和教育收益率性别差异是造成性别工资差异明显的重要原因。[2]

互联网能够通过降低信息成本、改善就业搜寻匹配方式、提升信息交流效率和人力资本等方式对工资产生溢价效应,但由于不同性别之间网络使用的巨大差异性,导致其对性别工资的影响存在差异。与男性相比,女性在社会资源和教育水平方面往往处于弱势,女性使用互联网的机会相对更少,因此互联网可能会加大性别工资差异。

然而另一方面,网络日益普及会有助于缩小这种差异。由于互联网在日常工作中的应用更倾向于脑力劳动,弱化了男性的体力优势,将会吸引更多女性应用互联网从事高薪酬的组织管理或者研究工作,平台经济、共享经济、竞技产业、自媒体等业态不断衍生灵活就业新模式进而创造了众多就业新机会,这为进一步提高女性劳动参与率提供了巨大空间。此外与男性相比,网络信息逐渐普及的外部性能有效提高女性就业技能及其人力资本,使工作搜寻实现了"零边际成本"和"人职匹配",得到较高的上网回报率,由此将缩小性别工资差异。

对互联网使用中的性别差异进行研究后发现:在相同收入分位点上,性别工资总差异呈现先下降后上升的"U型"变化趋势,即中等收入群体中性别工资差异最小;而互联网普及能够显著减少性别工资差异,且在中等收入阶层中,这一效应最为显著;不同年龄群体中,互联网使用对"80后"影响最高,"60后"及以下群体影响较低。[3]

(2)学历工资差异。受教育程度作为人力资本的最重要表现形式对收入差距有重要影响,也称为教育人力资本带来的收入差距。由于就业市场是对受教育程度最为直接的反馈,受教育程度主要通过两方面机制来影响就业市场进而影响收入差距。

一是教育的技能效应。普通劳动者通过教育、培训等途径所获得的知识和技能是一种

---

[1] Becker G S. Investment in Human Capital:A Theoretical Analysis[J]. Journal of Political Economy,1962,70(5):9-49.

[2] Belzil, C., & Hansen, J. Unobserved Ability and the Return to Schooling. Econometrica,2002,70(5):2075-2091.

[3] 戚聿东,刘翠花. 数字经济背景下互联网使用是否缩小了性别工资差异——基于中国综合社会调查的经验分析[J]. 经济理论与经济管理,2020(9).

人力资本,人力资本同物质资本一样能产生经济效益,为资本拥有者带来未来收入。

二是教育的信号效应。教育是一种标识能力的工具,有助于雇主识别个体能力。高学历劳动者的工资收入之所以高于低学历劳动者,只是因为受教育水平发送了关于劳动者的能力信号,而并非完全是因为高学历劳动者拥有较高的人力资本。

教育水平会产生收入不平等,并且两者存在库兹涅兹的"倒 U"关系。根据 Londono(1990)[1]和 Ram(1990)[2]的倒 U 理论,教育和收入不平等程度之间存在着二次关系。在教育发展水平不高时,教育发展会使得教育不平等程度扩大,一部分人先通过人力资本的积累获得技术或技能,使得个人收入增加和地区经济发展,收入差距扩大;当教育水平发展到一定阶段,教育不平等程度开始减小,教育不发达的地区获得了更多的教育,相较于教育发达的地区文化程度获得了更快的增长,因此教育不平等程度开始减小,人力资本的提升使得劳动者的质量、技能水平和工作效率得到显著提升,带动地区经济发展,缩小贫富差距。也就是说,随着教育水平的提高,教育不平等程度先上升后下降,平均受教育年限为 7 年时曲线达到"倒 U"曲线的拐点,而教育的不平等会带来收入差距的扩大,这种研究结果在很多教育不发达的发展中国家得到了证实,结论是:教育的进步非但没有缩小收入差距,反而助长了收入不平等现象。[3]

2. 基于性别差异的收入差距测算

我们使用库兹涅茨比率衡量居民个人收入分配的差距,库兹涅茨比率是指一个以数值反映总体收入不平等状况的指标。它把各个阶层的收入比重与人口比重的差额的绝对值加总起来。

其计算公式如下:

$$R = \sum_{i=1}^{n} | y_i - p_i | \quad (i = 1, 2, \cdots, n)$$

其中:R 为库兹涅茨比率,y_i、p_i 分别表示各阶层的收入份额和人口份额。

如果计算得到的结果 R 越大,表示收入差距就越大;反之,收入差距就越小。

我们采用中国人民大学中国调查与数据中心发布的中国综合社会调查(Chinese General Social Survey,CGSS)2010 年、2013 年、2015 年的数据来测算基于性别的收入差距,如表 6-2 所示。

表 6-2 基于性别差异的库兹涅兹比率

	2010 年		2013 年		2015 年	
	男	女	男	女	男	女
人口占比(%)	0.427	0.573	0.439	0.561	0.468	0.532
收入占比(%)	0.562	0.438	0.573	0.427	0.579	0.421
平均年收入(万元)	2.184	1.8908	2.424	2.253	2.733	2.623
库兹涅茨比率	0.293		0.242		0.222	

---

[1] Londono, J. L. Kuznetsian Tales with Attention to Human Capital,1990,Paper presented at the Third Inter-American Seminar in Economics,Brazil.

[2] Ram, R. Educational Expansion and Schooling Inequality:International Evidence and some Implications, Review of Economics and Statistics,1990,72(2),266—274.

[3] 王佳炜. 教育是否会增加居民收入不平等? [J]. 经济资料译丛,2019(03):39-52.

由上文可知库兹涅茨比率越大代表收入差距越大,库兹涅茨比率越小收入差距越小,即 2010—2015 年,由性别引起的收入差距呈现变小的趋势。

图 6-9 呈现了 2010—2015 年我国互联网普及率与基于性别差异的库兹涅茨比率变化。可见,随着互联网普及率的提高,基于性别的库兹涅茨比率在下降。也就是说,互联网经济下性别引起的收入差距在缩小。

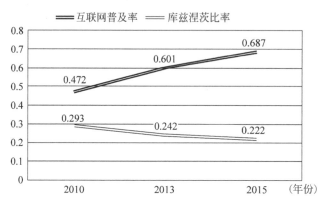

图 6-9 2010—2015 年互联网普及率与基于性别的库兹涅茨比率的变化

3. 基于受教育程度的收入差距测算

我们使用中国综合社会调查 2010 年、2013 年、2015 年的受教育程度与收入数据,计算库兹涅茨比率见表 6-3。可见,这一结果印证了受教育程度与库兹涅茨比率之间的"倒 U 型"关系,随着互联网普及率的提高,库兹涅茨比率呈现先上升后下降的情形。在互联网普及的早期,一部分人利用互联网完成了人力资本的早期积累获得技术或技能,扩大了收入差距;而到互联网普及率到达一定程度的时候,教育不平等程度开始减小,教育不发达的地区获得了更多的教育,收入的增长速度加快,减少了收入差距。

表 6-3 基于受教育程度差异的库兹涅茨比率

2010 年基于受教育程度差异的库兹涅茨比率 $R=0.689$				
受教育程度	人口比例(%)	收入比例(%)	人口累计占比(%)	收入累计占比(%)
没有受过教育	0.131	0.027	0.131	0.027
小学	0.223	0.1165	0.354	0.144
初中	0.295	0.161	0.649	0.305
高中	0.186	0.291	0.835	0.596
大学专科	0.08	0.193	0.915	0.789
大学本科	0.067	0.187	0.982	0.976
研究生及以上	0.018	0.025	1	1
2013 年基于受教育程度差异的库兹涅茨比率 $R=0.864$				
受教育程度	人口比例(%)	收入比例(%)	人口累计占比(%)	收入累计占比(%)
没有受过教育	0.148	0.04	0.148	0.04
小学	0.255	0.075	0.403	0.115
初中	0.314	0.17	0.717	0.285
高中	0.196	0.347	0.913	0.632
大学专科	0.054	0.198	0.967	0.830
大学本科	0.027	0.134	0.994	0.964
研究生及以上	0.006	0.036	1	1

续表

2015年基于受教育程度差异的库兹涅茨比率 $R=0.590$

受教育程度	人口比例(%)	收入比例(%)	人口累计占比(%)	收入累计占比(%)
没有受过教育	0.136	0.0317	0.136	0.0317
小学	0.235	0.139	0.371	0.170 7
初中	0.284	0.29	0.655	0.460 7
高中	0.181	0.189	0.836	0.649 7
大学专科	0.072	0.145	0.908	0.794 7
大学本科	0.081	0.177	0.989	0.971 7
研究生及以上	0.011	0.0283	1	1

第三节　互联网对收入分配的影响机制

一、扁平社会结构

互联网的"工资溢价效应"说明互联网对个人收入存在提升作用。互联网对不同个体特征(阶层、户籍、性别、学历层次等)个人的收入有不同的影响。如上文所述,我国互联网普及率在近年来科技高速发展下获得了巨大的提升,工资溢价效应在更广的范围内实现。

现存的一些非竞争性的社会结构性差异部分解释了我国目前的收入不公平。互联网普及带来的广泛的溢价效应在不同特征个体中存在异质性。这种异质性可能对收入差距有正向或负向的影响,在解释溢价效应时,研究者多应用资源替代理论和资源强化理论,对劣势群体来说,资源替代理论认为劣势群体能够从互联网使用中获得更高的边际收益,而资源强化理论认为优势群体能够更有效率地进行互联网使用。

学者对互联网使用在不同社会结构中的影响进行了研究。研究发现:互联网使用对城镇居民和农村居民的工资溢价在较低分位点上影响效果最大,且这一效应在中低分位点上对农村居民的收入效应要明显大于城镇居民,即互联网使用缩小城乡收入差距的效应体现在中低收入水平居民中。此外,互联网使用对西部地区城镇居民收入和东中西部农村居民收入拉动作用都较明显,对中部地区农村居民拉动效果最大,互联网普及整体上缩小了城乡收入差距。

也有研究认为,互联网工资溢价有显著的个体差异,城市居民和高学历者能从互联网使用中获得更高的收入回报率。互联网产生的工资溢价从技术效应和资本效应两种路径中形成:在技术效应中,高技术效应的互联网溢价更高,相应地,一般社会阶层越高,其工作技术效应越高;在资本效应上,互联网上积极进行发展行为和交往行为具有工资溢价效应,而互联网娱乐不具有这一效应。总体上,互联网工资溢价呈现"倒U型"的变化,中间阶层的互联网工资溢价高于其他两个阶层,这导致了中低阶层间收入差距的扩大和中高阶层间收入差距的减少。

二、构筑阶层流动新通路

技术发展与互联网普及推动了产业内企业的更新换代和产业间各类资源的转移,进而缩小了收入差距。互联网普及可以通过提高地区产业集聚程度和创新水平来降低工资差距,同样,互联网普及和产业结构转型之间存在显著的交互作用,主要体现在产业机构合理化方面,产业结构越合理,则互联网普及缩小工资差距的作用越大。随着经济发展,以劳动力为主要要素的第三产业占比不断提高,劳动力要素在整个国民经济中重要性增强,推动最终收入分配更加合理。

例如,在智能手机普及以及互联网真正下沉到较低阶层居民中后,互联网普及与互联网企业的创新为城市新居民或潜在的城市新居民创造了众多的岗位。近年来国内经历了P2P、共享汽车、外卖、共享单车、长租公寓等一系列创新、监管、成熟或破灭的过程,政府在这些过程中的适当作为,保证了创新灰度空间的存在,使创业者在创业初期不必担心政府过度监管带来的成本,从而构建的竞争性环境使我国互联网企业发展速度与质量在国际上领先。新领域创业中出现的大量公司创造了大量低门槛,以及不需要太多先期投资的岗位,如外卖员、快递员等,为大量农村剩余劳动力,特别是青年农村剩余劳动力提供就业机会,使农村居民实现阶层的向上流动。

电子商务发展减少区域间收入分配不平等。电子商务已经成为我国各级政府精准扶贫计划中的一项重要手段,甚至出现许多县市级一把手通过直播为县市特色产品带货。互联网普及使原本由于地理、经济或人文历史原因难以向外输出的各地特色产品加入到市场竞争中,各地发挥当地产业的比较优势,推动了部分贫困地区首先找到脱贫的路径并辐射至周边区域,缩小了区域间、城乡间的不平等。

三、网络精英阶层的崛起

中国的网络变革是由技术精英和文化精英为主力推动的,而非权力精英。互联网本身强大的自然垄断特性,使得互联网精英快速在市场中获得回报,从知识精英跨界到财富精英。网络的作用在信息、电子商务等多样化市场中遍地开花。随着这些新上升阶层的财富地位稳固,其权力影响力从虚拟世界直接影响和冲击着现实世界。在技术繁多、速度极快的变迁中,形成了一个新兴、后来居上的网络精英阶层。其中的绝大多数网络精英都属于高学历、高科技、高层次的"三高"人员。

拓展阅读 6.2

陈志武:互联网时代贫富差距将史无前例得高,但这并不可怕

四、高收入阶层年轻化

互联网经济使中国的高收入阶层逐渐年轻化。万事达卡国际组织亚太区首席经济顾问王月魂博士指出:"中国内地的富裕阶层年轻化的特点十分突出。日本富裕阶层70%以上年龄超过45岁,菲律宾的这一比例为95%,而中国内地只有14%。我国大众富裕阶层中30~49岁的受访者逾6成,其中30~39岁的比例较往年又有上升,达35.5%;本科及以上受访者占到64.8%,而专科及以下学历者仅占35.2%,且其中67.0%集中在50岁及以上的年龄段中。"换言之,受过高等教育的中青年群体逐渐成为我国大众富裕阶层的主力。这些和互联网经济有着直接的关联。

五、促进劳动要素流动,以及劳动力价格合理化

互联网时代,农村劳动力就近从事非农工作的数量在增加,部分外出务工人员开始返回农村就业创业,体现了劳动力要素在城乡之间流动的新变化。互联网的迅速普及促进了知识的溢出,使得教育资源的成本大大降低,这为公民提供了一个更加廉价的获取优质教育资源的机会,公民的受教育水平普遍提高,极大改善了我国人力资源的整体质量。人力资本水平的提升,使得劳动力在生产中的参与程度加深,劳动要素在生产中的作用日益突出,并且逐渐具有了与资本要素同等的价值,其劳动报酬自然也得到相应提升。互联网降低了创业门槛,人们并不需要有过多投入就可以在互联网中进行经营和推广,如淘宝、微商、抖音短视频营销等都具有极高的投入产出比,且初期投入的成本较低。

互联网时代,我国更多劳动力开始投身于服务业中,从而使劳动力收入得到提升。"互联网+"新经济下网络与各种产业形态的融合进一步催生出许多新的产业业态,而这些产业由于主要依靠网络、技术与信息数据资源,所以其涉足门槛低,人们的创业成本也更加低廉,这使得劳动力可以通过自己创业来获得收入。如时下正处于风口的直播行业就是一个参与门槛极低的行业,抖音、斗鱼、快手等平台中涌现了大批网络主播,个人创业已不再是一个梦想。而随着"互联网+"的进一步发展,以技术与信息要素为主要生产资料的产业又为更多人提供了创造收入的机会,劳动力的收入来源更为丰富。

六、灵活就业模式兴起

随着互联网的发展,新经济、新业态不断涌现,形成了各种各样的灵活就业新模式,显示了巨大的就业潜力。工信部中国信息通信研究院发布的《中国数字经济发展与就业白皮书(2019年)》显示,2018年,中国互联网平台雇用598万正规就业者,同时还带动提供共享服务的劳动者7500万人,灵活就业大量增加。

"互联网+"新经济下依靠其技术、信息、数据的驱动催生出了诸如电商、网络文娱、网络金融、技术支持、生活服务、物流等一系列服务性产业,极大改变了我国社会的产业结构。如"互联网+交通"下的滴滴快车、共享单车等,"互联网+餐饮"下的美团外卖、饿了么等。同时,"互联网+"与传统制造业的融合也创造出了更多服务性岗位,这无疑使社会中的就业岗

位增多。

作为有别于传统就业模式的新业态,灵活就业模式在促进就业、拉动经济、稳定社会等方面有着特殊优势。"灵活就业",其最大特点就是"灵活"。正是这种灵活自由的多样形态,降低了就业的"门槛",拓宽了就业的渠道,促进更多劳动者就业。在互联网经济领域,随着小程序、社交电商、新零售等快速崛起,短视频和直播带货成为新风口。

【本章小结】

本章分析了互联网经济中收入分配的机制及收入差距的来源。数字鸿沟、互联网导致的人力资本差异、技术进步的偏向性等因素导致了互联网经济中的收入差距。另外,互联网带来的社会结构扁平化、生产要素的行业间流动、灵活就业模式的兴起等因素成为互联网影响收入分配的主要机制。

【思考题】

1. 什么是内生决定的收入分配理论?什么是外生决定的收入分配理论?
2. 简述互联网经济中收入差异的来源。
3. 互联网会加大还是减少城乡收入差异?试说明原因。
4. 互联网如何影响行业间的收入差距?请结合实例说明。
5. 互联网会加大还是减少学历工资差异?试说明原因。

【案例分析】

创造与毁灭:数字技术对服务业就业的影响

以云计算、大数据、移动互联网、人工智能等为代表的新一代数字技术正渗透至经济社会的各个领域。技术进步,通常意味着原有生产体系的破坏与就业岗位的"毁灭"。马克思在《资本论》中有个著名阐述,他认为,资本主义生产方式的一个特点是作为资本的机器在生产中的作用不断强化,导致机器对劳动者就业岗位的不断替代,使劳动者的作用越来越弱。其结果是劳动者分配比例下降,工作机会减少,可能导致社会阶层两极分化,特别是无产阶级的绝对贫困化,最终引起社会革命。

回顾两百多年来工业革命的历史,马克思描绘的场景并没出现。但要承认,劳动本身发生着质的变化。数字设备资本替代劳动者的理论预言,是否会成为现实呢?数字技术未来以毁灭岗位为主,还是以创造就业岗位为主,就业岗位的创造和毁灭,将分别发生在哪些部门,并会以何形式带来何种宏观经济后果呢?

从经济学理论看,技术采用受制于其应用的经济可行性。譬如,替代劳动的自动化技术会提高生产率,导致某个部门产出上升和价格下降,但受制于该部门产品的需求价格弹性,该部门产值在整个经济中占比反降,该部门在经济中的重要性也降低。因此,一定阶段内,各经济部门自动化技术的采用会中止在某个水平,并不会无限推进。物质资本设备对劳动者的替代也并非无休止。数字技术对就业岗位的影响，也遵循这些基本经济规律。

20世纪中叶以来，各国普遍存在劳动力从制造业向服务业转移的趋势。20世纪90年代，几乎所有发达国家服务业就业比重都超过50%。2000年以来，主要欧美国家的服务业占比又经历一波快速提升，2010年左右达到70%，个别超过80%。考虑到服务业相对制造业更有劳动密集型特征，这一变化将伴随就业结构显著向服务业倾斜。

尽管制造业的数字化和自动化导致对流水线工人，以及现场管理、运输与搬运、配料与清扫等工人的需求大幅减少。但对从事生产性服务业的白领和金领雇员的需求显著增加，且其薪资亦因高额技能贴水而大幅提高。高技能者倾向于将时间配置到专业技能领域以获取更高技术溢价，将生活性服务活动或生产性的辅助服务交由低技能者，以保留更多闲暇。高技能者不断增加及收入持续提高，家政、文秘、休闲、保健、餐饮、出行等低技能服务的岗位需求不断衍生。这些工作并非总能由机器承担。从事高端生产性服务业的高技能者，和从事生活性服务业及低端生产性服务业的低技能者，也存在分工互补关系。由此衍生的是，被机器设备等取代的低端制造业岗位，以低端生活性服务业岗位的方式被还原。在整个经济活动中，低技能工作岗位的就业占比未必减少，甚至会持续增加，这是因为考虑到生活性服务业的劳动生产率提高更慢这一事实。

在数字技术之下，生活性服务业很可能以专业化分工的方式提供更高效的服务。如外卖平台使餐厅同时在线上线下出餐，平台根据用户口味和点餐习惯自动匹配顾客，餐厅节省大量宣传及获客费用，形成更高效的资源配置。这种"服务业的服务外包"模式，将在大部分服务行业应用，由数字平台充当提高配置效率的媒介，从而使生活性服务业某些工种的技能需求愈来愈单一和低端。

在数字技术加持下，服务外包形成的生产性服务业作为中间投入在制造业和服务业中大量泛用。这既增加对高技术人才的需求，也在技术迭代过程中，减少原有技术层面的服务岗位。受数字技术影响形成的生产性服务业的高端化和生活性服务业的低端化趋势，长期必然带来服务业收入分配的两极分化，这是未来需要重视的经济社会问题。

资料来源：赵昱名、黄少卿. 创造与毁灭：数字技术对服务业就业的影响（上）. [EB/OL]. https://www.thepaper.cn/newsDetail_forward_9271295, 2020-10-27.

根据上述案例内容，思考以下问题：

1. 数字技术对就业岗位的创造和毁灭分别会发生在哪些部门，并以何种形式发生？
2. 数字技术如何导致收入分配差距？

第七章
互联网经济中的交换流程

【学习目标】
1. 了解互联网经济中交换环节的变革;
2. 理解虚拟市场的三大基础;
3. 了解电子商务的发展历程;
4. 熟悉互联网支付的发展;
5. 了解互联网支付的案例。

【重要概念】
传统市场　虚拟市场　信息流　物流　资金流　社交电商　支付体系　数字货币

【开篇导读】

习近平总书记：电商在农副产品销售方面大有可为

"农业农村工作,说一千、道一万,增加农民收入是关键。"贯彻以人民为中心的发展思想,让"三农"借助互联网的东风,让广大农民尽快富裕起来,一直是习近平总书记关心的事情。

2020年,受新冠肺炎疫情影响,多地出现农产品滞销现象,引发社会关注。在2020年3月6日召开的决战决胜脱贫攻坚座谈会上,习近平总书记支招:"利用互联网拓宽销售渠道,多渠道解决农产品销售难问题。"

2020年4月20日,习近平总书记在陕西考察时来到柞水县小岭镇金米村的直播平台前,点赞当地特产柞水木耳,成为"最强带货员"。习近平总书记强调,"电商作为新兴业态,既可以推销农副产品、帮助群众脱贫致富,又可以推动乡村振兴,是大有可为的。"

2020年4月21日,柞水县副县长张培在直播间和主播李佳琦连麦,"网红主播"薇娅也在直播间里销售柞水木耳。2000万网友在这三个直播间买光20多吨木耳,价值300多万元,这相当于柞水县去年在淘宝4个月的木耳销量。

总书记给我们提出了一种思路:新业态,要结合实际用起来!只要思维活起来,对新业态、新操作因地制宜用起来,一定能找到新的增长点。

资料来源:习近平:电商在农副产品销售方面大有可为——《"陕西要有勇立潮头、争当时代弄潮儿的志向和气魄"——习近平总书记陕西考察纪实》(《人民日报》2020年4月25日1版).

案例思考：

通过了解习总书记"史上最强带货"的案例，你认为为什么总书记如此重视农村电商？

互联网经济中交换环节发生了巨大变革，本章将结合现实电商体系与支付体系的发展来了解这种变迁。

第一节　互联网经济中交换环节的变革

一、关于传统市场的论述

经济学关于市场的一般定义为：市场是某种物品或劳务的一群买者和卖者。买者作为一个群体决定了一种物品的需求，卖者作为一个群体决定了一种物品的供给。

作为一个经济学概念，市场集中体现了人们对商品交换和商品交换关系的基本看法，因此市场的概念与社会分工和商品交换是分不开的。亚当·斯密在《国富论》中提到的交换与分工的关系隐含地表明："正是人类所共有和特有的互通有无，物物交换，互相交易的倾向缓慢而逐渐的发展，才造就了'各种才能所生产的各种不同产物'结成的'共同资源'，即市场。"马克思则认为："由于社会分工，这些商品的市场日益扩大；生产劳动的分工，使它们各自的产品互相成为商品，互相成为等价物，使它们互相成为市场。"[1]亚当·斯密和马克思的分歧在于前者认为交换导致分工，后者则认为分工引起交换，交换产生了市场。

随着经济的发展，市场类型日益丰富，农贸市场、超市、商城、批发市场、地摊、临街小店……这些不同规模、不同性质、不同交易对象的传统市场都是实体市场，有着共同的特点：买者和卖者在一个共同的地理空间内进行着面对面的商品交换，换而言之，地理区域是传统市场的基本构成要素，交换是在特定的空间范围内完成。

二、传统市场向网络虚拟市场的延伸

（一）虚拟市场的出现

虚拟市场指的是应用电子商务技术所形成的一个虚拟的买卖双方聚集并进行交易的场所。虚拟市场建立在互联网工具的基础上，它最大限度地体现了电子商务技术的先进性和有效性。虚拟市场中网络空间代替了传统市场的物理空间，信息的交换不受时间和空间的限制的，买卖双方的交易活动可以跨越时空、在虚拟的数字化的场所中实现。虚拟市场是互联网技术应用在社会经济的交换环节的创新结果。

虚拟市场的兴起和应用对消费者、企业和整个市场经济的发展都起到了重要的作用，具体表现在以下几方面：

---

[1]　马克思.资本论(第3卷)[M].北京：人民出版社，1975：718.

（1）从消费者的角度来看，消费场所更便利，网络购物不受时间、地点的限制，可以低成本地获取大量商品信息，并能便捷地获得周到的服务。网络支付不仅能够满足人们消费支付的需求，而且相比于传统的现金支付方式更安全，可避免财物丢失或被盗。而由于虚拟市场的中间环节、中间商较少，商家的降价空间更大，消费者的福利增进。

（2）从企业的角度看，由于网上销售几乎没有库存压力、经营成本相对较低且经营规模不受场地限制等，网上销售已经成为越来越多企业的主要销售渠道。企业通过互联网获得的市场信息反馈，及时调整经营战略，有利于提升企业的经济效益和综合竞争能力。

（3）对于整个市场经济而言，虚拟市场不受时间、空间限制的特性使得它能在更高的效率下实现资源的优化配置，促进市场经济的良性发展。

虚拟市场与实体市场之间存在着极其密切的关系，两者互为补充，相互依存、共同发展。虚拟市场影响实体市场，实体市场为虚拟市场提供基础。

（二）人货场被重新定义

人货场是新零售中常见的一个概念，是2017年阿里巴巴公司首先提出的。人就是需要服务的对象，货就是需要为用户提供的使用价值，场就是提供服务的一种渠道，简单联系起来说，就是通过某种渠道为某人提供某种服务。在互联网经济下，人货场的概念被数字赋能，其内涵更加丰富。

1. 人货场关系的变迁

（1）货、场、人。在生产力较低的阶段，商品资源匮乏。这时期，以货为本，货物放在特定的场所，商品供给尚未满足人们的基本需求，货物的需求被放大。

（2）场、货、人。生产力飞速发展，经济社会商品的供给能力极大提高，人们的基本生活需求得到很好的满足。在这个时期，广告宣传对于企业来说至关重要，纸媒与电视广告遍布大街小巷，为消费者提供了一个初步了解产品的场景。

（3）人、货、场。在生产力高度发达的互联网经济时代，人们对基本物质的追求得到充分的满足，开始追求与之相连的优质服务。互联网浪潮下的人、货、场得到统一整合，具有高效、智能与数字化等特点。

2. 数字经济下的人货场内涵的创新

（1）"人"内涵的丰富。不管新零售模式怎样变化，"人"都是一个极为重要的因素。传统人货场理论以"人"为本，重视人的个性化需求，在新时代消费的背景下，消费者已经从"受品牌商引导的被动需求和单纯的商品购买者"转变为"从自身主动需求出发而牵引品牌商进行研发生产的参与者"，其转变本质是新时代下消费者需求和购物行为的变化引起的电商领域的变革。基于此，在过去的零售中，人可能仅仅是指顾客。但在互联网经济的人货场理论下，除了顾客，"人"还包括参与整个零售环节的店长、管理者，以及参与新零售的所有内部组织。只有将全渠道的"人"都纳入管理体系中，才有助于提升效率，完善人货场循环流程，这也是电商新时代下"人"作为消费者的真正意义所在。

（2）"货"质量的延伸。一个理性消费者是否购买商品，关键在于其使用价值。传统的人货场意识到货物质量的重要性，货的质量是市场竞争的核心竞争力。互联网经济使"货"质量得到延伸，"货"从标准工业品升级到个性化产品，消费者的需求不仅仅是产品的传统质量，当今更需要的是个性化以及人格化的服务。互联网经济让产品服务更加了解消费者的需求以及反馈,产生商品与消费者之间的良性互动循环。

(3)"场"无处不在,充分给予消费者场景化消费体验。原本"场"仅局限在门店附近或者所在商圈。而对于新零售之下的商家来说,"场"不再局限于商店或是商场,一切消费者能够与商品接触的终端,能获取流量的入口都能被称作"场"。可以多种消费者喜爱的方式来营造场景,如短视频、淘宝直播、达人直播等。在场的设定上,以数字化客户体验、数字化管理等多维度来帮助品牌商进行全链路商机洞察及智慧决策,从而实现产品消费场景的全覆盖。

数字化是人货场串联的核心要素,它将流通环节中的会员、物流、库存、标价、营销、支付等环节一一打通,数据驱动的新零售时期,"人、货、场"三者之间再次发生了重构。此时,效率成为了重中之重,供应链必定是新零售企业的核心竞争力,货物一直在路上,仓储时间不断缩短。总之,"人货场"目标是透过人性化场景的作用实现"人货合一"。它以科学洞察用户需求为创新原点,以快和省的方式验证用户需求,在不断循环中无限逼近极致的用户体验,拉近产品与用户的距离,从而实现在特定场景下引发爆品的指数级传播。

3. 传统实体店和网店的对比

在互联网技术发展带来的网络经济环境下,网店作为新兴事物迅速发展起来,成为人们主要购物渠道。越来越多的消费者开始通过实体店了解产品,然后到价格更低的网店购买,这给实体店的销售业务带来了巨大的冲击。网店虽然对实体店的发展造成了影响,但是并不能完全取代它。两者各有特点,优势和劣势如表7-1所示。

表7-1 实体店与网店的对比

	实 体 店	网 店
优势	1. 即买即得,无须额外支付运费 2. 伸手可触,有更直观的购物体验 3. 售后服务更有保障 4. 设施完备,服务更具人性化 5. 便利性和及时性,即买即拿 6. 固定的营业地点和相关证件,增加了消费者的信任度	1. 起点低,方便快捷 2. 节约大量人力、租金等成本 3. 零库存,避免货物积压 4. 移动互联网带来便捷的购物体验 5. 网民数量庞大,大量的潜在客户 6. 不受时间、地点的限制 7. 顾客可获取大量商品信息
劣势	1. 较高的成本,最终都会转移到消费者身上 2. 有限的产品限制了门店的销售半径,受众范围有限,门店对客户缺乏黏性 3. 管理及人力资源使用效率低下 4. 同行的压价竞争影响利润收入 5. 信息传递不及时	1. 网店的虚拟性使顾客只能根据商家的描述对货物品质及真伪性进行判断 2. 过多的恶意负面评论影响网店的长远发展 3. 网上购物的信誉度难以保证 4. 网络支付安全有一定的隐患 5. 消费者的维权之路往往很漫长

三、虚拟市场三大基础

虚拟市场的出现源于互联网技术创新,它补充甚至取代了传统市场。虚拟市场上交易的本质和传统市场相同,都是达成买卖双方物品与劳务的交换。在交易形式上,传统市场是买卖双方在同一场所借助货币支付实现面对面物品与劳务交易,虚拟市场是买卖双方通过网络连接跨越空间的商品与劳务的交易,实现交易的基础是健全完备的信息流、物流和资金流系统。

(一) 信息流

一般意义上的信息流指的是信息的传递运动,在虚拟市场的交易——电子商务中,信息流既包括商品信息的提供、技术支持、售后服务等内容,也包括诸如报价单、付款通知单等商业贸易单证,还包括交易方的支付能力、支付信誉等多个方面。

互联网的信息传播功能是实现虚拟市场的前提条件,卖方把商品信息通过电商平台传递给买者,信息的形式随着互联网技术的发展更加立体和多样性,从主要以图文形式发展到音频、视频和直播。互联网信息传播的双向及互动性特征,极大满足了虚拟市场交易的功能,买者不仅可以低成本地获得商品信息,而且可以简单有效地获得售后服务需求的满足。

在整个虚拟市场的交易过程中,信息流是最为重要的,它在一个更高的位置上实现对全局的监控。

(二) 物流

物流是指被交易的商品或服务的流动到达买者一方的流程,具体指运输、储存、配送、装卸、保管、物流信息管理等各种活动。

传统社会经济活动也有邮寄服务,即传统的"物流"。物流概念起源于美国,1915年美国经济学家阿奇·萧在《市场流通中的若干问题》一书中就提到物流一词,他指出"物流是与创造需求不同的一个问题",并认为"物资经过时间或空间的转移会产生附加值"。1935年,美国销售协会阐述了实物分配(physical distribution,PD)的概念,即"实物分配是指在销售过程中的物质资料和服务,从生产场所到消费场所的流动过程中所伴随发生的种种经济活动"。

互联网经济下的物流在功能、理念和价值实现上都发生了变化,从而产生了现代物流。现代物流是虚拟市场的基础,它实现了有形物品在空间上的位移,使位于不同空间的买卖双方无须见面,卖者的商品就可到达买者手中。现代物流包括运输、仓储、装卸搬运、包装、流通加工、配送等活动,是从供应开始经各种中间环节的转让而达到最终消费者手中的实物运动,并以此实现社会商品的流通。

现代物流与传统物流的不同具体表现在以下几方面:

(1) 关于二者功能的比较:传统物流只专注于产品的运输和仓储,而现代物流还包括了仓储之后的产品配送等一系列的物流附近服务,强调的是物流诸多功能的集合。

(2) 关于运作的理念:传统物流主要以产品的加工制造为核心理念,其运作往往受到物流委托方的成本控制的制约,即以成本控制为导向,因此,传统物流的服务意识比较淡薄,而现代物流更多的是以客户服务为导向,同时寻求自身价值的最大化。

(3) 关于物流价值的实现:传统意义上物流价值的实现主要依赖于商流和物流的统一,以创造出产品的时空价值,它的实现途径和形式比较单一。现代物流的价值则是以客户为导向,依靠灵活的第三方物流企业,在各个环节精细化运作,保证每个环节价值的真正实现。

(4) 关于物流的管理模式:传统物流未包含专业的物流管理意识,各要素之间的独立性很强,没有得到有机整合。在这方面,现代物流将各方面高度统一起来,并将物流管理理念延伸至物流企业的利益相关者,建立和发展具有网络组织特点的物流联盟,最终实现物流与信息流的整合。

(三) 资金流

资金流是随着买卖双方交易的达成、物品或劳务其所有权的转移而发生的资金往来流程,包括付款、转账、兑换等资金的转移过程。

虚拟市场的资金是通过网络流动的,网络支付是虚拟市场的基础,是虚拟市场交易得以实现的必要条件,买卖双方交易一旦达成,商品与劳务通过物流到达买者手中,交易资金通过网络支付到达卖者手中。网络支付技术的发展,一方面能够更好地满足资金流动的需要;另一方面也提高了交易中资金的安全性,保障了买卖双方的利益,促进了虚拟市场的繁荣。

第二节 电子商务的发展

电子商务有广义和狭义之分。广义的电子商务指的是使用各种电子手段进行的商务活动,通过使用互联网等电子工具,在公司内部、供应商、客户和合作伙伴之间利用电子业务共享信息。而狭义的电子商务主要是利用互联网等电子工具在全球范围内从事商务活动。

无论是广义还是狭义的概念,电子商务都包含了两个方面:一是商务活动;二是电子化手段。它们之间的关系是:商务活动是核心,电子化工具是手段。因为商务活动是一个连续的过程,交易和销售只是商务活动过程末端的一个环节。没有前端的研发、生产、物流、支付结算及客户服务等环节的电子化、网络化的支持,交易环节的电子化、网络化就难以实现,其相对于传统商务的优越性也就无法得到充分体现。

一、电子商务的发展历程

从1946年第一台数字电子计算机的发明算起,当代的信息革命已经有了70余年的历史。这场革命促使人类社会进入了全新的网络化时代。利用计算机技术实现商务活动的国际化、信息化和无纸化,已经成为各国商务发展的趋势。在电子商务迅猛发展的浪潮中,我国电子商务市场增长的速度逐渐超过了其他所有主要国家。回顾我国电子商务发展的历程,大致上经历以下几个阶段。

(一) 萌芽初生阶段(1997—2002年)

1997—2002年是中国电子商务的萌芽出生阶段,各大IT厂商以各种方式对我国社会进行电子商务的"启蒙教育",激发了我国企业和消费者对电子商务的认识、兴趣和需求。1997年开始,一批电子商务网站在风险资本的支持下开始进行开拓,诞生了诸如8848等电商网站,尽管8848在不久之后迅速陨落,却给我国电子商务的发展打下了基础。

(二) 基础建设阶段(2003—2008年)

2003年,"非典"疫情给全国人民带来挑战的同时,也给电子商务的发展提供了难得的机遇。支持电子商务发展的基础设施加快修建,相关政策陆续出台,特别是 2007 年《电子商务发展"十一五规划"》的发布,首次在国家政策层面确立了发展电子商务的战略和任务。在此期间,支付、物流体系建立,电子商务逐步形成生态。如诞生了以"淘宝"为代表的电商平台,以支付宝为代表的支付体系,以"三通一达"为代表的物流体系。

(三) 高速成长阶段(2009—2015 年)

2009—2015 年,越来越多的传统企业和资金涌入电子商务领域,同时随着智能手机的流行与普及,电商开始迈入移动化,2015 年移动端的交易规模首次超过 PC 端。

(四) 存量挖掘阶段(2016 年以后)

自 2016 年开始,网民和网购用户渗透率趋近饱和,电商市场进入存量挖掘时代。在阿里巴巴和京东双巨头笼罩下,多元化的细分赛道成为长尾企业的突围方向,同时,内容和社交也已成为流量瓶颈下电商挖掘存量市场的重要手段。

二、新型电商的兴起——社交电商

随着 4G 网络的发展以及无线网络和智能终端的普及,移动社交蓬勃发展,以微信、微博、抖音等为首的移动社交 App 用户数和用户时长都快速增长。移动社交的发展也催生了社交电商,商家通过私域流量来运营用户,即商家可以通过自媒体账号、用户群或微信号来直接与用户互动。

(一) 社交电商的定义

社交电商是基于人际关系网络,利用互联网社交工具,将关注、分享、沟通、讨论、互动等社交化的元素应用于电子商务交易过程的现象。从电子商务企业的角度来看,社交电商是指商家通过社交化工具的应用及与社交化媒体、网络的合作,完成企业营销、商品交易、服务提供等经营活动,是新型电子商务的重要表现形式之一。

(二) 社交电商的特点

(1) 依靠熟人网络降低引流成本,提升用户黏性。社交电商以熟人网络为基础,通过一系列优惠折扣或娱乐活动,促使用户深度参与;为了得到更多奖励和优惠活动,用户频繁参与活动并乐于向他人分享,每位用户既是参与者又是传播者,从而降低了获客成本,提升了转化率。用户既是购买者也是推荐者,在二次营销过程中实现了更多的用户留存。

(2) 低成本即可实现精准营销,提升供应链效率。通过拼团形式,利用微信小程序等工具,消费者无须下载 App 就能参与购物,将大量用户和订单锁定在爆款爆品上;丰厚的订单量又吸引厂家入驻,缩短了供应链条的长度,形成价格优势,低廉的价格又成为用户拼团的动力,形成良性循环。

(3) 基于用户个体的去中心化传播网络,为长尾商品提供广阔空间。以社交网络为纽带,商品基于用户个体进行传播,产生网络效应,呈现出"去中心化"的结构特点。在他人推荐下,用户对其推荐商品的信任,会减少对品牌的依赖,产品够好、性价比够高就容易通过口碑传播,给了长尾商品更广阔的发展空间。

(三) 社交电商的类别

按照流量获取方式和运营模式的不同,社交电商可以分为拼购类社交电商、会员制社交电商、社区团购电商和内容类社交电商四类,如表7-2所示。

表7-2 中国社交分类及模式对比

类别	模式	目标用户	典型企业
拼购类社交电商	利用拼团享优惠政策鼓励用户分享商品的购买链接	价格敏感型用户	拼多多、京东拼购等
会员制社交电商	通过分销机制,让用户主动邀请熟人加入形成关系链,平台统一提供货、仓、配及售后服务	有分销能力及意愿的人群	云集、贝店等
内容类社交电商	通过优质内容吸引用户浏览讨论,进而引导其进行消费	容易受意见领袖影响的消费人群或有共同兴趣的社群	小红书、抖音等
社区团购电商	以团长为基点,降低获客、运营及物流成本;以预售制以及集采集销的模式提升供应链效率	家庭用户	兴盛优选、松鼠拼拼等

(1) 拼购类社交电商的典型代表为拼多多,以低价为核心吸引力,基于微信拼团社交关系,利用拼团、减免、砍价等方式鼓励用户进行商品推荐和拉新,每个用户或成为一个传播点,形成巨大的订单规模,再以大额订单降低上游供应链及物流成本。

(2) 会员制社交电商以云集、贝店为代表,以云集为例,云集为会员提供供应链及物流服务,会员可通过社交关系向亲友推销商品以获取交易抽佣,同时通过社交关系吸引亲友注册云集会员并获取一定奖励,进而帮助云集实现获客,注册成为会员时需要缴纳398元购买云集自有产品一份。

(3) 社区团购电商以社区为基础,社区居民加入社群后通过微信小程序等工具下订单,社区团购平台第二天将物品送至团长处,消费者上门自取或团长进行一公里配送。

(4) 内容类社交电商的典型代表为小红书、抖音等,通过孵化社交平台意见领袖(Key Opinion Leader,KOL)吸引大量粉丝以获取低成本流量,为KOL提供供应链服务并向粉丝销售商品。

拓展阅读7.1

直播电商助力脱贫攻坚

三、电子商务的业务流程

电子商务的业务流程一般为:(1)消费者登录电商平台或其他流量入口,浏览商品信息并确定购买细则;(2)电商平台将相关信息发送给卖家,并且生成合同;(3)买家通过网银等方式向其开户行发出付款指令;(4)买家开户行将款项支付给第三方支付平台;(5)卖家在收到电子商务网站传递的信息后开始发货;(6)物流将商品配送至买家处;(7)买家确认收货;(8)第三方支付平台将款项支付给卖家;(9)卖家向第三方支付平台发出划款指令;(10)第三方支付平台将款项划至买家在开户行的账户。

图 7-1 所示中,内容生产制作方是为商品营销和传播提供专领域服务和指导,起到聚集流量作用的主体,如直播带货网红李佳琦;流量入口主要为视频平台和社交平台,用户可通过平台跳转商品链接,如用户通过小程序进入拼多多下单。

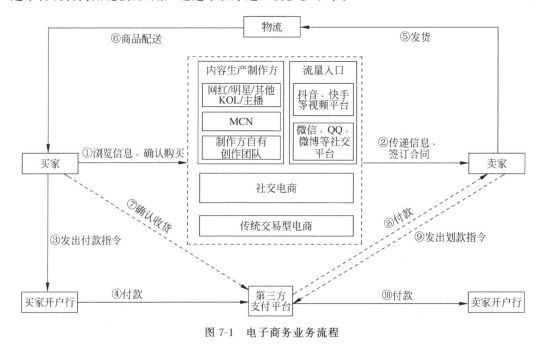

图 7-1 电子商务业务流程

现阶段,电子商务已经与国民经济深度融合,涉及制造业、零售业、服务业、金融业等多个行业。电子商务的整体市场正在逐步成熟和完善。在移动互联网技术、云计算、大数据、VR 等新型计算机技术和社会化网络应用的推动下,电子商务还将面临新一轮的发展机遇和挑战,并且释放出新的能量。

第三节　互联网支付的发展

一、支付体系

(一)支付体系的概念

支付是社会经济活动引起的资金转移行为。支付体系是实现资金转移的制度和技术安排的有机组合,主要由支付系统、支付工具、支付服务组织及支付体系监督管理等要素组成,是以实现债券债务清偿及资金转移的一种金融安排。

(二)支付体系的发展

支付是人类最古老的经济活动之一,它伴随着商品交换而产生。从最早的偶然的以物易物,到实物货币以及黄金、白银等贵金属货币,再到现代的纸币,支付体系随着社会经济发展不断变化,这对降低交易成本、提升经济发展效率有着极为重要的作用。世界支付体系的历史沿革概况如图 7-2 所示。

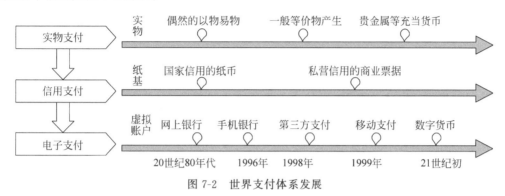

图 7-2　世界支付体系发展

随着经济的发展,支付体系主要经历了以下三个阶段。

(1)实物支付阶段。从实物交换到货币交换的转变是支付技术发展的第一次重要变革,此后一切商品的价值都集中、统一表现在贵金属商品如黄金、白银上。贵金属如黄金或白银充当了一般等价物——货币,并具有支付工具的职能,这是实物货币阶段。马克思指出"金银天然不是货币,但货币天然是金银,"以金银作为货币,几乎是所有国家共同的历史。之所以如此,是因为贵金属具有以下特点:币值稳定,便于携带;价值大,易于分割;不受场景、季节的影响,易于贮藏;具有同样的价值衡量标准。

(2)信用支付阶段。支付工具是历史的产物,其形式的变化和发展也始终与商品经济和信用制度的发展紧密联系在一起。纸币的出现是支付体系发生的第二次重大变革。纸币是在信用没有充分发展的条件下,由国家或地区印制、强制发行并代替金属货币使用的价值符号。从由贵金属作为后盾的纸币发展到与贵金属无关的纸币,意味着货币形式发展到了一个新的阶段,即信用货币阶段。

(3)电子支付阶段。伴随着技术的升级,支付系统也正在进行着一场变革,电子支付系统正在逐步取代传统支付系统,支付工具和支付手段也在发生巨大的变化。一种以电子数据形式储存在计算机中并能通过计算机网络而使用的资金被人们形象地称为"电子货币"。电子钱包、网络货币的出现,不仅从支付方式上进行了变革,而且从货币本质上对现代金融理论以及中央银行的货币政策提出了挑战。

20 世纪末以来,伴随着互联网技术的发展和电子商务产业的扩大,互联网支付的概念开始流行。互联网支付是电子支付发展的一种新形式,是借助互联网技术对传统支付系统的升级。从我国来看,随着移动智能设备的普及,以及 2013 年余额宝、P2P 和虚拟货币等的出现,互联网支付迎来了新的发展热潮。

二、互联网支付的创新

互联网支付是在原有的支付模式上运用各种互联网技术进行改造升级后的支付方式。准确来说,互联网支付是指客户为购买特定商品或服务,通过计算机等设备,依托互联网发起支付指令,实现货币资金转移的行为。本节主要介绍网络银行支付、第三方支付、移动支付与数字货币这四种互联网支付的创新形式。

(一)网络银行支付

网络银行又称网上银行,是指一种依托于互联网信息技术,通过网上虚拟柜台向用户开展和提供开户、销户、查询、对账、行内转账、跨行转账、信贷、网上证券、投资理财等各种金融服务的新型银行机构与服务形式。网络银行有着全球化、无分支机构、开放型与虚拟化、智能化、创新化、运营成本低、亲和力强的特点。网络银行提供给用户多种支付服务,如基本的网银业务、网上投资、网上购物、个人理财助理、企业银行服务以及其他金融服务。

(二)第三方支付

所谓第三方支付就是指非金融机构作为收款人和付款人的支付中介为其提供网络支付、预付卡、银行卡收单以及中国人民银行所确定的其他支付服务的网络支付模式。第三方支付的出现实际上是解决了交易双方信任不足的问题,在传统的支付模式中,买卖双方只能通过银行等机构进行资金上的划转,而交易过程中货物与服务的质量无法得到保障,尤其是在线上交易的情况下,买卖双方缺乏面对面的沟通与交流,信任问题更难以借助传统支付方式解决。第三方支付平台作为买卖双方的支付中介,为交易双方提供了保管与监督的功能,避免交易欺诈等行为的发生。国外比较流行的第三方支付平台有 PayPal,它的出现也是为了弥补在电子商务领域商业银行不能覆盖个人收单业务的不足,它服务于国外电商平台 eBay;国内发展状况较为良好的有支付宝、财付通等。以 B2C 交易为例,第三方支付的模式如图 7-3 所示。

图 7-3 第三方支付模式——以 B2C 交易为例

在这种支付模式里,客户选定商品后,选择第三方支付平台作为交易的支付中介:①将货款转到第三方支付平台的账户;②第三方支付平台通知商家货款到账并要求商家发货;③商家将货物发给客户;④客户确认无误后通知第三方支付平台确认到货;⑤最后第三方支付平台将货款转给商家。

我国第三方支付市场从结构上看(见图 7-4),属于寡头垄断市场,格局呈现"二分天下"的局面。支付宝和财付通占据着绝大多数的市场份额,二者的市场份额分别为 55.4% 和 38.8%,其他支付产品如壹钱包、京东支付、联动优势、快钱等单个产品市场份额占有率均不足 2%,远远落后于支付宝和财付通。

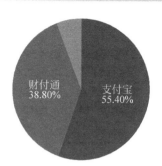

图 7-4　2020Q1 中国第三方移动支付交易规模市场份额[①]

（三）移动支付

如今，伴随着互联网技术的飞速发展和移动电子设备的大规模普及，移动支付已经成为民众生活中的主流支付方式。所谓移动支付就是指用户运用移动智能终端（如智能手机、平板电脑和可穿戴设备等移动工具），通过 SMS（short message service）、IVR（interactive voice response）、WAP（wireless application protocol）等多种通信方式，进行银行转账、缴费和购物的一种支付行为。在这个过程中，资金实现了由支付方到收款方的数字形式转移，而无须以传统纸币等实物形式转移。

移动支付作为一种新的支付方式，具有方便快捷、安全性高和综合性强的特点。方便快捷：一方面，移动支付突破了传统支付方式在时间和空间上的限制，用户可以随时随地进行支付活动；另一方面，用户可以随时查询每一笔移动支付的款项，便于管理资金。安全性高：相比较于传统的支付方式，选择移动支付时资金不会丢失，也不易被盗窃。综合性强：伴随着各类互联网平台的发展，用户在衣食住行的方方面面都可以运用移动支付，如可以进行网上购物与线上缴纳水电费等。

在全球大背景下，截至 2018 年年底，全球近一半人口接入移动互联网服务，2018 年移动技术和服务占全球 GDP 的 4.6%，创造了 3.9 万亿美元的经济增加值。此外，移动生态系统直接或者间接地支持了 3200 万就业岗位。

从国内市场来看，我国移动支付的用户规模处于较高水平。根据公开资料，2018 年我国手机网络支付用户规模达到 5.83 亿，年增长率 10.7%，截至 2020 年 3 月这一数值高达 7.65 亿。此外，我国手机网络支付的使用率也处于较高水平。2019 年上半年中国手机网络支付使用率为 73.4%，较 2018 年年底增加了 2.0%，而且 2020 年 3 月中国手机网络支付使用率为 85.3%，相较于 2019 年也有较大增长。基于庞大的用户规模与连年上涨的使用率，我国移动支付的交易规模也非常庞大，2018 年我国移动支付交易规模已高达 277.4 万亿元。

拓展阅读 7.2

红包大战

[①] 艾瑞咨询. 中国第三方支付市场数据发布报告[R]. 2020.

(四)数字货币

数字货币是以数字形式存在并基于网络记录价值归属和实现价值转移的货币,IMF 的官方定义为"价值的数字表达"。数字货币的概念范畴十分宽泛,基于区块链的非法定加密数字货币仅是其中一类。数字货币也不是电子货币的替代。从概念范畴来讲,数字货币可分为非法定加密数字货币和法定数字货币两类。其中,非法定加密货币又可一分为二:以比特币为代表的普通加密货币、以 Facebook 公司推出的 Libra 为代表的稳定币;法定数字货币是法币的数字化形式,是基于国家信用且由一国央行直接发行的数字货币,比如我国即将发行的数字货币 DC/EP。

目前,多个国家和地区都在准备自主研发和推行数字货币,其中包括美国、日本、欧盟、印度和加拿大等。数字货币作为一种互联网支付创新的新形式,势必影响未来的支付格局。

拓展阅读 7.3

数字人民币试点

三、互联网支付的案例

(一)支付宝支付

支付宝前身是淘宝的一款担保业务产品,现在属于蚂蚁集团下的一款第三方支付平台产品,它依托于阿里巴巴强大的电商生态系统,综合了多种场景的支付功能,目前在第三方支付市场所占市场份额最大。其发展历程如图 7-5 所示。

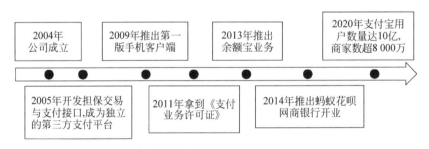

图 7-5 支付宝发展历程

从支付宝的发展历程来看,自 2004 年成立至今,其规模与业务范围不断扩大。公司成立初期的目的是为阿里的电子商务平台提供支付服务,为了吸引用户,推出"你敢用,我敢赔"的承诺。随后,支付宝凭借其可靠的服务于 2011 年获得央行颁发的国内第一张《支付业务许可证》,两年之后的 2013 年其用户数超过 1 亿。支付宝紧接着又推出了余额宝、花呗、借呗等业务,进军互联网金融行业。

支付宝的特点在于它凭借阿里的电商生态系统,融合线上和线下的各种支付场景。目前,支付宝向用户提供便民服务、财富管理、资金往来、购物娱乐、教育公益等功能以及第三方服务。它实现了由信用中介到快捷支付,再到移动支付终端和综合性金融服务商的转变,利用其各种业务,积累了大量的用户消费支付的数据,而后借助大数据分析技术不断优化调整其产品与服务。

(二) 微信支付

微信支付是腾讯旗下第三方支付平台财付通和腾讯公司一起推出的支付产品,凭借微信这一拥有海量流量的社交平台,其下沉市场的优势十分明显。与支付宝不同的是,微信支付更多基于微信社交关系内的各种场景,比如逢年过节亲友间发红包、转账等。微信支付的操作流程也非常简便,只需在微信客户端绑定银行卡即可享受微信提供的安全、快捷、高效的支付服务。

微信支付起步较晚,2013 年微信平台开放了支付功能,但由于微信本身用户的基数大,微信支付很快占据了大量的市场份额。微信支付在发展过程中不断革新,融入新产品与服务。2014 年融合滴滴打车等产品,2015 年春晚微信红包一夜爆火……此外,微信深耕下沉市场,截至 2016 年接入线下门店数超过 30 万家。到 2019 年年末,微信的月活跃用户数量高达 11.5 亿,基于这一庞大的用户群体基数,不难预测在未来的移动支付市场,微信支付仍将占据举足轻重的地位。

微信支付面向商户采取服务商制度,为中小商户提供技术服务、运营支持和资金结算服务;面向普通用户提供金融理财、生活服务、交通出行和购物消费四个模块的服务。

微信支付的特点是依托于微信社交平台,在用户数量、使用时长和用户黏性上遥遥领先于同业竞争对手;作为第三方支付平台,其下沉市场拓展广泛,接入大量中小商户,大大增加了交易规模;平台产品的服务范围也在不断开拓,生态链不断扩张(见图 7-6)。

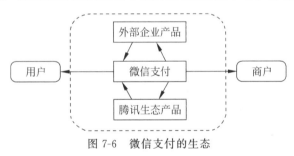

图 7-6 微信支付的生态

在微信支付的生态圈内,可为用户端提供各种支付的场景,满足用户基于社交的资金流动;同时它为大量商户提供了流量接入口,为商户提供各种支持服务时会收取一定的手续费,并且商户数量的增多又会带动个人用户数量的增加;基于庞大的流量平台优势,微信支付不仅聚集了腾讯生态内的视频、游戏与新闻等产品和服务,也融合了大量如京东、美团与58 同城等外部企业的产品与服务,既满足了用户多元化的支付需求,也扩大了其生态范围。

拓展阅读 7.4

央行数字货币的发展历程

【本章小结】

随着技术的发展,互联网经济中的交换流程有了相应的变革:传统市场向网络虚拟市场延伸,人货场被重新定义;电子商务也出现了新兴业态——社交电商;支付体系随着互联网的发展进行了创新——网络银行支付、第三方支付、移动支付和数字货币。未来,互联网经济中的交换流程中还将有更多新鲜的血液注入,更好地为社会大众服务。

【思考题】

1. 互联网经济下的交换环节有什么变革?
2. 现代物流与传统物流有什么不同?
3. 社交电商有什么特点?
4. 社交电商的类别有哪些,各有什么特点?
5. 互联网支付有哪些创新?

【案例分析】

零售行业破局者——盒马生鲜

"新零售"一词是由马云在2016年的阿里云栖大会中提出,马云的话自然是一石激起千层浪,自"新零售"被提出之后,巨头们纷纷展开对新零售的探索。彼时"新零售大战"也在如火如荼的上演,其中备受瞩目的当属阿里新零售的"亲儿子"——盒马鲜生。

2017年,经过内部两年的孵化,阿里巴巴在新零售概念提出不久后正式推出了对线下超市完全重构的新零售业态——盒马鲜生。盒马鲜生是超市,是餐饮店,也是菜市场,但这样的描述似乎又都不准确。消费者可到店购买,也可以在盒马App下单,其可提供快速配送:门店附近3公里范围内,30分钟送货上门。

这是一种"超市+餐饮+电商+物流"的新模式,在这种模式下,消费者可以选择在家用手机App下单,半个小时送货上门;也可以选择到线下门店,现挑现选现烧现吃,这完全颠覆了传统零售行业的"人、货、场"模式。

从"人"的角度来看,线下作为超市,盒马鲜生坚持不收现金,消费者只能用其App买单。这一策略在前期广受诟病,也因此损失了部分客户,但却成功将线下客户引入线上。盒马鲜生通过App不定期将促销活动、新品信息等发送到消费者手机,大大增加了顾客的复购率。

另外,背靠巨头阿里巴巴,盒马鲜生获得了相当大的资源倾斜。阿里巴巴在旗下多个平台设有盒马鲜生的入口,为其进行线上引流,将线上客户又引入线下,将顾客转移到线下实体店进行体验。

从"货"的角度来看,盒马鲜生选择以生鲜作为切入口,一方面,这是一个有着巨大前景的万亿级市场,艾媒咨询数据显示,2019年中国生鲜市场交易规模达2.04万亿元;另一方面,生鲜有着巨大的导流作用,约有75.6%的用户表示在购买生鲜食品的同时也会购买其他的同类产品。

从"场"的角度来说,盒马鲜生的店面由仓储区、堂食区和购物区三部分构成,其面积比例接近1∶1∶1,这也就意味着,盒马鲜生的线下店就相当于一个超市＋餐饮＋仓储＋分拣配送的集合,这种仓储、店面一体化模式不仅节约了人力、物力,提高了效率,还在一定程度上增强了客户体验与线下黏性。

线上线下同时开花,联手天猫也不忘社区团购。2020年,盒马推出社区团购模式,上线"盒马优选",并成功进入湖北、四川、陕西等地,同时,盒马鲜生天猫旗舰店也正式上线,盒马进驻天猫后,也意味着将有机会触达全国7亿多的淘宝用户,线下、线上两手动作也会加快盒马在下沉方面的渗透。

截至2020年3月,盒马全国门店数已经达到220家,一场疫情,推动了盒马鲜生的加速狂奔。据盒马鲜生会员店数据显示,疫情期间,其线上流量是去年同期的2.8倍,线上订单比重从50%增至80%,今年盒马鲜生预计仍将持续扩张。

资料来源:刘深.盒马鲜生、超级物种如何颠覆自己[OL]. https://baijiahao.baidu.com/s? id＝1667939814562930090&wfr＝spider&for＝pc.

根据上述案例内容,思考以下问题:

1. 思考一下,盒马生鲜在"人货场"方面有哪些新的突破?
2. 请仔细分析,盒马生鲜在疫情期间的持续扩张与哪些方面有关。

第八章
互联网经济中的消费

【学习目标】
1. 了解互联网消费的现状与场景；
2. 掌握互联网消费中消费者的社交关系；
3. 掌握互联网消费中消费者的信息获取方式；
4. 了解互联网消费中购买决策的过程；
5. 了解互联网消费行为的特点。

【重要概念】
互联网消费行为　互联网消费空间　互联网消费场景　消费者行为

【开篇导读】

我国互联网消费的"双循环"

商务部数据显示，自2013年起，我国已连续八年成为全球最大的网络零售市场，可见我国互联网消费势头正猛。随着我国以国内大循环为主体、国内国际双循环相互促进的新发展格局逐渐形成，网络消费呈现"量"的增长和"质"的升级的消费"双循环"特征。

国内消费循环方面，闲置商品流转推动着我国国内消费内循环。随着收入的增加，人们对物质的需求从"收否拥有"转向"享受更好"，物品更新换代频率加快，可供人们进行二手交易的存量资源不断增加。另外，循环经济的理念愈发深入人心，"高性价比"的二手商品成为越来越多人购物时的第一选择。在供需两方面的共同推动下，催生出了巨大的二手物品交易市场。根据中国互联网信息中心CNNIC发布的《第47次中国互联网络发展状况统计报告》显示，截至2020年12月，二手电商用户规模已达5266万，闲置品消费成为当下电商消费的新趋势。

国际国内双循环方面，在新一轮消费升级的风口下，跨境网购消费从满足刚需生活的功能性消费，大步迈向提升生活质量的品质化消费。全球新冠"疫情"对全球经济，特别是跨境贸易带来了巨大的冲击。受疫情影响，导致大部分消费者无法走出国门，使跨境购物的线上消费需求暴增，这也使跨境电商的表现逆势上扬。线下消费的停摆进一步催生了消费需求的线上化转移，线上跨境消费呈现出明显的增长势头。商务部数据显示，2020年，我国跨境电商进出口额达1.69亿元，增长31.1%。

资料来源：根据CNNIC《第47次中国互联网络发展状况统计报告》整理.

案例思考：

结合当今互联网消费现状，思考互联网如何影响消费者的消费决策和消费行为？

随着信息交互系统、支付体系、物流网络等服务进一步完善，消费者真正意义上享受到了网购的便捷，互联网购物已经成为一种消费习惯。本章将重点介绍互联网消费的场景、互联网消费过程中消费者间的联系、消费信息获取渠道、消费者决策行为和特点。

第一节　互联网消费概述

一、互联网消费现状

（一）互联网消费已成为习惯

电子商务萌芽于20世纪与21世纪交汇之时，当时互联网尚未普及，物流网络也不够发达，互联网购物也只是少数人兴致使然的体验。伴随着互联网十余年的发展与普及，信息交互系统、支付体系、物流网络等保障消费者网购体验的服务也进一步完善，使得消费者真正意义上享受到了网购的便捷。互联网消费也从试探性的尝试变成一种消费习惯。截至2020年6月，我国互联网购物用户规模已达7.49亿[①]。自2013年起，我国已连续七年成为全球最大的互联网零售市场。2020年上半年，我国网上零售额达51 501亿元，其中实物商品网上零售额达43 481亿元，高于社会消费品零售总额同比增速25.7个百分点，占社会消费品零售总额比重的25.2%[②]。

（二）信任是影响消费者购买决策的重要因素

无论是线上消费还是线下消费，信任都是消费行为发生的认知基础。消费者在进行互联网购物决策时，商品的质量、是否是正品是他们首要考虑的因素，平台的信誉以及消费者对平台的信赖度则是他们第二考虑的因素。可见，随着电商平台品质和体验的提升，消费者对电商平台的信赖度也有所提升，而消费者对平台的信任度也会影响消费者对平台入驻品牌的信任度，入驻有信誉的电商平台也成为企业提升形象、获得销量的重要渠道。

（三）营销热点的创造与参与

营销是指企业发现或瞄准消费者需求，让消费者了解该产品进而购买该产品的过程。为了促进产品或服务的消费，商家或平台会制造与产品或服务相关的热点话题吸引媒体和社会公众的兴趣和注意，凭借媒体和舆论的力量以达到提高社会知名度并通过诱导性的营销术语和营造的社交群体动力激发消费者购买行为的目的。作为互联网营销热点的重要代表之一，诸如京东"618"、淘宝"双十一"等网络购物节不仅有效地刺激了消费者的购买行为，

[①] 数据来源：CNNIC《第46次中国互联网络发展状况统计报告》。
[②] 数据来源：国家统计局。

而且还进一步深化了互联网消费文化。

二、互联网消费场景

（一）互联网消费的空间

消费空间一般是指给居民平日的消费行为供应的各类场所、空间，是关联产品和服务的生产者与消费者的桥梁。消费空间由消费行为和消费者所塑造，属于一种特定的公共生活空间，其特定性由消费所构建的人们的社会身份和社会关系来确定。消费空间层次结构不仅依赖于经济法则，而且受消费行为及社会经济属性的影响。消费空间包括商业空间、休闲空间和互联网消费空间，是所有产生消费活动的空间的总称。

基于网络构建的，用于在网络虚拟环境中进行商品或服务交易行为的空间，即为互联网消费空间。也就是说，互联网消费空间是网络空间被赋予交易消费功能的一种特殊形态，是消费空间以互联网为介质所构建的交易场所。互联网消费空间是一个多维复杂的消费空间，其压缩了地理空间，并整合了关系性社会空间、线路空间、资料空间等。与基于实体消费场所的商业消费空间不同，互联网消费空间不具备实体消费场所，商品或服务的交易行为往往发生于搭建在各电商平台上的虚拟店铺中。互联网消费空间的产生使得商品信息的获取、与商家的议价、产品或服务的购买、消费体验后的反馈等一系列消费相关的活动都将不受限于真实地理空间的间隔，也不再依赖于某一个真实存在的购物场所，消费者只需要借助电脑或手机登录交易网络，跨时空交易行为就可以发生。

随着互联网对人们日常生活各个层次的渗透，互联网消费作为一种全新的消费模式开始逐渐融入城市消费者的日常消费中，作为传统消费模式的补充，互联网消费在一定程度上改变了传统的消费模式并构建了一种新的生活方式，重塑了人们的消费经验和消费观念。传统实体店购物的地理区位空间也转变为虚实结合的关系，这使得消费者在消费过程中更加灵活：消费者在线下体验产品并在线上下单，也可以在线上浏览产品或服务信息并在线下消费。网络技术的进步则使得消费者能获取的产品服务信息形态从文字向图片、视频乃至虚拟现实的方向发展。

（二）互联网消费场景的特点

1. 数字化

目前，数字化已成为全球消费市场的发展主流，数字化已渗透至全球消费市场的各个细分环节。其中，消费场景全线升级，网络购物、流媒体视频、移动游戏、在线旅游、在线教育等纷纷涌现，数字化趋势显著。2018年全球电子商务销售总额较2017年增长8%，达25.6万亿美元，全球"网购"人数达14.5亿。截至2020年，中国移动电商用户规模达到7.2亿人。在游戏市场上，AR游戏日渐受到广大玩家喜爱，2019年，《精灵宝可梦GO》年收入达14亿美元，并且又推出了《哈利·波特：巫师联盟》和《我的世界：地球》等多款AR游戏以满足日益增多的市场需求。2019年全球移动游戏收入达640亿美元，占全球游戏总收入的一半以上，比2018年同比增长13.3%。可见，数字化无疑将是全球消费场景在新时代最重要的发展趋势。

2. 实时化

随着生活和工作节奏的加快,人们越来越渴求利用碎片化的时间随时随地进行消费,精神和物质的消费需求加大,促进了电商平台、流媒体视频、数字音乐等新商业形式的崛起。近年来,随着智能手机、平板等移动终端的普及,在线观看视频受到越来越多的用户青睐。根据 StreamElements 和 Armatal.gg 的年度流媒体报告,2019 年 Mixer 的流媒体内容观看小时数增长了 149%。观众在该平台上总共观看了 3.537 亿小时的视频,高于 2018 年的 1.422 亿小时。同时,Media Partners Asia(MPA)分析指出,由于订阅费的增加,中国在线视频收入将每年增长 14%,并在 2024 年达到 700 亿美元;中国在线平台收入占总收入的份额将从 2019 年的 29% 扩大到 2024 年的 44%。此外,在音乐市场,消费者可以通过互联网,从设置在各地的服务器查询并下载最新排行榜冠军曲目,及时聆听最新歌曲。在电商领域,产品种类实时更新以满足消费者的最新需求。

3. 移动化

移动电商正在不断塑造消费者参与的格局。移动市场历经过去几年的发展已经日益成熟。移动电商的日益流行是因为购物者希望不需要通过电脑就能完成交易,他们想要触手可及的便利。而通过移动设备,购物者现在可以随时随地浏览、研究和购买产品。

移动游戏的强势崛起是近年来游戏市场的主要趋势之一。2014 年,移动游戏首次超过家庭主机游戏及 PC 和 Mac 游戏,成为用户支出最多的游戏类别。目前,移动端游戏消费支出指数持续遥遥领先于 PC 和 Mac、家用游戏机和掌上游戏机。2016 年,移动游戏的市场占有率还是小于 10%,如今已迅速在全球范围内占据前沿和核心地位,移动视频市场发展迅猛。

电脑、手机等智能设备的普及为移动视频平台带来了海量的用户,其便携性、智能化与社交场景的融合满足了用户个性化的需求以及碎片化的时间安排。近年来,移动视频市场逐渐分化,出现了综合性长视频、聚合视频、垂直视频、网络电视、移动短视频等细分领域。其中,门槛低、时长短、碎片化和易传播的短视频受到用户的追捧。国外的 YouTube、Snapchat 短视频平台,以及国内的快手、抖音等都积累了大量的用户群体,备受"Z 世代"①追捧。

4. 社交化

越来越多人会选择在社媒平台上购物。随着社交购物功能的改善,社媒平台不再仅仅是一个广告渠道,人们现在可以方便快捷地在自己选择的社媒平台上购买商品。Instagram、Twitter、Pinterest、Facebook 和 YouTube 等社媒渠道已经纷纷推出了"buy"(购买)按钮,并显著改善了他们的社交销售功能。以 Instagram 为例,推出了"shoppable post"(可购物帖子)功能,并允许企业在帖子中贴上产品标签,以及在 Stories(短视频)中使用产品贴纸。

音乐流媒体与社交媒体平台的融合以及社交电视的出现是文化市场社交化趋势的典型代表。融媒体时代的到来已势不可挡,音乐产业在此背景下找到了连接音乐人、乐迷与音乐的最新方式。流媒体音乐平台中原创音乐人的作品更加高效地被分享,乐迷可随时随地分享对音乐作品的感受,很大程度上依赖于社交媒体自身的特点——坚实的用户黏性和高效

---

① 指 1995—2009 年间出生的一代人。

的人际传播。据统计,2019 年 Amazon Music Unlimited 在全球范围内的订阅付费客户已超过 5500 万,Apple Music 宣布其订阅人数已超过 6000 万,Spotify 则拥有不低于 1.15 亿订阅者。而社交电视则是将电视与媒体的特性结合,使用户在观看节目的过程中通过社交媒体在线互动,围绕节目内容形成特定的情景和社交群体,通过分享和参与,构建共同的认知,为用户提供了丰富的信息和互动性的观看体验。

第二节　消费者联系及获取信息渠道

一、互联网消费中的消费者联系

一般而言,人际关系网络可以分为强关系和弱关系两种。其中,社会网络同质性强的人之间存在强关系,这些人交往的人群、从事的工作、掌握的信息趋同,并且人与人的关系紧密,有很强的情感因素维系着人际关系。反之,社会网络异质性较强,关系不紧密也没有太多的感情维系的人之间存在弱关系。关系的强弱决定了个人获得信息的性质以及个人达到其行动目的的可能性。

依据掌握信息的同质性程度和双方情感关系的紧密程度两个维度,可以把社交应用中的各类联系人划分成强关系社交圈子、半强关系社交圈子和弱关系社交圈子,如图 8-1 所示。

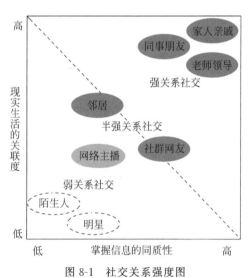

图 8-1　社交关系强度图

(一)强关系社交

强关系社交也称熟人社交,熟人社交中人与人之间的关系因为曾经或当下的强连接变得密切。这种连接可能源于家庭、学校、工作等。由于熟人社交对信任和关系的强调,所以在消费场景中,熟人推荐的商品更容易被消费者所信任,同时,碍于熟人关系的人情世故,消费者往往会顾及情面而消费熟人所推荐的商品。

(二) 半强关系社交

社群社交和社区社交,都属于半强关系社交。社群或是社区,二者在英文中并没有明确的区分,均为"community"。在定义上,"community"也存在两种定义方式:一是指生活与同一地区的人所组成的特定群体,二是指具有共同意识和认同感的人所组成的特定群体。结合网络经济的运行场景,本书将对社群社交和社区社交进行更明确的区分。

1. 社群社交

社群即指由一群具有共同意识和认同感,即拥有相同国籍、身份、宗教信仰或兴趣爱好的人所组成的特定群体及其构建的制度或生活方式。社群具备情感性、社会性和功能性。首先,社群的创立基于人与人之间的共同意识和认同感,共同的情感认同是社群存在并运行相关活动的基础。其次,社群是一个有机的社会实体,既包括一定数量和质量的人,又包括这些人形成的社会群体、社会组织,以及他们的多种生活和社会关系。最后,从功能上看,社群所管理的内容具有全局性,所以还具有组织经济、政治和文化活动、实施社会管理、促进社会整合等多重功能。

人与人之间因为共同的情感认同而产生交集,因为共同的兴趣爱好、身份认同而产生交集。在同一社群中,人和人之间的社交并不一定基于临近的地理位置,相同的情感以及情感所引申出的相关活动就能将社群中的个体联系。受限于地理位置以及社群内人与人之间的沟通并非日常生活所必需,所以人与人之间的社交关系强度中等,属于半强关系社交。由于这种半强关系社交主要以意识和认同感为联系,所以具备营造兴趣生活消费场景的能力。

2. 社区社交

社区即生活于同一地域内的相互关联、相互交往的人群所形成的具有共同生活特征的相对独立的地域性社会。社区具备地域性、社会性和功能性的特点。在地域层面,社区是以地域为载体的居民生活的基本单元。一定的居住地是进行日常生活和社区生活的基本场所,是社区最基本的物质基础。社区的社会性与功能性与社群的社会性与功能性几乎一致,故在此不再赘述。

人与人之间因为居住在同一社区而产生交集,因为共同的生活事务而产生联系。在同一社区中,人和人之间的社交并不一定基于共同的兴趣爱好,日常的"衣食住行"就足以将社区中的各个个体相联系。但在社区中,绝大多数人与人之间的社交关系强度属于中等,属于半强关系社交。由于这种半强关系社交主要以日常生活为联系,因此具备较强的对日常生活消费场景营造的能力。

(三) 弱关系社交

弱关系,即社交网之外或处于边缘位置的人,这些人是在生活中完全没有联系或交集的陌生人,但因为某些线下或线上活动而产生单次或多次联系。弱关系的真正意义是通过共同的体验或场景把不同社交圈子连接起来,这种连接主要由个体或群体主导的网络公共事务所引发。目前,以网红、关键意见领袖、明星所主导的短视频电商、直播电商所营造的购物场景就是典型的弱关系社交场景。

二、消费者信息获取渠道

（一）主动搜索

随着互联网的普及和发展，对互联网消费者而言，借助网络获取信息、选择商品、制订费计划已经成为一种习惯。其中，搜索引擎是消费者信息获取和传播的重要渠道之一。除了通过搜索引擎获取产品服务信息，购物平台、社交平台等也是消费者信息获取和传播的重要渠道。消费者可以通过这些平台进一步获取由商家或其他消费者发布的产品与服务相关信息，并且与商家和消费者进行购物交流。

（二）熟人推荐

顾名思义，熟人推荐即为与消费者相熟的人进行的消费信息推荐。以微信为例，作为强关系社交的代表，微信朋友圈里的好友都必须先通过认证，因此几乎都是熟人。在微信中，个体一方面是购买者，是宣传的对象，同时也可以是经销商，起到宣传或者反馈产品使用效果的作用。通过熟人推荐转发，可以形成很大的推广效应，组成熟人圈的推广网络。因为都是熟人的推荐，在可信度上一般都会比普通网店要高，加之熟人推荐中包含了一定的人情消费，所以消费者可能会因为盛情难却而去购买至少一种商品。

（三）广告营销

基于 PC 端的网络广告营销形式丰富，包括 Banner、窗口弹出、E-mail、超链接等。移动互联网营销则结合了传统手机营销和互联网广告的特点和优势，筛选出适合自身发展的内容，形成了具有自身特色的、更具商业价值的广告营销形式。这种基于移动互联网的广告营销通过智能移动终端，将广告营销信息以多种媒体形态精准分发给目标用户，以达到推广产品、活动或服务的目的。除了平台推送，消费者也可以通过搜索主动获取相关信息，这种交互性营销形式使得广告主的信息能够在更大程度上传递给目标受众。

（四）平台推送

目前，基于大数据和算法，平台可以根据消费者的个人基础信息和平台使用行为将消费者需要或是感兴趣的内容推送给消费者。其中，协同过滤算法是使用最广泛的算法之一。

协同过滤算法的基本思路是：计算兴趣爱好的相似程度，把东西推荐给"臭味相投"的人。常见的协同过滤算法有两种，一种是基于用户的（user-based），即计算用户之间的相似性，如果 A 和 B 的兴趣相近，那么 A 喜欢的电影，B 也很有可能喜欢，另一种是基于物品的（item-based），即计算物品之间的相似性，如果电影 C 和电影 D 很相似，那么喜欢电影 C 的人，可能也会喜欢电影 D。

基于物品的协同过滤算法被广泛使用于各类推荐系统中，包括亚马逊的商品推荐系统。今日头条算法中的一个主要部分是协同过滤。

第三节 消费者的消费行为和特点

一、消费者购买决策过程

互联网消费者的消费流程,也就是互联网消费者购买行为形成和实现的过程。这一过程不是简单地表现为买或不买,而是一个较为复杂的过程。与传统的消费者购买行为相类似,互联网消费者的购买行为早在实际购买之前就已经开始,并且延长到实际购买后的一段时间,有时甚至是一个较长的时期。从酝酿购买开始到购买后的一段时间,互联网消费者的购买过程可以粗略地分为五个阶段:需求唤起、信息收集、心理认知、购买决策和购买评价。

(一)需求唤起

网络购买过程的起点是诱发需求。消费者的需求是在内外因素的刺激下产生的。当消费者对市场中出现的某种商品或某种服务产生兴趣后,才可能产生购买欲望。这是消费者做出消费决定过程中不可缺少的基本前提。如不具备这一基本前提,消费者也就无从做出购买决定。

在传统的购物过程中,需求唤起的动因是多方面的。人体内部的刺激,如饥饿、口渴的刺激,可以引发对食物、饮料的需求。外部的刺激也可以成为"触发诱因",如看到同事穿了一件新西服,感到非常得体、潇洒,手感也非常好,因而产生了自己也要买一件的想法。但对于网络营销来说,需求唤起的动因只能局限于视觉和听觉。文字的表述、图片的设计、视频内容的布局都是网络营销诱发消费者购买的直接动因。从这方面讲,网络营销对消费者的吸引具有相当的难度。这就要求从事网络营销的企业或中间商注意了解与自己产品有关的实际需求和潜在需求,了解这些需求在不同时间的不同程度,了解这些需求是由哪些刺激因素诱发的,进而巧妙地设计促销手段去吸引更多的消费者浏览网页,诱导他们的需求欲望。但从另一角度来看,大数据算法的成熟则有助于网络营销内容更精准地送达到消费者,使得消费者获得的产品或服务信息都是他们有需求或是感兴趣的,从而更有效地唤起需求。

(二)信息收集

当需求被唤起之后,每一个消费者都希望自己的需求能得到满足。因此,收集信息,了解行情,成为消费者购买过程中的第二个环节。这个环节的作用就是收集商品的有关资料,为下一步的比较选择奠定基础。

在购买过程中,收集信息的渠道主要有两个:内部渠道和外部渠道。内部渠道是指消费者个人所储存、保留的市场信息,包括购买商品的实际经验、对市场的观察以及个人购买活动的记忆等;外部渠道则是指消费者可以从外界收集信息的通道,包括个人渠道、商业渠道和公共渠道等。

个人渠道主要提供来自消费者的亲戚、朋友和同事的购买体会。这种信息和体会在某种情况下对购买者的购买决策起着决定性的作用。网络营销绝不可忽视这一渠道的作用。在没有实物作为信息载体的情况下,人们对于网上商品的质量、服务的评价主要是通过语言和电子邮件传递的。这种传递的范围可能是小范围的，如一个家庭、一个单位；也可能是很大范围的，如一个地区、一个国家或者是全世界。因此，对一件好的商品，一次成功的销售可能带来若干新的顾客；对一件劣质产品，一次失败的销售可能使销售商几个月甚至几年不得翻身。

商业渠道，如展览推销、上门推销、中介推销、各类广告宣传等，主要是通过厂商有意识的活动把商品信息传播给消费者。网络营销的信息传递主要依靠网络广告和检索系统中的产品介绍，包括在信息服务商网页上所做的广告、中介商检索系统上的条目以及自己主页上的广告和产品介绍。

一般来说，在传统的购买过程中，消费者的信息收集大都是被动进行的。往往是看到别人买什么，自己再去注意；或者是看到了广告才注意到某种商品。与传统购买时信息的收集不同，网络购买的信息收集带有较大的主动性。在网络购买过程中，商品信息的收集主要是通过互联网网进行的。一方面，互联网消费者可以根据已经了解的信息，通过互联网跟踪查询；另一方面，互联网消费者又不断地在网上浏览，寻找新的购买机会。由于消费层次的不同，互联网消费者大都具有敏锐的购买意识。

（三）心理认知

产品相关的信息将有助于消费者建立起对产品的认知，消费者对产品的认知也为其关于产品的情感建立打下了基础。此外，信息的传递降低了消费的不确定性，有助于信任感的建立。

消费者获取的商品层面信息包括产品性能、产品价格和产品品牌。在性能方面，通过在互联网上搜索信息、观看商品推荐内容等，消费者能够获得关于产品的功能性、耐用性、易用性、场景性、符号性等信息。这些产品性能方面的信息有助于构建消费者对产品的认知，即产品是否实用，是否耐用、是否易用，在什么场景下可以使用，产品具备什么符号象征意义等。在价格方面，消费者通过数字感知商品价格的高低。产品价格高低在一定程度上影响着消费者的购买能力和购买意愿。在有能力购买产品的情况下，消费者对产品价格的认知则通过影响消费者购买动机的形式影响消费行为。例如，某一产品的价格是全网最低价，那么消费者极有可能出于省钱的目的而购买该产品，并极有可能因为低价而产生冲动消费。产品品牌则可以唤起消费者对该品牌产品的固有印象，消费者会出于对品牌产品质量的信任，或是对品牌宣扬的符号价值的认同而选择购买产品。

除了产品本身所蕴含的价值，网络上向消费者推荐产品的推荐者也会为产品附加价值，影响消费者对产品的认知，进一步影响消费者的购买决策。例如，在网络直播中的主播，电商直播主播群体主要由网红、关键意见领袖（KOL）、电商店主、产地或供应链合作方、海外代购等构成。这些人虽身份各异，但在网络直播带货过程中作为连接消费者和商品的中间方，具备很强的影响消费者购买行为的能力。第一，网络主播通过向消费者介绍产品，帮助消费者更有效地构建对产品的认知。第二，网络主播可以通过构建人设、营造直播氛围，吸引和该人设价值观相似的消费群体并为消费者构建更加愉悦有趣的购买氛围。消费者很可能出于对某一主播的信任而去关注和了解其推荐的产品，主播和商品所传递的与消费者近似的符号价值观则进一步促使消费者购买行为的发生。同时，消费者也可能因为直播内容感受到的愉悦放松而将这种感受归结于主播推荐的产品，对产品的关注和消费成为消费者快感重现的手段。第三,网络主播也在一定程度上为商品进行了背书。消费者出于对主播介绍产品的认知、主播品格及专业度的信任,从而信任产品是值得购买的。而一旦产品质量出现问题,网络主播将承担被消费者追责和"掉粉"的风险。因此,在推荐某产品之前,网络主播往往会深入了解产品,为消费者提供高质低价的产品,以获取消费者的信任。

此外,消费群体间的互动也有助于消费者心理认知的建构。这是因为个体经济行为将受到社会其他个体行为的影响(Dupor 和 Liu,2003)。在网络环境中,消费个体间通过网络实现了零距离的实时沟通,在互动过程中,消费者往往处于与他人沟通交流的舒适与自在的情境中。消费者间分享的内容往往是关于某产品的购物行为和使用评价,以及关于购物行为和体验的分享。Wendner(2011)指出,在网络环境中,消费者会通过互动、模仿参照群体消费行为(behavior of peer or reference groups)的方式获得社会认同。而对同一产品有消费兴趣的消费者往往处于同一圈层,这些消费者之间的社会互动更容易产生人与人之间的信任感以及消费的示范效应,引发消费者的信任购物或模仿购物行为。此外,消费者群体对产品的网络口碑也会在一定程度上影响其他消费者对产品功能和质量的认知从而影响他们的购买行为。

(四)购买决策

互联网消费者在完成了对商品的比较选择之后,便进入到购买决策阶段。网络购买决策是指互联网消费者在购买动机的支配下,从两件或两件以上的商品中选择一件满意商品的过程。购买决策是互联网消费者购买活动中最主要的组成部分,它基本上反映了互联网消费者的购买行为。

在以搜索信息为主,社交、限时购买等因素干扰较小的网络环境下,网络购买者理智动机所占的比重较大,而情感动机所占的比重较小。这是因为消费者在网上寻找商品的过程本身就是一个思考的过程。消费者有足够的时间仔细分析商品的性能、质量、价格和外观,也可以在比价平台上货比三家,从而做出更符合自己利益的选择。而一旦社交、限时购买等因素对购买过程干扰足够大,在有限的时间内,消费者不会有足够的时间和精力去进行信息搜索,情感动机大于理智动机,冲动消费就此发生。以网红或 KOL 主播向消费者推荐限时限量低价商品或服务的直播电商模式能很好地引导消费者的冲动消费行为。一方面,直播电商以电商主播为中心建立了直播间内的社交互动环境,消费群体内部的互动有利于形成消费的示范与模仿效应,即消费者在进行购买决策时将参考他人的消费行为,并出于社会性目的(如使自己更能融入某一群体)而模仿某一群体的消费行为。另一方面,直播电商通过平台以及电商主播赢得了消费者的信任。出于信任,消费者更容易相信直播间放出的商品或服务是物美价廉的,从而主动跳过搜索产品信息、货比三家的过程,直接购买直播间中的商品或服务。

虽然消费者的购买决策因消费场景的不同而呈现出理性消费与冲动消费并存的局面,但消费者在网上购买某种商品时,下述三个条件是必须具备的:第一,对商家和平台有信任感;第二,对支付有安全感;第三,对产品有好感。因此,无论产品或服务的销售形式如何,树立企业形象,改进货款支付办法和商品邮寄办法,全面提高产品质量,是每一个参与网络营销的厂商必须重点抓好的三项工作。这三项工作抓好了,才能促使消费者毫不犹豫地做出购买决策。

（五）购买评价

消费者购买商品后，往往会通过使用对自己的购买选择进行检验和反省，重新考虑这种购买行为是否正确、使用是否理想，以及服务是否周到等问题。这种购买评价往往决定了消费者今后的购买动向。

消费者在购买和试用某种产品后，若感到满意或很满意，他们就会重复购买这种产品，并且会向他人推荐产品。反之，消费者在购买或试用某种产品后若感到不满意或很不满意，他们以后就不会再去购买这种产品，而且会发布负面口碑信息，不推荐他人购买产品。所以商界中流传着这样一句话："满意的顾客就是我们最好的广告。"在这里，"满意"的标准是产品的价格、质量和服务与消费者预期的符合程度。产品的价格、质量和服务与消费者的预期相匹配，消费者会感到心理上的满足，否则，就会产生厌烦心理。购买评价为消费者发泄内心不满提供了一条非常好的渠道。

为了提高企业的竞争力，最大限度地占领市场，企业必须虚心倾听顾客反馈的意见和建议。互联网为网络营销者收集消费者购买评价提供了得天独厚的优势。方便、快捷、便宜的电子邮件紧紧连接着厂商和消费者。厂商可以在订单的后边附上一张意见表。消费者购买商品的同时，就可以同时填写自己对厂商、产品及整个销售过程的评价。厂商从网络上收集到这些评价之后，通过计算机的分析、归纳，可以迅速找出工作中的缺陷和不足，能够及时了解到消费者的意见和建议，从而及时改进自己的产品性能和售后服务。

二、互联网消费行为特点

作为一种依托互联网的消费方式，网上消费已成为人们日常生活中的一种重要购物渠道。与传统消费渠道相比，互联网消费渠道优化了消费实现条件，提升了商品流通效率，从而降低了商品销售价格和消费者实现消费的成本，便于消费者对消费支出的决策以及在两种消费渠道之间进行选择。在现实中，居民消费不仅存在从传统渠道向网络渠道结构性转移的"替代效应"，而且存在消费成本降低和实际购买力增加促进消费增加的"收入效应"。因此，互联网经济环境提高了消费者在既定收入水平下的消费倾向，在总体上促进了居民消费的增长，而且同步改变了消费者的消费习惯。

（一）消费主动性增强

在传统的消费环境下，由于多种因素的限制，消费者往往比较被动，而且在沟通上通常是单向的。但是在互联网环境下，消费群体的沟通潜能被激发，他们通过双向沟通来获取更多有用的消费信息，在沟通过程中消费的主动性也得到增强。

在许多大额和高档消费（如电子产品、不动产）中，消费者潜意识中的风险感知能力上升，往往需要主动通过各种能够利用的渠道获取与商品有关的信息进行分析比较，最后进行理性的选择。互联网经济中大量相关的信息能够降低信息的不对称性，与传统经济中的信息相比进一步满足了消费者对信息渠道的需求。即使消费者做出的分析比较以及最终决策不一定是最优的，但获取尽可能多的决策信息能使消费者从心理学角度减轻风险感或购买后产生的后悔感，增加对产品的信任程度以及满足感。由大额和高档消费形成的这些购物习惯,会推及至一般产品的消费,尤其是对价格敏感的消费者,其消费的主动性将大大提高。

以朋友聚餐为例,在确定聚餐需求后,消费者往往会在确定的聚餐地点附近搜索店铺,网络会显示店铺的特色菜、环境、具体地理位置、周边信息等,还可以根据自己的需求主动让网友推荐适合的店铺,做出最终决策。在享受聚餐过后,还可以主动对商家和菜品进行综合评价,表达自己的主观消费体验。可以说,互联网环境下的消费者具有强烈的参与意识,他们渴望并且愿意积极地参与到企业推出商品的各个环节,希望能够同企业形成双向的互动,所以互联网经济大大增强了消费主动性。

(二)追求个性化消费

互联网增加了产品差异性,最大限度满足了消费者个性化需求。在传统消费环境中,标准的工业化生产在降低生产成本的同时,也使消费者得到了同质化的产品,在追求个性化的时代并不能充分满足消费者的需求。互联网经济能实现点对点生产消费,提供定制生产、个性化产品和服务。

从需求方来看,互联网提供了更大的选择平台。相比于传统经济环境,消费者有更多的渠道实现个性化消费,他们的个性化诉求能够在互联网上得以传达至多数商家,并在大量商家中选择能够满足个性化消费的商家进行消费,满足自己的个性化需求。比如,消费者能够在互联网上搜索到大量的明星周边产品个性化供应商,定制明星的相册、抱枕、徽章、手机壳、手环、挂坠等。有些商家已经形成完善的明星周边产品产业链运营,消费者能够购买到属于自己的独一无二的个性化产品。

此外,在互联网经济下,厂商可以通过大数据分析,生产满足不同消费者需求的产品,增加商家销售产品和服务的精准性。在传统生产中,这种个性化产品仅仅基于互联网可以帮卖家连接到小众市场,对小众市场进行"批量"生产,并不能精确到个人。而在面对边际成本为零的产品时,则可以实现个人的定制化。

(三)追求多元化消费

消费的多元化主要体现在三个方面。一是消费品类多元化。消费者通过互联网购买的商品不仅有物质产品也有精神产品或服务。消费者购买的商品或服务包括了日用百货、数码产品、化妆品、食品、书籍、珠宝配饰、母婴用品、火车或飞机票等。互联网电商平台中售卖的商品不仅可以满足消费者的日常所需,也可以满足其精神娱乐消费的需求。二是消费场景多元化。消费场景的多元化使得互联网消费并不局限于通过互联网了解并购买商品。互联网消费可以由线上渗透到线下,也可以由线下延伸到线上,消费者可以在线上"关注"商品或服务,并在线下完成消费体验,也可以在线下逛街购物的过程中通过互联网了解某品牌更多的商品信息,或者进行比价等。三是支付方式多元化,互联网消费支持的支付方式包括但不限于货到付款、信用卡支付、在线支付、银行电汇及邮政汇款,消费者可以根据自身情况或是商家的要求,选择合适的方式进行支付。

(四)追求便捷性消费

在传统市场环境中,商品的出售主要以实体店陈列的方式为主,消费者在购买商品时需要花费大量的时间和精力来寻找所需的物品,而且随着生活节奏的加快,大街小巷充斥着忙碌的身影，大多消费者没有太多的时间出门到实体店去消费，在这种矛盾的冲击下，愈发激发了消费者寻求便捷性消费的欲望，而互联网环境下的消费正好迎合了消费者的这个心理需求。在互联网消费模式下，消费者不需要出门，只需要借助互联网，动一下鼠标和键盘就能完成商品的购买，并且通过快递在足不出户的情况下就能拿到自己所购买的物品。而且在互联网上，消费者能够借助各种搜索引擎更加方便、快速的寻找到所需的商品，为消费者节约了大量的时间成本和精力成本。因此，便捷性已经成为了消费者在消费过程中重要的参考因素。

（五）更加注重价值和信息

随着互联网在生活中各个领域的渗透以及市场为消费者提供可供选择的商品的增多，消费者在通过互联网消费时更加注重所购商品的自身价值以及相应的信息，而不是盲目的消费。互联网的出现为消费者提供了更多了解商家所提供的众多商品的详细信息的渠道，而不像以往传统市场环境下，消费者只是单纯被动地接受商家所传达的商品信息。了解商品的渠道越多，就意味着消费者获取的信息越多，在获取信息后，消费者就可以做出综合性的分析比对，找出性价比更高的、更适合自己的消费品，在消费过程中购买到物有所值甚至是物超所值的商品。

（六）冲动消费

冲动消费是指个体在特定情境刺激中体验到突然而强烈的立即消费驱力，在未仔细考虑后果的情况下采取行动，且能从消费行为中立即获得满足（Zhou & Sengupta,2006）。虚拟在线情境在一定程度上为互联网消费过程提供了虚拟的社会性氛围，网络商店的社会属性可以通过顾客评价、在线客服、热卖推荐、同时在线人数显示等形式得以体现。在网络虚拟社区中，消费者对网络的感知经验、网络参与程度以及规范性从众心理都是促成网络冲动消费的重要因素，在互联网消费情境中消费者这些从众行为通常表现为消费者对商品销售数量、好评度、社区讨论等信息的参考和心理依赖。同时，当消费者处于虚拟社区时，社区成员的经验交流、处于虚拟社区所带来的归属感等因素也会促进从众心理的形成，使消费者产生相应的规范性从众心理和信息性从众心理（陈步青,2017）。

拓展阅读 8.1

网络外卖的兴起与发展

【本章小结】

互联网消费空间的产生使得商品信息的获取、与商家的议价、产品或服务的购买、消费体验后的反馈等一系列消费相关的活动都将不受限于真实地理空间的间隔，也不再依赖于某一个真实存在的购物场所。在互联网经济中，消费者的消费主动性有所增强，并开始追求个性化、多元化、便捷性消费。消费者在注重价值和信息的同时，冲动性消费行为也有所增加。

【思考题】

1. 互联网消费环境与实体商店消费环境之间有哪些相似或不同之处？
2. 互联网消费中的消费者关系有哪些？
3. 消费者获得消费信息的渠道有哪些？
4. 简述消费者的互联网消费决策过程。
5. 简述互联网消费的特点。

【案例分析】

电商类短视频对消费决策的影响

面对日益严峻的市场竞争，电商平台和商家纷纷致力于优化商品展示页面，试图通过更加全面快速准确的商品信息展示来提升消费者体验，短视频作为近年来发展最为迅速的内容营销形态，已成为除文字描述、图片展示之外信息传播的主要方式。

与传统电商相比，短视频电商在刺激消费者消费方面的优势明显。传统电商平台将消费者假设为理性购物者，使用大量的数据图片来展示商品，供人们搜索、选择、比较。然而，这样的购物过程是缺乏乐趣的，而短视频电商弥补了大型购物平台的这种不足，视频化的内容呈现形式使得商品变得更加形象具体，社交短视频的强互动性不仅有助于消费者深入了解商品，而且拉近了消费者与网络主播的距离。同时，短视频购物让消费者掌握了更多自主选择权，他们可以根据内容选择是否接触商品信息，观看视频的时间、地点和形式也更自由，同时，也可以选择性地和商家和同样观看了短视频的用户互动。

在消费过程中，消费者往往出于获取信息、购买低价商品以及进行社交娱乐消遣等目的观看电商类短视频。同时，电商短视频则通过向观众传递产品层面、网络主播层面以及消费群体等层面的信息，促使观众对产品、主播和同样观看了短视频的群体产生一定的认知，从而达成其传递商品信息、构建信任关系以及营造情感氛围的目的，而观众在观看短视频过程中消费者建立的对产品的认知、建立的信任关系以及感知的情绪使得消费者对产品的兴趣和好奇转为对产品搜索、产品购买、产品分享以及产品评价等行为。

电商短视频模式中存在三个主要层面，分别为产品、网络主播和消费群体：

- 产品层面

消费者通过短视频可以获取的商品层面的信息包括产品性能、产品价格和产品品牌。消费者通过短视频中能够了解产品功能性、耐用性、易用性、场景性、符号性等信息。消费者对产品性能的认知将在一定程度上影响消费者的购买行为。在价格方面，消费者对产品价格的认知则以影响消费者购买动机的方式影响消费行为，如果某一产品的价格是全网最低价，那么消费者极有可能出于省钱的目的而购买该产品，产生冲动消费。产品品牌则可以唤起消费者对该品牌产品的固有印象，消费者出于对品牌产品质量的信任，或是对品牌宣扬的符号价值的认同而选择购买产品。

- 网络主播层面

目前，从事短视频电商的主播主要身份为网红或关键意见领袖（KOL）、电商店主、产地或供应链合作方、海外代购等。这些人虽身份各异，但在短视频带货过程中作为连接消费者和商品的中间方，具备很强的影响消费者购买行为的能力。第一，网络主播通过向消费者介绍产品，帮助消费者更有效地构建对产品的认知。第二，网络主播可以通过构建人设、营造销售氛围，吸引和该人设价值观相似的消费群体并为消费者构建更加愉悦有趣的购买氛围。消费者很可能因为对某一主播有好感而去关注和了解其推荐的产品，主播和商品所传递的与消费者近似的符号价值观则进一步促使消费者购买行为的发生。第三，网络主播也在一定程度上为商品进行了背书。消费者出于对主播介绍产品的认知、主播品格及专业度的信任，从而认为该产品是值得购买的。

- 消费群体层面

个体的消费行为将受到社会其他个体行为的影响。消费者在短视频时可以通过评论与他人互动，这种互动不局限于与主播的互动，还可以是观看短视频的消费者之间的互动。在互动过程中，消费者往往处于与他人沟通交流的舒适与自在的情境中。消费者间分享的内容往往是关于某产品的购物行为和使用评价，以及关于购物行为和体验的分享。关注同一网络主播，或是对同一商品感兴趣的消费者往往处于同一圈层，处于同一圈层的消费者之间的社会互动更容易产生人与人之间的信任感以及消费的示范效应，引发消费者的信任购物或模仿购物行为。此外，消费者群体对产品的网络口碑也会在一定程度上影响其他消费者对产品功能和质量的认知从而影响他们的购买行为。

根据上述案例内容，思考以下问题：

1. 电商类短视频的特点是什么？
2. 电商类短视频如何送达消费者？与传统电商信息的送达方式是否存在差异？
3. 电商类短视频如何影响消费者的购买决策？

第三部分

互联网经济商业创新与规制

第九章
互联网经济的新业态

【学习目标】
1. 了解平台经济的概念、特征、主要类型、主要利益关联方以及平台经济的价值创造；
2. 了解网红经济的概念、特征、盈利模式、主要利益关联方以及网红经济的价值创造；
3. 掌握共享经济的概念、特征、主要利益关联方以及共享经济的价值创造。

【重要概念】
平台经济　交叉网络外部性　价格杠杆特征　网红经济　MCN机构　共享经济

【开篇导读】

互联网+医疗健康，让医疗触手可及

习近平总书记曾在中共中央政治局第二次集体学习时强调："要运用大数据促进保障和改善民生，要坚持以人民为中心的发展思想，推进'互联网+医疗'的发展，让百姓少跑腿、数据多跑路，不断提升公共服务均等化、普惠化、便捷化水平。"人民的生命安全和身体健康是党和国家始终常挂于心的。

2020年年初，新冠病毒肆虐，疫情的焦虑与担忧让各地居民纷纷在家隔离，闭门不出。一些身体突感不适，身患慢性疾病需要定期检查、拿药的居民也不敢贸然出门前往医院就诊。为遏制恐惧心理蔓延，增强全国人民的抗疫信心，习近平总书记统筹全局，统一领导，紧抓疫情防控，各基层党组织和广大党员带头落实，亿万人民众志成城，团结奋战，使得疫情得到了有效控制。在疫情防控中，互联网发挥了重要的联通作用。为保障居民在疫情期间的基本医疗需要，各大医院、社区医疗点配合互联网新科技解锁了"在家看病"新方式，通过网络开通就医平台，开设咨询热线，形成医务人员与病人的点对点"无接触"式全天候云医疗服务。其中，平安好医生作为医疗服务平台，期间为广大居民提供免费线上问诊服务，居民可根据医生开具的医药单在线购买药品，足不出户便可以享受线上诊疗、处方流转、送药上门的一站式服务。

截至2019年年底，平安好医生累计在线问诊6.7亿次，拥有3.15亿注册用户，6690万月活跃用户，实现了98%的用户满意度。其通过"移动医疗+AI"，为每一个家庭提供家庭医生、电子健康档案与健康计划。除了获取健康信息与问诊，用户也可以通过平台中的科普文章获得专业内容增补医学知识，甚至可以根据相似的症状"自诊"或分享治疗经验。传统的医疗模式在互联网经济的影响下逐步开放,促进了医疗资源的普惠、共享,大大提高了就医效率和医疗资源的优化配置。

案例思考:

在"互联网+"时代背景下,医疗服务领域涌现出发展新态势。通过阅读以上内容,思考互联网新业态对社会经济带来的影响。

随着互联网技术的不断创新迭代,互联网经济得到了蓬勃发展,出现了平台经济、网红经济、共享经济等新业态。本章将对上述互联网经济新业态的概念、特征、主要利益关联方、价值创造等问题进行探讨,以深化对互联网经济新业态的认识。

第一节 平台经济

一、平台经济的概念

随着信息技术的加速创新和互联网的普及应用,"互联网+"融入了大众的生活,从旅游、交通、娱乐、购物到社交,都借助各类互联网平台获得了蓬勃发展。据统计,全球最大的100家企业中,有60家企业的大部分收入来自平台类业务,在全球市值排名前十的高科技公司中,有苹果、谷歌、阿里巴巴、Facebook、腾讯、亚马逊六家是平台型企业。平台经济的概念开始深入人心。

从广义上讲,平台经济指的是连接多方供求,依托虚拟或真实的场所进行交易的商业模式。而在互联网经济背景下,平台经济主要指基于互联网、云计算等新一代信息技术,通过互联网平台连接供求各方,提高市场配置资源效率的一种新型经济形态。

互联网平台经济的本质是虚拟经济和实体经济的深度融合。例如,以自营起家的京东于2013年正式推出开放平台战略,为合作伙伴提供技术、物流、服务和财务方面的全方位支持,线下的实体厂商利用线上平台可获得大量订单,创造高额收益,京东平台不用销售一针一线,依靠为商家提供的平台和增值服务就能够收获高额利润。近年来,知识付费也开始火热,知乎、小鹅通、得到、微信公众号等平台为知识内容从业者提供了营销获客、效率提升、技术支持以及商业变现渠道的互联网解决方案。在当今信息化时代,有效信息、个人经验和知识总结也成为了一种商品,平台经济使社会分工高度明确,辅助"生产"出符合现代人需求的"信息商品"。

二、平台经济的特征

(一)网络外部性

平台经济的基本特征在于双边用户之间会产生交叉网络外部性。以美团为例,美团一开始采用了烧钱补贴的方式打入学生市场,对团购进行补贴,一方面吸引潜在用户,进行快速扩张;另一方面进行品牌宣传和推广。平台上消费者的增加会吸引更多商家入驻美团平台,同样,来自于平台的优惠折扣和各类商家提供的多样化产品服务也将吸引更多的消费者,这就形成了平台扩大的良性循环。

(二)价格杠杆特征

平台经济的价格杠杆特征与传统产业经济学当中的价格理论不完全一致。所谓价格杠杆特征是指平台企业的佣金定价由两部分构成,一部分向需求方征收,另一部分是向供给方征收,从而形成平台经济的独有价格杠杆结构。例如,当需求方的数量对供给方而言非常有价值时,向需求方征收低价或不收费,就会导致更多数量的需求方涌入平台,进而提升了平台企业对供给方的定价谈判能力,平台企业可以通过对供给方征收高价弥补对需求方的免费或低收费产生的损失。平台经济的内部,价格杠杆高企的一端并不一定是垄断势力的表现,而往往是一种价格策略,目的是吸引更多的价格杠杆下沉一端的用户入驻平台。Rochet and Tirole(2006)认为价格结构对于平台而言非常重要,甚至直接将平台的双边市场性质定义为"如果平台可以通过向市场的一边收取更多的费用而按照同等数量降低向另外一边收取的价格来影响交易数量,则市场是双边的"。

(三)开放性

平台经济具有开放性的特征。平台发挥着连接上游的供应商和下游的客户的作用,比如美团连接商家和消费者,为消费者提供各类商品和服务。随着平台经济实践的不断深入,平台接入的商家类型不断增多。通过整合各种不同的第三方服务主体的资源,可以建立一个共赢、高效的商业生态系统。

平台可以让更多的第三方参与平台的生态系统,提供个性化服务的第三方可以为具有个性化需求的用户提供更加丰富、快捷、多元的服务,这增强了平台的服务能力,活跃了平台日常活动,为平台带来更多的最终用户。同时,第三方与用户之间的交流互动,也使平台不断学习、调试、优化并完善功能,最终实现资源的优化配置。

2015年,京东集团推出了O2O生活类服务平台——"京东到家","京东到家"打出"1小时,新鲜到家"的口号,将大型超市、生鲜市场与周边用户联系起来。2016年4月京东集团宣布"京东到家"与中国最大的众包物流平台"达达"合并,由达达配送整合快递人员,进行订单配送。达达配送的加入提高了物流配送效率,真正实现了"一小时,新鲜到家"的目标,为平台用户提供了优质商品和快捷的服务。

(四)信息资源聚集性

互联网平台是信息资源的聚集地。例如,网络购物社区平台"小红书",是众多用户深爱的穿搭"圣地",优衣库是小红书的热门穿搭品牌之一,其相关笔记超过二十多万条。博主在平台上的推荐笔记以及众多UGC(用户原创内容)资料改变了品牌在消费者心中的单一形象,丰富了品牌产品在消费者心中的使用场景。

又如,电商平台"拼多多"于2018年5月上线了一款公益游戏应用"多多果园",用户通过社交、互动的游戏方式种植虚拟果树,果树成熟之后,"多多果园"会给用户送出真实的水果。"多多果园"是致力于探索脱贫攻坚和乡村振兴机制衔接的创新模式,以此实现消费端"最后一公里"和原产地"最初一公里"的直接相连,在为消费者提供平价农产品的同时,带动深度贫困地区农业上行。拼多多对于信息化平台的打造,为快速消化当季农产品提供了解决方案,做到了人才、资源引流,缩短了农产品销售产业链,甚至对农村发展方式产生了影响。

三、平台经济的主要类型

(一) 短视频平台

目前,国内市场上主要的短视频平台可以分为内嵌短视频的应用,如 QQ、淘宝、微信、西瓜视频、今日头条等;垂直短视频 App,如抖音、快手、秒拍、美拍、小等;以及承载短视频的传统视频平台,如爱奇艺、优酷、土豆视频等。

短视频 App 是一种集视频拍摄与社交功能于一体的基于智能移动终端的应用程序,它允许用户拍摄一段极短的视频并支持快速处理后上传至互联网,直接与多种网络社交平台无缝链接,实现分享与互动的社交功能。从盈利模式上看,我国短视频平台目前主要通过广告、电商变现、用户付费这几种方式获得收入。

(二) 电子商务平台

根据交易双方的不同,电商平台可以分为 B2C、B2B、C2C、O2O 四种类型。

B2C(business to customer),即企业与消费者之间的电子商务,表现形式就是零售类的电商平台。代表性企业有天猫、京东、亚马逊等,它们占了整个电子商务市场的大半壁江山。

B2B(business to business),即企业与企业之间的电子商务,这类电商平台主要负责商品的批发或分销。很多情况下,买家能够直接通过平台在生产厂家手里拿货,避免了多级中间商差价以及中转的物流成本。代表性企业是阿里巴巴网站、环球市场集团等。

C2C(consumer to consumer)是消费者与消费者之间的电子商务,是通过为买卖双方提供一个在线交易平台,使卖方可以主动提供商品上网拍卖,而买方可以自行选择商品进行竞价。代表性企业有淘宝、闲鱼、转转等。

O2O(online to offline)是线上与线下相结合的电子商务,消费者在线上进行消费后可在线下体验服务,对于本地商家来说,O2O 模式降低了商家对于店铺地理位置的依赖,增加的客源也给商家带来了更多利润。对于消费者而言,O2O 提供丰富、全面、及时的商家折扣信息,可以帮助消费者快捷筛选并订购适宜的商品和服务。代表性企业是大众点评、美团、口碑等。

电商平台的盈利渠道主要包括会员费收入和交易费收入、广告收入和竞价排名收入、增值服务收入、跨界收入。

(三) 知识付费平台

在移动互联网普及的时代,在网络"庇护"下的个体所拥有的一项"特权"就是可以随时通过一个特定的媒介将自己的经验、技巧、知识沉淀转换为知识收益。只要提供的知识服务存在受众,提供的知识服务具有有效价值,那么任何一个个体都能够成为知识服务的提供方将自己拥有的知识进行变现。在"知识变现"这一巨大浪潮的推动下,一大批知识服务提供平台得以涌现,他们作为平台汇聚各行各业的精英人才,吸引各个知识领域的受众群体。目前,市场上这类平台包括知乎 live、喜马拉雅 FM、得到 App 等。他们的收入主要包括广告收入、向用户或商家收取的服务费收入以及向社交媒体平台、移动电信运营商、电子商务运营商、传统出版商等收取的合作收入。

四、平台经济的主要利益关联方

(一)用户

平台经济的用户是指通过互联网平台获取商品和服务的消费者。由于互联网平台集聚了大量信息、商品和服务,用户可以非常便捷地通过互联网平台获取自己需要的信息、商品或服务。例如,用户可以通过在抖音、快手这类短视频平台,刷短视频获得学习工作之余的片刻放松,也可以通过在淘宝、京东这类电商平台物比三家选购价廉物美的商品,还可以通过知乎、喜马拉雅这类知识付费平台获取新知而进一步提升自身学识和能力等。总之,用户是平台经济的直接受益者,另外,用户使用互联网平台的过程同时也直接或间接给互联网平台或入驻方带来了收益,所以用户是平台经济重要的参与者。

(二)平台运营方

平台运营方是指负责搭建互联网平台基础架构和平台日常运营管理的公司,是平台的构建者,也是连接平台用户和平台入驻者的桥梁,阿里巴巴、京东、美团、滴滴等便是典型的平台运营方。平台运营方在平台经济中居于核心地位,其定价策略、服务策略会直接影响平台的规模和运行效率。平台经济具有明显的网络效应,因此,各互联网平台都会努力扩大平台的运营规模,通常会采取免费甚至补贴的方式吸引用户使用自己的平台,如滴滴打车、拼多多等都采用了这一经营策略。

(三)平台入驻者

平台入驻者指通过平台向用户提供产品或服务的个人或企业,如淘宝上的卖家、滴滴打车平台上的出租车和顺风车、美团平台上的餐饮企业等。平台入驻者通过平台可以触达大量用户,可以大大扩大自己的影响半径,提高自己的盈利能力,因此,平台入驻者通常愿意支付一定费用以获得平台提供的这种机会和服务,实现和平台的双赢。

(四)平台合作方

平台除了为入驻者和用户提供基本的平台网络系统和技术支持之外,还会借助其他合作方的力量进一步优化平台的服务功能。例如,淘宝电商平台通过和各大物流公司合作,可以确保商品安全、快速送达用户;抖音可以和广告公司合作在抖音短视频平台投放广告等。合作方的存在可以进一步完善平台经济的产业链,进一步提升平台经济的价值。

五、平台经济的价值创造

平台经济的价值创造主要来源于平台构建后所形成的网络效应,通过交易传递给参与各方,使参与各方都能获取由网络效应带来的价值增值。平台经济创造的价值主要有以下几点。

(一) 提高产业效率

平台经济的优势在于汇聚资源,重构传统经济的上游—中游—下游—消费者的线性产业价值链,形成以平台为核心的闭环状链条。链条的闭环直接沟通了生产、消费、物流、支付等从生产到服务的环节,节省了原有线性产业价值链程序化的环节成本,促进效率的提升。另外,平台通过对产业资源、市场资源的整合,为企业提供广阔的潜在发展空间,推动各产业、企业的技术创新,优化商业模式,提升产业效率。

(二) 产生集合价值

在互联网的发展中,网络通信促进了群体之间的互通,通过线上平台连接,供需双方获得合理对价,从而实现可利用资源与资源缺口的匹配。根据梅特卡夫定律可知,网络的价值还与互联网用户数的平方成正比,即网络平台的用户规模越大,网络带给用户的体验与价值就越多。平台经济正是依靠网络的发展,寻求有意向、有能力的资源供需双方,需求方越多,产品服务越丰富,集合价值越明显,平台经济的价值越大。

(三) 促进过剩资源消化

平台经济给销售渠道狭窄的商家提供了更多清库存、挣收益的机会。借助网络的传播性广、发散性强的特点,商户可以在平台上展示产品,提高曝光率,借用平台中潜在的流量加快出售效率;或更多借用直播平台的魅力,在各大平台卖货。比如,为了帮助农户销售农产品,全国上下共同助力,各地专家、学者、电视台及网络主播等纷纷上阵参与平台直播,让消费者了解真实产品,买得放心、吃的安心,也帮助农户解决了因供需沟通不畅而导致的产品过剩问题。

(四) 增加就业机会

平台经济可以提供丰富的就业机会与场景,衍生出众多包括仓库管理、物流服务等在内的新岗位,也为有梦想、有抱负的个体提供了实现自身价值的途径。据报道,2020年盒马推出首批3万人的招聘计划,疫情期间美团新招聘外卖骑手7.5万名。

(五) 促进新兴经济形态的增长

平台经济中平台的发展是因为各种资源的加入使之发挥出独有的集聚效应,推动产业的多数资源向平台靠拢进而创造出巨大潜能。平台经济作为创新创造与集合价值的集大成者,吸引产业(互联网、人工智能、大数据等)的跨界融合,弱化传统产业的边界,催生新的商业模式,形成众多平台型企业如阿里巴巴、京东、滴滴、喜马拉雅等。

拓展阅读9.1

国务院办公厅关于促进平台经济规范健康发展的指导意见

第二节 网红经济

一、网红经济的概念

"网红"与"经济"结缘的历史可以追溯到 2008 年火爆 OL 论坛的"呛口小辣椒"姐妹。她们通过在论坛上传淘宝网购服装的搭配照片而走红网络,以时尚先锋的身份引领着不会穿衣的白领,其购买的衣服通过晒图和分享网址之后被粉丝疯抢,显示了强大的定向广告效果。敏锐的商家由此看到了时尚"网红"强大的号召力,"辣椒同款"迅速成为淘宝的热门搜索词,"呛口小辣椒"姐妹在社交媒体里植入的广告也越来越多。

从 2012 年淘宝网引入新浪微博分享平台开始,"网红经济"的模式逐渐清晰。一些时尚店铺的店主首先在个人微博分享店铺商品,渐渐拥有大量粉丝的时尚"大 V"开始进驻淘宝网开设店铺。2015 年 8 月,淘宝网召开了"网络新偶像——网红现象沟通会",会上正式提出这种经营模式叫"网红经济"。

所谓网红经济,即指在网络媒介的环境下,以因个人魅力、某个事件或行为通过互联网被大量网民关注的网红为核心,依托其影响力和具有购买力的粉丝群体开展经济活动并实现经济效益的经济形态。在资本的撬动下,国内"网红"孵化正酣,商业变现能力不断增强。再加上社交网络、移动支付、电商等互联网基础服务设施的普及,网民的内容创作能力和商业运作能力在互联网上被激活,直接推动了网红成为具备投资价值的产业。

如今,"网红经济"市场潜力高达数千亿元,众多"网红"电商盈利惊人,有些电商网红的年销售额甚至超过 20 亿元。这是一条以网红为中心的成熟产业链;上游是网络社交平台,比如豆瓣、微博、小红书等;中游是网红经纪公司,也被称为网红孵化器;产业链下游是各类电商平台、供应商、品牌商,网红经纪公司会与之对接,使之成为链接网红与变现平台的中间商。

二、网红经济的特征

(一)消费即时性

2010 年开始,中国的互联网开始飞速发展,淘宝店铺开始大规模运营,中国的微博受到国外 Twitter 的启发开始迅速发展。2014 年后,一批批名人开始在微博聚集人气,继而进驻淘宝网开设店铺,微博与淘宝的结合使网红经济的模式愈加清晰。随着直播平台、视频平台和电商平台的发展,网红与粉丝的距离不断拉近,同时这些平台也为网红开展经济活动提供了场所。

对于粉丝而言,从"关注"到下订单,只需要在移动端进行简单的点击操作即可完成,只要拥有商品链接,任何商品都变得触手可及。在这种商业模式下,粉丝在短时间内更容易出现冲动消费,因此增强了网红经济的变现能力。

（二）产业系统性

网红经济已经形成了完整的产业链，也是一个相互影响、共同成长的生态经济圈。具体而言，网红经济生态圈包含网红群体、粉丝群体、互联网平台、网红经纪公司，还包括为网红经济提供服务的供应商以及需要借助网红力量来推广的企业。这些参与方构成了网红经济的完整产业链。网红群体一方面通过互联网平台与粉丝群体对接，影响粉丝行为，另一方面与网红经纪公司紧密联系，依赖于经纪公司的包装和制作团队。互联网平台需要为给它提供硬软件服务的供应商付费。网红经纪公司会和广告商保持合作关系，通过网红进行内容生产，帮助广告商的产品进行推广宣传，或者通过线下商演进行推广，从中获取广告费用。当然，如果是作为自我发展型的网红，即没有和网红经纪公司签约的网红，则可自己与广告商对接。粉丝群体作为广告商的客户，消费其产品并为广告商带来利益。

（三）社交互动性

网红本身的个人魅力会为其增加人气，作为"消费型偶像"的网红，他们的生活被打造成公众可见可感的生活样板，"网红经济"模式中，借助于发布在社交媒体上的图片、视频日复一日的渲染，网红展示的服饰、化妆品、食品等消费品与她们拥有的美好生活联系在一起，刺激着粉丝的消费冲动。例如，很多粉丝将自己喜欢的博主视为"女神"，投入大量的感情，时刻关注博主的动态，为博主所发布的视频点赞、投币、发弹幕和评论，购买博主所推荐的产品。粉丝期待能够通过商品达到与博主所展示照片中同样的效果，接近博主的生活水平或者取得情感认同。同时，博主也会经常为粉丝发放福利，与博主互动的粉丝将有机会获得各种类型的奖励。

粉丝与网红之间的社交互动成为了网红经济的一种特征，也正是这种社交性能够保证网红的内容产出持续受到粉丝的关注，越来越具有商业价值。

三、网红经济的盈利模式

网红经济的核心是粉丝注意力，将粉丝注意力变现的方式即构成了网红经济的基本盈利模式，主要包括内容付费、网红电商、广告变现、周边产品售卖等。

（一）内容付费

内容付费可以包括两类，一类是直播平台的打赏和微信公众平台的粉丝打赏，另一类是知识付费。

第一类，直播平台的打赏和微信公众平台的粉丝打赏，主要依赖于关注者对网红内容的高度认可。网红所提供的内容触及到了粉丝的某些情感需求，于是粉丝会向主播赠送礼物或者奖励金，表达鼓励、赞同和感谢。在这个过程中，礼物由网红主播和直播平台按照一定比例分成。

第二类，知识付费，是指用户只有通过付费才能获得信息或者知识的商业模式。2016年是移动知识付费平台的爆发元年，在这一年里，知乎、分答、逻辑思维、喜马拉雅纷纷推出各自的知识付费产品,并在短时间内聚拢了大量的用户。随着互联网信息的泛滥,搜索平台和普通的知识平台逐渐不能满足高效学习的需要,内容付费能刺激优质内容的生产,满足互联网用户对于高质量知识的需求,由此获得了广阔的发展空间。

(二)网红电商

网红电商是网红和电商的结合。网红通过获取稳定的粉丝群体,再根据粉丝群体的主流需求,开设淘宝店铺,销售推荐产品,以此来获得收益。

在网红电商的模式下,网红可以通过与粉丝互动来把握粉丝的偏好,对粉丝进行消费引导,保证粉丝的忠诚度。同时,粉丝对网红有较强的黏性和信任度,这就弥补了传统电商中店铺流量不稳定、曝光度低、广告成本费高、消费者黏性低的缺点。

2019年被称为"电商直播元年",电商直播随着薇娅、李佳琦等顶级流量主播的兴起被推上风口浪尖,越来越多的人被这一新鲜的淘宝购物模式吸引,乃至着迷。2020年8月20日,阿里巴巴新一季财报数据显示,淘宝直播引导的成交已经连续8季度同比增长超过100%。借势每个电商促销节点,如京东"618"、淘宝"双十一"等,网红通过直播可大幅度提升自己所推广产品的销量。

(三)广告变现

广告变现是网红利用自身流量获取经济利益最快的方式,网红广告招商成功后会获得广告费的收入。在微信公众号、微博、B站、小红书、抖音、快手等平台,我们都会看到网红发布含有广告成分的内容。

例如,在微博上,一些时尚网红通过与大品牌合作,从而对品牌的产品进行推广。一方面,网红可以获得广告收入;另一方面,他们可以借此与粉丝互动。这对于广告商和网红都是增强自身曝光度和影响力的方式。在微信公众平台,有两种广告模式。一种是传统的广告投放,即运营主体将广告主的广告内容放在自己的公众号所推送的内容上传播,并向广告商收取相关费用,广告投放可以是在内容中进行插播也可以是植入式广告软文,后者的收费较高。另一种是通过腾讯广告,腾讯广告是由腾讯公司推出的精准定位的效果广告系统,它依托优质的流量资源平台,给广告主提供多种形式的广告投放。通常,在浏览结束后会在文章底部出现广告的推广,这种广告按照点击量收费。当网红拥有大量的粉丝基数,通过微信公众号的点击量和广告软文推送会获得较高的收益。

(四)周边产品售卖

周边产品是指围绕网红特质所衍生的相关产品,网红通过这些产品的销售也能获得经济效益。周边产品的生产不仅存在于网红经济中,更早出现于明星的粉丝经济中。传统明星在早期便开始了"掘金之路",如在演唱会时的服装、定制的荧光棒,还有各种明星亲笔签名的商品都是早期周边产品的形式。

网红与粉丝的互动可以很好地满足粉丝的情绪体验,这也提高了粉丝为网红周边产品买单的消费积极性。此外,由于周边产品是根据网红的形象和特质设计的,粉丝在购买周边产品时能更好地得到需求满足,所以市场潜力较大,也为网红变现提供了新渠道。

四、网红经济的利益关联方

（一）网红群体

网红是网红经济的中心，按照其成名的原因可以分为眼球网红和内容网红。眼球网红指的是以引起网络舆论的外貌、特殊的背景身份或不同寻常的言行而受到众多网友关注的网络红人，这类红人的特点是能够在短期内引发众多网友的讨论，其事迹、走红视频、人物形象会被各大营销号在社交平台上转发，从而吸引流量。大部分这类网红的关注度来得快，消散得也快，其外表或走红事件素材很容易被网友过度"消费"，从而引起反感心理，加之娱乐圈每天都会有新鲜的"槽点"或者轶闻趣事发生，眼球网红单靠外表和某个事件很难长期维持自身热度。有时，眼球网红会通过品牌形象代言、网络直播甚至影视演艺来赚取回报。例如，从《1818 黄金眼直播》节目中投诉理发被坑的小吴，通过表情包一夜走红。之后小吴成为了某款手机的代言人。

内容网红指的是以更深层级的内容加工为主的网红，包括美颜装扮类、游戏电竞类、才艺搞笑类、文化乐活类等。例如，美颜装扮类网红"其斤小小"在小红书平台上分享职业穿搭，为自己的淘宝店铺引流；才艺搞笑类网红"papi 酱"在各社交平台发布自己团队创作的生活场景搞笑视频，吸引了大量流量；文娱乐活类网红"粥悦悦"用可爱绘本风格阐述怀孕、育儿中的酸甜苦辣。这类网红有的会独自成立公司或开设淘宝店铺，或被 MCN 公司发掘，进而成为旗下签约网红。例如，从 2014 年在微博上发布一系列星座吐槽漫画而走红的同道大叔，2015 年 4 月开通微信公众号，同年深圳市同道大叔文化传播有限公司成立。独自发展的网红其盈利来源主要在于广告推广或其自主经营的店铺收入。而与 MCN 机构签约的网红，在签约前如果已经有名气，则会得到一笔签约费或者转会费，如若违约则红人需要支付违约金。公司与网红之间会有不同的分成比例，分成的收入包括网红在各个平台的收入，具体细则会在网红与 MCN 公司的签约合同中列出。如果是新人签约，一些 MCN 公司会每个月付给红人基本工资。

（二）MCN 机构

MCN(multi-channel network)机构作为内容生产者（网红）、平台方、广告方等之间的中介组织，通过将众多能力相对薄弱的内容生产者聚合起来建立频道，并帮助内容生产者更好地实现分发和商业价值变现。从本质上说，MCN 机构就是经纪中介公司，能够促进内容生产者、网红、平台方与广告方等之间的有机互动，打造多方共赢、良性互动的生态系统。

网红群体的变现渠道比较丰富，其中涉及广告商、厂家、粉丝、平台等多个方面，而红人本身需要关注于内容创作。对于要实现长期商业变现的网红来说，MCN 公司可以帮助网红解决在与广告商、平台接触中的谈判难题，提高议价能力，专业的商务部门还会进行不定期的竞品对比分析，了解产品的市场情况和报价情况，优化广告内容和报价方案。由此，MCN 机构与网红之间实现了专业分工的合作模式。

在网红经济中，MCN 机构的产业链下游是内容平台，这些平台包括社交平台、资讯平台、短视频平台等。MCN 针对内容形式和自身定位来选择核心内容分发渠道，同时辅以多平台分发,增强优质内容的全网曝光量。

MCN机构的盈利模式主要分为两大方向:一是面向B端商家,如商业合作、流量分成、平台补贴、广告营销、IP授权等;二是面向C端用户,主要通过衍生品销售、红人电商、直播打赏、内容电商、知识付费等方式获取营收。目前,比较主流的盈利模式有广告营销、内容电商、自创品牌等。

(三)互联网平台

网红经济中所指的互联网平台即为MCN机构下游的平台方,这些平台可以分为社交平台、资讯平台、视频平台、垂直平台、电商平台以及直播平台。

社交平台如微博、微信,它们通过与MCN机构的合作不仅可以丰富平台内容还可以吸引更多的注册用户,平台的流量越多,其广告的商业价值也就越大。另外,MCN机构在为签约网红的内容做推广时,需要与社交平台合作,社交平台可以从中赚取推广费或者广告费。

资讯类平台如百度、网易、今日头条等,MCN机构有时也需要与这类平台进行合作实现共赢,如2018年7月百度百家号宣布与全球顶级MCN机构Zoomin.TV开展战略合作。通过合作,Zoomin.TV旗下的优质视频内容将入驻百家号,双方联合出品《Amazing中国故事》系列视频及IP打造,百度旗下好看视频App将对此进行独家播放。百家号作为百度内容生态布局的核心支撑,先后与WebTV Asia、新片场、罐头视频、木仓科技等200余家知名MCN机构在联合出品、IP打造等方面展开了深度合作,并推出了"百万年薪"等系列短视频扶持举措。

垂直平台将注意力集中于某些特定领域的某种特定需求,这类平台如B站、马蜂窝、汽车之家等,MCN机构孵化网红时需要为其内容进行精准推广,从而需要向这类平台支付推广费。

目前,国内影响力较大的直播平台有斗鱼、哔哩哔哩、虎牙等,淘宝仍然是我国最大的电商平台,而抖音、快手是近年来快速崛起的短视频平台。

这些互联网平台作为信息聚合的平台,为网红提供了与粉丝建立连接的渠道,构建了网红经济重要的基础设施,而平台本身也通过广告、销售分成、打赏分成等方式获得了大量收入,成为了网红经济重要的利益相关方。

(四)品牌方和广告商

网红经济中,品牌方和广告商一般即为MCN机构的客户和合作伙伴,为了实现商品的精准推广,品牌需要合适的KOL为其产品进行推广,一些大品牌会找MCN机构与之合作,让MCN机构为其提供背书和专业建议,通过契合的内容为其引流,扩大产品销量从而获得利润。但是,有的品牌也会直接对接一些有影响力的网红助其进行推广,这类网红通常个人拥有大量忠实粉丝群体,并且个人风格符合推广产品的定位。对于品牌方来说,直接与网红进行合作的成本可能比与MCN机构合作更低。

(五)服务方和供应商

网红经济中的服务方包括为MCN机构提供技术支持、分发推广和数据监测的公司,供应商则指为电商业态的 MCN 机构提供电商销售产品的供应厂商。

以电商运营类 MCN 机构——如涵控股为例,其打造了 C2M(customer-to-manufactory)一站式的柔性供应链,其中包括了产品设计和采购、网点运营、订单履行、售后服务,如涵与超过 800 家供应商有稳定合作关系,使得其库存周转快,供应链效率高的优势非常突出。

五、网红经济的价值创造

(一)促进大众消费

消费,作为国民经济的"三大马车"之一,对推动整体经济发展有着不可小觑的作用。网红经济的背景下,网红人数增多,其各具特色的"人设""卖点"吸引、增加着粉丝基数,潜在的"从众心理""明星效应"使"红人带货"更具说服力,促使网红经济变现空间扩大。另外,互联网的传播性催生了粉丝的规模优势,由此可以将粉丝的集合力量转化为经济推动力以刺激消费,从而衍生出网红直播、内容付费、直播打赏、网红带货、网红城市、网红美食、网红打卡等网红经济衍生现象,形成了新的消费增长点。

(二)提供就业岗位

网红作为网红经济下的新兴职业,其产生、出现以及新颖的特点为社会就业市场提供了大量的岗位。网红一职具有门槛低、分类多的特点,涉及衣、食、住、行等各个领域,只要在某一方面有特点、有个性、有思想,或者具备某些博人眼球的技能知识便可加入网红队伍。另外,网红初期主要是博粉丝、拼流量,中后期则借助自营电商、品牌代言等方式获利,凭借的不是一个人的付出,更涉及孵化公司、培训、经纪团队、社交影视投放、营销策划、公关、运营、网络平台等软硬件行业对人员的需求,由此创造了大量的就业岗位。

(三)提升产业链效率

网红经济的出现催生了短视频、直播、带货、团购等多元化购物和休闲方式,丰富了消费资源的可选范围。借助互联网平台,网红可以成为厂商和消费者之间的直接中介,一定意义上改变了传统上层层分销的销售方式,缩短了产业链中渠道方的链条长度,提高了产业链的运行效率。另外,在大数据的支撑下,各大网红可以通过直播收集有效的消费信息,根据带货情况与抢购程度关注消费者的消费需求,帮助厂商及时了解消费者偏好及市场需求动向,精准设计产品,按需生产产品,高效配置产品,由此提升了产业链中的生产效率。

拓展阅读 9.2

"带货经济"不是网红经济

第三节 共享经济

一、共享经济的概念

共享经济一词是由美国得克萨斯州立大学社会学教授马科斯·费尔逊(Marcus Felson)和伊利诺伊大学社会学教授琼·斯潘思(Joel Spaeth)在1978年发表的论文中提出的。他们提出的共享经济是指拥有闲置资源的机构或个人,将闲置资源分享给有需求的人同时获取一定报酬的经济模式。在共享中,需求方不直接拥有闲置资源的所有权,而是通过租借等方式拥有物品的使用权;供给方通过在一定时期内的让渡使用权获取回报收益,极大程度上促进了闲置资源的更合理配置,实现整个社会效益的最大化。

共享经济兴起的一个原因是社会范围内的产能过剩。经济与科技水平的发展加速了短缺经济时代的结束,供给量的过剩导致闲置资源的出现,这便为共享经济奠定了物质基础。互联网技术的发展是共享经济兴起的另一原因。互联网平台的出现赋予共享经济新的时代意义,大数据、云计算、物联网、区块链等数字科技的集合推动共享经济的前进,极大改善了信息不对称、资源浪费、地域活动限制等现象,提高了信息的传播效率,促进了资源的供需匹配,也为资源在不同区域范围内的共享提供了条件。根据国家信息中心发布的《中国共享经济发展年度报告(2020)》显示,2019年我国共享经济交易规模为32 828亿元,比上年增长11.6%。从市场结构来看,生活服务、生产能力、知识技能三个领域共享经济交易规模位居前三,分别为17 300亿元、9205亿元和3063亿元,分别较上年增长8.8%、11.8%、30.2%。从发展速度来看,共享住宿、知识技能、共享医疗三个领域增长最快,分别较上年增长36.4%、30.2%和22.7%。我国共享经济参与者人数约8亿人,参与提供服务者人数约7800万人,同比增长4%。平台员工数为623万人,同比增长4.2%。

凯恩斯曾说:"机器把人类从市场经济体制繁重的劳动中解放出来,人们在协同共享模式下投身文化活动,追求超然于世的崇高目标。"如今,放眼世界,协同共享正成为现实,共享交通、共享空间、共享知识、共享医疗健康等共享经济无处不在。

二、共享经济的特征

(一)高效性

共享经济的核心目标是提升资源的配置效率,实现资源的最大化利用。在传统经济中,资源是有限的,但资源的低效利用仍普遍存在。为了增收益、扩销量的各大商家销售策略层出不穷,五花八门的折扣优惠、网红卖货现象催生了盲目囤货等潜在资源闲置和资源浪费现象。在当前中国产能不均衡的情况下,发展共享经济有助于消化产能、弥补产能不足,也有助于优化生产、分配和消费结构以提升资源的高效匹配,缩小总供给与总需求之间的差异。当前网络信息技术高速发展,共享经济平台应用大数据、云计算等技术将社会中的各项资源与生产资料的供需进行匹配,实现了共享经济中供给和需求的快速对接,满足了供需双方的互惠互利，进而实现了资源的高效利用。

（二）广泛性

共享经济的广泛性主要体现在可共享资源类型和范围的广度上。共享经济扩宽了资源的使用方式，实现了资源的再利用。几乎所有的生产资料与生产要素都可以在共享平台上进行分享，比如人力、物力、智力、生产力等。信息化时代，人们大都习惯了在互联网上搜索信息，寻求各种问题的解决方法。互联网把大家汇聚在一起，使他们成为潜在的资源提供方与需求方，从而形成了资源共享的良性生态循环。

（三）低成本性

共享经济的本质是降低市场交易成本。通过共享经济平台按需获取产品、服务、技术等能够极大减少在生产、销售、交易、运输等方面的投入。厂房、设备等硬件必需品都可以从共享平台中获取；技术性问题、售后服务问询等都可以通过共享平台发布或查找；另外，基于大数据的移动网络、区块链、云计算等技术监管加强了对市场各主体的信用约束，削弱了信息不对称、信息滞后等现象。在社交网络不断发展的背景下，共享经济有利于社会群体的建立与扩张，实现规模效应进而大幅降低交易成本。

（四）开放性

网络的协调匹配是共享经济实现的基础。参与共享的资源、个人或机构等主体自主加入共享经济的体系中，伴随每一次的共享积累经验，从而实现共赢进化。互联网能使每一个参与主体（个人或组织）以近乎为零的成本来使用共享平台的各种功能，个人可以较容易地加入一个共享组织，提供资源或获取需要的产品及服务。另外，人们可以在共享平台上自由选择分割资源或者利用开放资源再次创新，灵活地选择自己的生活和工作方式。由此可见，每个主体、每项资源都可以低门槛地参与到共享经济中。

对于资源供给方来说，每个人都可以拥有自己的"公司"，并在市场中提供自己的产品，不受限于被雇佣的状态；对资源需求方来说，满足资源需求的渠道也增多了，从供给方手中获取资源的性价比也明显提升。作为供求双方活动的连接枢纽，共享经济平台可以在互联网技术的支持下，以小部分的资金投入得以搭建。由于供需双方具有延展性和叠加性，共享经济平台潜力巨大，平台资源、平台规模的不断扩大也会增强供需双方的用户黏性。

（五）可控性

这里主要是指交易的可控性。当下，少数互联网平台聚集了关于用户、交易、产品、服务的大量信息，造就了一个信息高度聚集的环境，通过用户上传身份信息、联系方式、银行账户等进行账户认证，共享平台可以在相当程度上保障交易的安全；通过汇集用户对产品、服务的点评、反馈信息，潜在的用户可以快速了解交易对方及其提供的产品、服务的基本情况；通过监控交易活动所产生的信息，共享平台可以在相当程度上对用户行为的好坏进行推定，采取技术手段惩罚甚至移除那些被断定为具有潜在威胁的用户，并奖励那些可信的用户。所有这些信息的利用，最终导致共享平台可以为交易提供一个可信、可控的环境。

三、共享经济的利益关联方

（一）个体：资源需求方与资源供给方

在共享经济中，资源交易的实现要建立在供需双方数量庞大的基础上。截止到2020年3月，世界人口总数达到76亿，庞大的人口基数为共享经济中的资源互换提供了广泛性与灵活性，也为共享经济模式的扩大与发展带来了无限机遇与挑战。世界中的每一个人都是共享经济中的个体，在共享经济中扮演着资源提供者和资源利用者的角色。个体作为共享经济的利益关联方，具有数量多、分布广的特点，可以借助共享经济网络在全球范围内开展活动，既可以作为资源的需求方，又可以作为资源的供给方。资源需求方将自己的需求发布到共享平台，获取需要的资源；资源供给方将自己所掌握的闲置资源共享到平台，通过共享平台这一渠道将所拥有的资源有效配置，实现资源使用权的共享。由此，既满足了需求方的需要，也为供给方提供了经济、社交甚至情感上的收益。因此，个体是共享经济的直接推动力，也是共享经济的重要参与者。

（二）共享平台

共享平台是共享经济中的核心。它突破了传统市场的时空界限，将互联网、大数据、区块链、云计算相结合，连接供给方、需求方和其他的市场参与者，管理、协调、匹配各方资源，对共享双方进行最优配比，实现资源的优化配置。

目前，共享经济的交易平台一般是通过网站或应用软件的形式提供共享服务，参与共享经济的个体可以通过在网站或应用软件内的注册获取交易服务的权利。共享平台范围广泛，包括房屋平台如小猪短租、爱彼迎（Airbnb）、途家、美团榛果民宿等；知识平台如知乎、百度百科、简书、豆瓣等；出行平台如滴滴出行、环球车享等；金融平台如陆金所、淘宝众筹、海尔云贷等；生活服务平台如美团外卖、饿了吗、京东到家等；医疗健康平台如春雨医生、平安好医生、名医主刀等多元平台。

（三）第三方支付平台

数字化时代，更多的人选择通过移动设备完成生活中多项事情如购物、缴费、沟通等。随着现代科技的发展，第三方支付方式更加安全便捷，愈发受到社会公众的青睐，同样第三方支付也是共享经济中完成资源优化配置必不可少的条件。

在第三方支付模式下，买方选择商品，使用第三方平台提供的账户进行支付（支付给第三方），并由第三方机构通知卖方货款到账，要求发货；买方收到货物并检验确认后，通知第三方机构付款，再由第三方将款项转至卖家账户，此时交易结束。因此，第三方机构作为共享经济中的中介机构，为资源供需双方架起桥梁，通过设立的电子账户控制资金在交易双方之间流动。常见的第三方数字支付软件有支付宝、财付通（微信、QQ钱包）、银联、百度钱包、收钱吧等。

（四）第三方机构：评估机构、征信机构、监管机构

共享经济的开放性让社会中两个互不相识的人之间得以互动，为了保障各参与者的资

产安全,保证经济平稳运行,第三方机构如评估机构、征信机构、监管机构等发挥了重要作用。

评估机构会对共享经济中的供需双方、共享平台在质量、价格、风险、收益等方面进行评估,让各参与者充分了解对方,提高交易的成功率,避免不必要的争议。征信机构主要是由第三方专业机构通过整理银行、政府等公共机构提供的信用信息,对共享经济参与者的信用进行分析,为共享平台供需双方的正常交易提供参考依据。目前,个人的征信服务在共享平台获得了迅速发展,如芝麻信用"信用分"、微信"支付分"等都将信用量化且运用到生活领域,分数高的用户可以享受免押金借用充电宝、借用"晴雨伞"等服务。监管机构作为确保共享经济在正确的轨道中运行的重要一方,监管共享经济的各个参与方,监管范围包括供需双方的权益保证、共享平台的利益保障、支付平台的安全性、信用体系的有效性与信用报告的真实性等。

四、共享经济的价值创造

(一)增加消费者剩余

消费者剩余的概念来自经济学家马歇尔,他通过边际效用价值论演绎出"消费者剩余"的概念。该概念是指消费者消费一定数量的某种商品愿意支付的最高价格与这些商品的实际市场价格之间的差额。共享经济的背景下,互联网大数据的使用促使社会各类资源被有效配置,选择范围的扩大削弱了市场中垄断厂商的势力,使商品价格下降,加之共享经济中倡导使用权而非所有权的转接,交易成本降低,总体价格线下行,消费者实际支付了更低的价格,在消费者愿意支付的最高价格不变的前提下,导致消费者剩余增加了。例如,同样的里程,滴滴顺风车的价格要明显低于出租车,选择搭乘滴滴顺风车的乘客便获得了更多消费者剩余。

(二)促进生产者价值创造

生产者价值创造是指企业生产、供应满足目标客户需要的产品或服务的一系列业务活动。共享经济的环境下,市场信息不对称性减弱,生产者根据需求多元化生产产品,通过更好地服务消费者而带来收益的增加。共享经济下供求信息的汇集可以促进卖方对自身业务创新升级的思考,探索多业务的综合集成,改善卖方的商业模式,实现价值创造。例如,平安好医生这类共享医疗健康服务平台为广大医务工作者创造了利用闲暇时间为病患提供远程问诊服务的机会,从而提升了医生价值创造的能力。

(三)扩大公众有效需求

在共享经济影响下,消费者剩余增多会使消费者可支配收入相对增多,生产者的价值创造促进生产的高效率,与"租赁化"下降低的成本一起同时作用于公众实际购买力的扩大。收入提高的另一个原因是共享经济对公众提供了使用闲置资源参与经济活动的渠道,降低了进入市场的门槛,使公众有能力获取额外的收益。另外,共享经济平台能够自由匹配公众多种差异化需求,释放长尾区域的消费活力,形成新的经济增长点,创造有效需求。例如,小猪短租这类共享空间平台一方面给供给方(房东)创造了通过分享闲置的房源获得额外收入进而增强其购买力的机会,另一方面又给需求方(房客)提供了不同于传统酒店的更具居住体验感、性价比更高的空间选择,由此更好地满足了长尾需求。

(四)降低创新创业成本

创新创业一直是国家所倡导推动经济发展的重要举措。在创业浪潮早期,建立一家公司或开创一种商业模式是一个复杂的过程,前期准备工作如资金投入、人才引进、场地布置、注册审核等事项的成本都不是一笔小数目。现在,共享经济的发展让创新创业更为便捷,人人都可以利用自己的长处参与市场活动,加之极低的行业准入门槛打开了市场边界,让创业创新变得更加容易。另外,共享平台给予任何市场参与者以发展的机会、丰富的资源、广泛的信息渠道、可借鉴的商业模式、互利共赢的服务平台等。这种经济形态大大节省了公司或个人获取信息所需要的时间成本、金钱成本、人力成本,促使参与者将大部分的精力投入市场价值的挖掘,实现资源的高效配置,推动产业转型与产业结构调整。

(五)优化社会信用体系

共享经济的发展不仅带来了市场结构、生产制造、科学技术等方面的优化升级,还拉近了各市场主体之间的关系。多种共享平台(如支付宝)设立信用机制,用可量化的信用评级促进交易的达成,改善社会主体之间信息不对称现象,优化社会信用体系。

互联网是有记忆的,参与市场活动的每一个主体都会留下印迹,买过的商品,卖出的货物,在各种社交媒体中的评论、转发、点赞、分享等都会被后台记录并保存下来,各类言行举止动态都有可能作为信用的依据。实名制的普及让市场交易更为保险,市场行为更加规范,供给方与需求方可以在线互查对方的信用程度与评价等级。对于供给方来说,信用值越高,优质的商品与服务越容易被推广,声誉越好,盈利潜能越大;相反,信用值越低,被市场淘汰的可能性就越大。对需求方来说,信用值越高,商家越愿意将产品卖出,甚至建立长期合作关系;信用值越低,获取商品服务的机会越少。这种被互联网集聚的网状机制,在任意场景、评价、合作中无限扩展,进化成一个全方位、多层次、多向联动的信用体系,最终推动诚信水平的提升。

【本章小结】

互联网与社会经济联动,促进了平台经济、网红经济、共享经济等新业态的成长。平台经济具有网络外部性、价格杠杆特征、开放性和信息资源聚集性等特征,通过短视频平台、电子商务平台、知识付费平台等搭建起用户、平台运营方、平台入驻者和平台合作方之间"隐形"的桥梁,进而对社会产生价值增值。网红经济的成长离不开网络科技的滋养,其将粉丝注意力变现构建起盈利模式,并具有鲜明的消费即时性、产业系统性、社交互动性等特征。共享经济的高效性、广泛性、低成本性、开放性与可控性大大增加了消费者剩余,同时促进生产方的价值创造,优化社会经济的构建方式。

【思考题】

1. 什么是共享经济？它在生活中有哪些表现？
2. 网红经济下，商家是如何盈利的？
3. 思考以抖音为代表的短视频平台在互联网经济中的价值创造路径。
4. 以网络红人"李子柒"或其他你感兴趣的网红群体为例分析其成功或失败的经济效应与社会影响。
5. 滴滴出行是全球领先的一站式移动出行服务平台，其在保障用户安全的同时也在引领交通行业的升级，结合相关知识讨论滴滴出行的商业发展模式。

【案例分析】

知乎的盈利模式探析

2020年12月，知乎启动上市程序的消息爆出，再次引发"知识付费赛道第一股"争霸赛。时间回拨到2010年9月，Quora（国外问答社区）在中国互联网圈内名声渐起，周源（知乎创始人）与伙伴们思考良久，决心做一个中国的高质量问答社区。知乎，中国互联网问答社区产品由此诞生。同年12月，知乎网站开放，3年后向公众开放注册，注册用户迅速从40万攀升至400万，截至2018年8月底，知乎平台注册用户数破两亿，截至2020年，知乎平台的付费用户数量比去年同期增长4倍，问题量与回答量分别超过4400万条和2.4亿条。是什么让知乎取得如此成就，它又是如何在知识平台中生存盈利的呢？

1. 内容价值化盈利

作为知识内容平台，知乎聚焦内容本身，借助相关技术对其进行专业化展示，以最大地体现内容的价值，进而实现盈利。知乎平台的内容价值化盈利主要包括"盐选专栏""知乎圆桌"两种形式。"盐选会员"这一产品整合了之前的读书会会员与超级会员，在进行定价时，它充分考虑了产品的成本、目标用户及盈利能力，将其设置为19元（月卡）、53元（季卡）、198元（年卡）3个价格，共包含了3400＋Live讲座、20 000＋热门电子书、近万本盐选杂志等。如果用户单独购买其中一个讲座或者电子书，需要花费15元甚至更高。因此，用户很容易对"盐选会员"产生购买欲望。同时，知乎还会定期与其他企业组成"联合会员"，给予用户更大的优惠。"知乎圆桌"一般由知乎本身或者企业发起，用户可以围绕热点问题进行讨论，发表自己的见解，企业也能对目标市场有一个清晰的认识和把握。知乎平台则通过"圆桌"来吸引企业投资与广告投放，"圆桌"中创作有关知识也可以被付费转载。

2. 社交网络化盈利

通过拓展社交网络并借助具有影响力的人员打造"知识网红"效应，知乎Live是典型的社交网络化盈利产品。它能够使双方围绕特定话题进行实时交流，还能对用户数据进行分析，进而有针对性地举办利润空间大、关注度高的讲座，其中平台会向主讲人抽取30%的分成。除此之外，知乎还添加了"私家课"的功能，主讲者一般为行业的领军人物，凭借较强的影响力和专业能力,他们能够形成良好口碑,进而吸引更多用户。①

3. 场景生态化盈利

知乎致力打造独特内容社区,完善盈利生态圈,通过内容场景化和生态场景化,进一步拓宽盈利渠道。近年来,各大企业纷纷通过知乎平台进行知识营销、品牌提问来提高品牌知名度。在生态化方面,知乎在产品发展过程中进行了战略布局,从"机构账号"到"原生广告",再到"品牌提问"。在场景化方面,通过对话、视频展示等多种形式对企业进行品牌曝光,不断传递企业文化深层的品牌信息,为企业带来更多用户。目前,DR钻戒、凯迪拉克、肯德基等企业在知乎上通过"品牌提问""专栏""知乎 live"等来推广品牌,而知乎也从中获得了盈利。另外,2017年11月知乎打造了"不知道诊所"这样一种创意体验馆,其目的是将其线上产品进行线下推广,为其商业化运作带来更多流量,同时,帮助电子书、课程等进行线下营销。知乎也借助这种方式,与耐克、时尚芭莎、一直播等17家企业建立了良好的商业合作关系。②

根据上述案例内容,思考以下问题:

1. 知乎的盈利模式给予当代知识付费平台怎样的启发?
2. 知乎的盈利模式构建体现了那些互联网新业态的特征?
3. 知识付费模式在未来的发展前景如何?

---

① 简旭,常江波.知识付费盈利模式研究——以知乎为例[J].郑州轻工业学院学报(社会科学版),2018,19(05):74-82.

② 王逸文,周功建,赵卿.在线知识付费平台商业模式探析——以知乎为例[J].企业科技与发展,2019(12):158-160.

第十章

"互联网+"的经济实践

【学习目标】
1. 了解互联网金融的概念和主要类型；
2. 了解互联网金融对传统金融的改造和冲击；
3. 熟悉互联网内容产业的概念与主要子产业；
4. 了解互联网对内容生产和消费的影响；
5. 掌握"互联网+"经济实践的特性。

【重要概念】
互联网金融　第三方支付　网络众筹　虚拟货币　互联网内容产业

【开篇导读】

入局比特币不能盲目

比特币（Bitcoin）最初由中本聪在2008年11月1日提出，并于2009年1月3日正式诞生，是根据中本聪的思路设计发布的开源软件以及建构其上的P2P网络。与所有的货币不同，比特币不依靠特定货币机构发行，它依据特定算法，通过大量的计算产生，比特币经济使用整个P2P网络中众多节点构成的分布式数据库来确认并记录所有的交易行为，并使用密码学的设计来确保货币流通各个环节安全性。P2P的去中心化特性与算法本身可以确保无法通过大量制造比特币来人为操控币值。基于密码学的设计，可以使比特币只能被真实的拥有者转移或支付。这同样确保了货币所有权与流通交易的匿名性。同时，比特币还具有极强的稀缺性。

根据每日经济新闻2021年1月8日的报道，比特币经历短暂的暴跌之后继续发力上攻，升破4万美元，再度创下历史新高。值得注意的是，2020年12月16日，比特币才刚刚突破2万美元，短短一月比特币已经翻倍，2021年比特币从3万~4万元关口仅用5天多。PwC全球加密货币负责人Henri Arsanian表示，比特币之所以出现疯狂上涨的原因有两点：一是大型机构投资人进场购买；二是害怕错过散户投资人从而推动比特币涨势。同日，经济日报也发文称，业内认为比特币这波暴涨主要与全球避险情绪有关。

尽管比特币行情一骑绝尘，但也要注意比特币泡沫大、波动强、风险高，盲目入局甚至加杠杆或出现爆仓的危险，更重要的是比特币的投资面临监管风险。早在2013年12月5日，我国中国人民银行、工业和信息化部、中国银行业监督管理委员会等五部委发布《关于防范比特币风险的通知》来保障社会公众财产权益、防范金融风险,同时,人民银行做出表态:今后,人民银行将基于自身职责,继续密切关注比特币的动向和相关风险。目前在国际上,比特币交易尚且游离在灰色地带,随着未来各国相应监管政策的提出,对比特币的管控或打压力度也将加大。

资料来源:http://www.ce.cn/xwzx/gnsz/gdxw/202101/08/t20210108_36200792.shtml

案例思考:

中国人民银行等五部委发布《关于防范比特币风险的通知》体现了我国对于公众财产和金融行业的什么态度?

互联网技术在推动互联网产业发展的同时,也实现了在传统产业的普遍应用,成为推动传统产业转型升级的重要力量。本章将以金融业与内容产业为主要研究对象,探讨互联网技术在这两个产业的具体实践与应用,并总结"互联网+"经济实践的基本特性。

第一节 互联网金融

一、互联网金融的概念

20世纪90年代中期开始,随着传统金融业务的网络化,银行等实体金融机构通过互联网开展了线上服务,如网上银行、网上证券、网上保险等;进入21世纪以来,伴随着大数据、云计算、搜索引擎、社交网络、移动支付等互联网现代科技的飞速发展,互联网不再甘于仅仅作为传统金融机构降低运营成本的工具,而是逐渐将其自身开放、平等、协作、分享的精神向传统金融业态渗透。各类互联网在线服务平台开始直接或间接向客户提供第三方金融服务业务。在新一代互联网技术的推动下,电子商务、互联网与金融业三者之间的业务交叉日益频繁,行业融合趋势明显,诞生了一种新金融形式——互联网金融。

必须要明确一点,互联网金融和传统金融并无本质区别,其本质都是关于金钱跨时间跨空间的流动与分配。但是互联网金融凭借其技术的优势,使得货币在存在形式、流通、交易等方面有了巨大的变化,并且在关于金融各个主体的信息数据收集与分析方面具备明显优势,在表现形式上明显有别于传统金融。因此,无论是业界还是学界,都把互联网金融作为一种新型的金融业务进行研究。

中国人民银行给出的定义是:互联网金融,是借助互联网和移动信息技术,实现支付结算、资金融通和信息中介功能的新兴金融模式。狭义的互联网金融,是指作为非金融机构的互联网企业开展的、基于互联网技术的金融业务;广义的互联网金融,既包括互联网企业从事的金融业务,也包括传统金融机构开展的互联网业务。互联网金融的本质特征为基于大数据的、以互联网平台为载体的金融服务。

基于互联网金融多年的发展和革新,本书较为认同以下定义:"互联网金融是运用互联网技术、移动通信技术提供金融服务的一种新型金融形式,既包括电商等互联网企业利用电子商务、社交网络、移动支付、大数据、云计算、搜索引擎等为代表的互联网技术、移动通信技术开展的金融业务,也包括传统金融机构利用互联网技术、移动通信技术开展的金融业务。"这种定义更能凸显互联网技术对金融业的巨大促进作用,也更接近互联网技术本身作为一项信息科学技术的本质。①

二、互联网金融的主要模式

(一) 第三方支付

在我国,非银行机构提供零售支付服务被形象地称为"第三方支付"业务。第三方支付企业通常由银行外包服务企业演变而来或者依托电子商务平台发展而来,这类企业利用其自身的信息技术或客户群体优势,通过提供支付通道、支付工具等方式直接为最终用户提供货币资金转移服务。

经过十多年的发展,中国第三方支付市场交易份额扩张迅速。艾瑞咨询发布的《2020中国第三方支付市场数据报告》显示,2019年中国第三方移动支付交易规模达到226.2万亿元,同比2018年增长18.7%。第三方支付技术也随着互联网技术的不断升级得以快速发展,支付方式从二维码支付和NFC支付走向生物技术支付,这也使得第三方支付更为安全。目前,第三方支付已经成为网络交易的主要手段。

(二) 网络众筹

众筹也是互联网金融模式下衍生出的创新模式之一,它来源于美国,是筹资人通过网络发起的集体活动,大众通过互联网进行沟通联系,汇集资金。筹资人在众筹平台通过身份审核后,在平台上建立网页来向投资人介绍自己的项目,同时寻求小额资金和另外的物资支持。平台掌握筹得的资金,在规定时间内项目成功后,将资金转入筹资人账户,并抽取募集资金的一定比例作为服务费用。如果规定时间内未能筹到所需资金,那么资金会返回出资人,筹资人项目宣布失败或重新筹集资金。

我国互联网众筹金融模式是政府认可的资金募集方式,但在规范性制度出台前,它有一个发展爆发期。政府建立备案、监管、处罚、运行清单等完备的制度体系后,众筹平台、融资金额快速经历了跳水式下降,目前规模趋于平稳。根据《2019年互联网众筹行业研究报告》,截至2018年12月底,国内上线过众筹平台共计约860家。

(三) 金融网销

金融网销一般是指金融网络营销。金融网络营销(On-line Marketing 或 E-Marketing)是以互联网络为基础,利用数字化的信息及金融网络媒体的交互性来辅助营销目标实现的一种新型的市场营销方式。

金融网销涉及基金、债券、信托、资产管理计划、保险等。金融网销模式包括自建平台销售和第三方渠道销售两种。自建平台销售包括银行本身发行银行端的现金管理产品,基金公司在自己的直销平台上的推广等,典型的代表有广发基金的钱袋子等;第三方渠道销售

---

① 龚明华. 互联网金融:特点、影响与风险防范[J]. 新金融,2014(02):8-10.

是与电商平台等互联网公司合作,通过第三方来销售产品,代表平台有微信理财通、好卖基金网、百度的百发等。

金融网销的出现改变了金融产品、金融业务、金融体系的传统理念,也给人们提供了更好的服务。金融网销有许多优势,金融网销品用户基础广泛,市场潜在用户多,截至2019年6月,我国互联网金融网销理财用户规模达到1.70亿人,较2018年底增长1835万[①];能够极大地降低经营成本,使产品具有价格竞争力;在网络上的广告既具有平面媒体信息承载量大的特点,又具有传播媒体的视、听觉效果,可显著提高宣传的有效性;可以超越物理条件的限制,锁定顾客;金融网销提供的产品更加丰富,理财产品及组合形式种类齐全;金融网销平台的入口形式更加丰富,有手机软件、微信、网上商城等平台;产品多为标准化的理财品,以客户为中心进行产品设计,客户体验感更强。

(四)虚拟货币

虚拟货币(virtual money)指的是电子货币,即没有实物形态的以电子数字形式存在的货币。以支票形式使用的银行活期存款即存款货币则是从实物货币走向虚拟货币的转折点。

真正的虚拟货币时代是从20世纪70年代开始的。虚拟货币经历了三个发展阶段。第一阶段为"磁卡"时期,20世纪70年代初期,美国的银行研制了磁卡(magnetic trip cards),卡的背面嵌有一片磁条,用于储存或识别信息。银行把代表一定金额的信息输入到磁条,持卡人通过个人识别号码可以从提款机提取存款,这种磁卡称为货币卡。第二阶段为"微电子卡"时期,20世纪70年代中期,继磁卡之后出现了微电子卡。微电子卡(chip cards)是一种嵌有微电子电路的塑料卡,它包括两个系列:一个是没有微处理器的微电子卡,称为记忆卡(memory cards),它被输入不可更改的信息并装有可以执行预先设置指令的电子线路;另一个是装有微处理器的微电子卡,称为智能卡(smart cards),它像一台微型计算机,对卡中记忆的信息进行控制和管理。第三阶段为"网络货币"时期,到20世纪90年代中期,作为电子货币最高形态的网络货币终于出现。网络货币(internet money)是指存在于互联网中的货币。如果说磁卡、微电子卡、光卡以塑料卡为载体,那么网络货币以互联网为载体。但是,它们的共同特点都是以电子数字的形式存在。

网络货币流通于互联网中,与预付卡或借记卡相比具有下述特点:第一,独立性,即网络货币不依赖于实物而存在;第二,安全性,即网络货币可以安全流通并被交换双方确认;第三,私人性,即隐私权在网络货币流通过程中得到保护;第四,传送性,即网络货币可以在互联网中传送;第五,可分性,即网络货币可以分割为较小的单位。[②]

2009年1月,一种基于区块链技术的新型网络货币——比特币正式面世。不同于以前基于主权货币的电子货币,比特币具有去中心化、匿名性、总量固定的特点。对于比特币到底属不属于货币这个问题,目前仍存在很大的争议。我国央行明确把比特币定义为一种特殊的互联网商品,否定了其货币属性。前央行行长周小川则把比特币比作是邮票一样的可交易资产。

---

① 中国互联网络信息中心(CNNIC)。
② 李翀. 虚拟货币的发展与货币理论和政策的重构[J]. 世界经济,2003(08):75-79.

从 2014 年开始,我国央行成立了专门的研究团队,对从数字货币发行到业务运行框架、技术、流通环境等多方面进行深入研究后,自 2016 年正式启动推动数字货币发行准备工作。2020 年 5 月,中国人民银行开始试点发行数字货币。数字货币的全称是"Digital Currency Electronic Payment",简称 DCEP,也就是数字货币与电子支付的意思。央行发行的电子货币是人民币的电子版,可以理解为全国都能接受的"一卡通"。这个电子货币是 M0 的替代,也就是将以往发给各金融机构的现钞变为电子货币;以往现钞通过押钞车运到银行金库,现在通过银行在 DC 的支付平台上的账户直接"转账"。[①] 目前,瑞典、委内瑞拉、菲律宾、厄瓜多尔等国都已经推出了自己的数字货币,相信在不久的将来,会有更多的国家加入发行本国主权数字货币的行列。

三、互联网金融对传统金融的改造

(一)提高资源配置效率

互联网金融可以提升资源配置效率,有效解决小微企业融资难题。由于基础实力比较薄弱,管理不规范,中小型企业生存困难,而互联网金融其实是一种直接融资方式。利用大数据、云计算和微贷技术可以全面了解小企业和个人客户的经营行为和信用等级,建立数据库和网络信用体系。在信贷审核时,投资者将网络交易和信用记录作为参考和分析指标。贷款对象如违约,互联网金融企业还可利用网络平台搜集和发布信息,提高违约成本,降低投资者风险,在服务中小企业融资及个人贷款方面具有独特优势。因此,互联网金融模式可以超越传统融资方式的资源配置效率,大幅降低交易成本,有力支持实体经济的发展。[②]

(二)减轻信息不对称,降低交易与运营成本

互联网金融通过社交网络生成和传播信息,克服信息不对称风险。在传统融资模式下,金融机构获得融资企业,特别是小微企业的信息成本较高,收益与成本不匹配。而互联网金融可以利用"云计算"原理,将不对称、金字塔型的信息扁平化,实现数据的标准化、结构化,提高数据使用效率,有效减少信息失真现象。例如,阿里小贷、百度小贷等利用自身的网络交易信息和大数据挖掘技术,直接介入信贷市场。另外,网络交易会留存信息,而互联网的信息储存量巨大且保存时间长,这也给用户带来了保障。当贷款对象违约时,互联网金融企业可以通过公开违约和降低评级信息等方式,增加违约成本。

互联网金融可以大幅降低业务成本,改善传统银行内部运营效率。有测算显示,通过营业网点进行交易单笔成本为 3.06 元,而 ATM 的单笔交易成本为 0.83 元,网上银行的单笔交易成本仅为 0.49 元,互联网金融具有显著的业务成本优势。

(三)提高服务覆盖率

互联网金融提高了双面服务覆盖率,即提高了服务人群的覆盖率和多样金融产品的覆

---

① 魏薇. 央行数字货币稳步推进 有助于我国经济体系日臻完善[OB/EL]. 中国产经新闻网,2020-08-08,http://www.cien.com.cn/2020/0808/101781.shtml.
② 宫晓林. 互联网金融模式及对传统银行业的影响[J]. 南方金融,2013(05):86-88.

盖率。互联网金融模式有利于商业银行拓展客户基础,商业银行可以与自身战略结合,一方面挖掘、吸引新客户;另一方面增加客户黏合度,拉近与客户间的业务关系。在互联网金融模式下,银行传统目标客户群可能发生改变,传统物理网点优势弱化,追求多样化、个性化服务的中小企业及个人客户更倾向于通过互联网参与各种金融交易。互联网金融的生长点普遍集中在"小微"层面,往往具有"海量交易笔数、小微单笔金额"的特征,这样既提升了金融服务效率,又扩大了基础金融服务覆盖面,而这恰恰是传统金融行业难以覆盖的地方。商业银行传统价值创造和实现方式将发生改变,能够提供快捷、低成本服务的金融机构将得到市场青睐。

(四)打破地域、时间、规模限制,增强了金融服务的可得性

互联网金融的兴起打破了地域、时间、规模限制的局限性,增强了金融服务的可得性,拓展了收益范围。有报告显示,我国电子银行发展已进入成熟期,多数银行的电子银行替代率已在80%左右,能熟练使用网银的人群已从年轻人扩展至中老年人。[1] 根据《2020年中国电子支付行业深度调研及发展趋势分析报告》,2019年我国个人网银交易规模为448.5万亿元,同比增长70.3%,而企业网银交易规模为855.9万亿,同比增长28.4%。[2]

(五)流动性增强,实现碎片化理财

通过互联网金融企业搭建的网络金融平台,客户可自行选择适合的金融产品,只需动动手指,即能开展支付、贷款、投资等金融活动,方便快捷,免去客户跑腿、等待之苦。

部分传统金融机构囿于网点、人员的不足,往着力于发展"20%"的高价值客户,而互联网金融则更注重发展"80%"的草根客户。现在的微借贷、微理财、微保险、微投资等,客户门槛较传统金融产品要低很多;余额宝和百度理财的最低认购额仅为一元。

有一点闲钱,渴望增值又不想付出太多精力,也不愿承担过高风险的普通百姓对"碎片化"理财的需求,催生了"超市化"的互联网金融平台。而互联网金融机构将金融产品信息发布在平台上,有闲散资金理财需求的普通百姓可以登录平台,像"逛超市"一样选择合适自己的产品。所有理财产品都有真实可靠的对应债权作为投资标的,以保证其透明度和安全性。互联网金融交易信息服务平台针对"碎片化的资金"和"碎片化的时间"提供"碎片化的收益",可满足百姓"小微财富"增值的需求。

四、互联网金融对传统金融的冲击

(一)对货币体系的冲击

互联网金融削弱了货币供应的可测性。互联网金融使得货币供给层次的划分变得模糊,各层次货币之间的转化变得更为迅速和便捷,从而使货币供应量的计量变得更加困难。互联网金融也削弱了货币供应的可控性,电子支付的盛行减少了流通中的通货数量,降低了

---

[1] 龚明华.互联网金融:特点、影响与风险防范[J].新金融,2014(02):8-10.
[2] 2020年中国电子支付行业深度调研及发展趋势分析报告[OB/EL].中国产业调研网,https://www.cir.cn/R_ITTongXun/25/DianZiZhiFuHangYeQianJingFenXi.html.

现金漏损率,提高了货币乘数,同时互联网金融的发展使大量资金通过网络流向非存款类金融机构和金融市场,这些都降低了中央银行对货币发行量的控制能力,对货币体系的稳定带来了一定冲击。

(二) 对传统金融机构的冲击

一是互联网金融业务作为金融业务的一种新型提供渠道,对商业银行传统代销类中间业务产生了冲击。截至 2020 年 9 月,我国共发放非金融机构支付业务许可证 9 批,现存仍未到期或仍未被注销的牌照公司共有 242 家。2013—2019 年,我国第三方支付综合支付市场交易规模逐年增长,2019 年达到 250 万亿元,与 2018 年相比增长 20.2%[①],分流了银行的部分传统结算业务;又如在资管产品销售领域,随着"三马卖保险"、微信以及基金网店等众多互联网金融平台的出现,银行作为基金公司、保险公司的分销商角色面临竞争。

二是互联网金融的兴起成为金融脱媒的重要推手。其一,从资金来源看,余额宝等资管类互联网金融业务对银行存款和理财类产品产生较大分流作用。目前,银行活期存款利率仅为 0.35%,而余额宝等互联网金融资管产品的年化收益率基本在 2%~4%,流动性也比较好。Wind 统计数据显示,2020 年 9 月余额宝的规模达 12 238 亿元。[②] 其二,从资金运用看,阿里小贷、百度小贷等利用自身的网络交易信息和大数据挖掘技术,直接介入信贷市场;一些纯 P2P 网贷平台作为资金供需双方的信息中介,降低了借贷双方的信息搜寻成本和信息不对称风险,分流了部分传统贷款业务。

五、我国互联网金融的未来发展展望

尽管我国互联网金融近年来发展迅猛,但仍存在多方面的问题有待解决,需要采取各方面措施,为我国互联网金融的健康发展提供更好的基础和环境。

(一) 明确互联网金融的法律地位和监管主体

互联网金融是一项重大创新,加强互联网金融监管是为了更好地促进其健康可持续发展,更好地为金融消费者服务。一方面,互联网金融虽然是一种新型线上业务,但其本质仍是金融业务,因此,应与线下的传统金融企业执行相同的监管规则。如银行机构互联网金融业务要满足银监会的相关监管要求,第三方支付机构要在人民银行的许可范围内开展业务,互联网小贷公司要遵循地方政府的相关监管要求,余额宝等货币市场基金类资管业务要遵守证监会的相关要求,众安保险要遵照保监会对保险企业的相关监管要求等。另一方面,互联网金融作为一种创新,处于发展的初级阶段,不可避免地会存在一些监管空白地带,需要进一步完善相关监管政策,明确相关监管责任,为互联网金融的健康可持续发展保驾护航。

---

① 一文了解 2020 年中国第三方支付行业现状及发展趋势 B 端市场潜力待挖掘[OB/EL].百度号前瞻经济学人,2020-10-10,https://baijiahao.baidu.com/s?id=1680147136912333769&wfr=spider&for=pc.

② 权益时代宝类产品神伤,昔日宝类"巨头"余额宝收益排位退后[OB/EL].和讯网,2020-09-11,http://money.hexun.com/2020-09-11/202052456.html.

（二）完善征信体系

要推进行业自律和合作，守住合法底线。互联网金融不能涉及非法吸收公众存款、非法集资，不能挪用客户资金等。要完善互联网金融业务的自律管理体系，推动建立相关行业标准和制度规范，促进信息共享，分享不良客户信息等，提高行业整体抗风险能力。

（三）加强风险控制

风险管理是金融企业的"生命"，互联网金融归根到底还是金融业务，互联网企业要建立完善风险管理和内部控制的制度和机制，积极借鉴传统金融机构在这方面长期积累下来的良好做法，特别要注意的是，不能因"改进客户体验"而偏废"风险管理"。

（四）注重消费者保护

互联网企业不仅掌握了大量消费者真实身份信息，如证件号码等，还掌握了大量消费者银行卡敏感信息，如银行卡号、卡片验证码、卡片有效期、个人标识码等。新闻媒体曾多次报道第三方支付机构客户信息泄露事件，很容易引发社会公众对于互联网支付机构系统安全性的信任危机。而且，互联网金融具有高虚拟性，极易爆发系统性故障或遭受大范围攻击，造成整个网络瘫痪，甚至会导致严重的客户资料泄露和交易记录损失。因此，互联网企业要更加注重安全性问题，包括客户资金安全、客户信息安全和信息系统安全等，以避免互联网金融可能面临的法律风险、声誉风险和信息科技风险等。

拓展阅读 10.1

疫情环境下互联网金融应用思考

第二节　互联网内容产业

一、互联网内容产业的概念

内容产业，从其构成要素来看，是指声音、动画、程序等要素经过加工处理所形成的一种创造性的活动，并且这种活动能够在传统和现代媒介中进行传播，在丰富人们精神世界的同时带来经济效益。从具体类型来看，内容产业的产品与服务主要包括通过各种媒介传播的印刷制品（如报纸、杂志、书籍等）、电子出版物（联机数据库、音像制品服务、电子游戏等）、音像传播（电视、录像、广播和电影）以及数字化软件。

所谓互联网内容产业，就是在计算机技术、通信技术、宽带网络、无线网络与相关设备迅速发展的背景下，互联网与内容产业进行融合之后所产生的新兴业态。按照多媒体类型与用户参与程度，互联网内容产业大致可以分为图文、音视频和游戏 3 类，衍生出网络文学、网络视频、网络动漫、网络游戏、网络音乐、网络新闻等有代表性的子产业。

二、互联网内容产业的主要子产业

（一）网络文学

近年来，网络文学市场规模保持平稳增长，尤其是移动端已成为网络文学平台之间竞争的主要战场。网络文学用户整体规模目前已突破3亿，尤其移动端的增长令人瞩目。根据CNNIC数据，截至2020年3月，网络文学用户规模达到4.55亿，较2018年年底增加2337万，占网民总体的50.4%；其中，手机网络文学用户规模为4.53亿，较2018年年底增加4238万，占手机网民的50.5%。随着移动网络以及终端设备的普及，移动端网络文学充分利用了用户的碎片时间，并致力于不断提升用户体验，由此构成了各大文学平台竞争的核心战场。①

网络文学作品成为互联网内容产业重要的IP来源。网络文学作品自带的完整世界观设定，使其天生即具有易于改编为其他作品形式的特性，并且改编后的作品也更易于为原有核心用户所支持，形成粉丝经济效应。网络文学的IP发展趋势不但开拓了跨界合作营销的新领域，刺激了周边衍生产品的消费，同时也发掘了不同作品的价值，促进了网络文学作品类型的丰富以及内容质量的提高，激发出内容生产者的创作热情。

网络文学领域的领军企业之一阅文集团倡导多元化题材发展，并在现实题材创作领域遥遥领先，为推动现实题材创作付出了巨大努力。连续数年的网络文学现实题材大赛，在推进现实题材创作方面成果显著，为网络文学可持续发展贡献了巨大力量。在2019年10月国家新闻出版署和中国作家协会联合举办的优秀网络文学原创作品推介活动中，以庆祝新中国成立70年为主题，共有25部作品获得推介，阅文集团旗下的《大国重工》《朝阳警事》《燕云台》《魔力工业时代》《地球纪元》《星域四万年》等作品成功入选，彰显了阅文集团在原创作品创作方面的强大实力。

在IP文化塑造方面，令人瞩目的案例当属《庆余年》和《全职高手》。2019年年底热播的《庆余年》，早已聚集超百万粉丝，形成了一个以内容为核心的读者社区，粉丝自发创作的广播剧、地图疆域、武功排行、人物漫画、同人文等层出不穷，拥有超高人气基础。《全职高手》作为网络文学史上第一部千盟书，成就了另一款国民IP。据统计，在全国举办的大大小小的漫展中，每5个人中就有一个是《全职高手》的粉丝，微博上《全职高手》超话达6.2万贴，达到目前国内二次元圈的顶级流量。②

（二）网络视频

网络视频行业联合线下影视，借助热门IP进行跨界发展，使得优质内容资源在扩大市场规模的同时也丰富了变现方式。根据CNNIC数据，截至2020年3月，我国网络视频（含短视频）用户规模达8.50亿，较2018年年底增长1.26亿，占整体网民的94.1%。其中短

---

① 中国互联网络信息中心(CNNIC).第45次中国互联网络现状统计报告报告[R].2020-04-28。
② 中国社科院：2019年网络文学发展报告[EB/OL].https://mp.weixin.qq.com/s/CwSYY4c1hOzlyvISzYae7g.

视频用户规模为7.73亿,较2018年年底增长1.25亿,占网民整体的85.6%。2019年以来,政府加强监管力度,网络视频行业进一步规范化,互动视频成为行业热点,平台跨领域合作创造了会员服务新生态。①

互动视频探索步伐加快,成为行业关注焦点。爱奇艺、腾讯视频、优酷等多家平台开始尝试互动视频,并在互动电视剧、互动电影、互动综艺等领域遍地开花。同时,互动视频一站式创作平台陆续开发软件帮助创作者使用模板上传、发布作品,由此降低了创作门槛,推动了互动视频的落地,此外,5G技术商用也为互动视频的发展提供了新机遇。

网络视频跨领域合作,促进了付费会员数量和收入增长。2019年,各大视频平台以优质服务内容为核心,围绕用户需求进一步扩大服务边界,与在生活服务、技术等方面领先的公司如携程、京东、华为等合作,通过账号互通、运营协同等措施扩大会员权益,激发了用户付费意愿,跨领域获取用户资源。

2019年以来,短视频用户规模快速增长,内容发展也更加良性。短视频在努力扩大海外市场、输出文化的同时,与其他行业的融合趋势也越来越显著,尤其是在带动贫困地区经济发展中的作用明显。

(三) 网络动漫

由于网络传播的便捷迅速和年轻核心用户的成长,二次元动漫逐步从小众亚文化走向大众视野。在核心群体带动下,泛二次元用户数量不断扩大,动漫的影响日益增大。根据艾瑞咨询数据,2020年,泛二次元用户规模已经突破4亿人,再加上二次元动漫IP化,已经上映的许多改编动画电影市场反响热烈,为未来泛二次元用户规模的继续增大打下了坚实的市场基础。

在网络动漫行业,弹幕网站成为二次元观影交流的阵地。弹幕网站由于新番动画更新的及时性、沟通的开放性和互动的实时性,有效结合了社交互动与视频观看,同传统平台如贴吧、论坛等相比更具趣味性,受到了核心用户的广泛欢迎。

二次元动漫本身的盈利能力较弱,其最主要的盈利模式是利用IP,形成粉丝经济,二三次元跨次元统合发展。网络动漫IP的变现模式包括动漫玩具、动漫服装、动漫出版物等多种形式的衍生品。热门二次元IP主要以动画的形式进行传播,在这一渠道的影响下促成同人轻小说、音乐、虚拟产品销售。除IP周边衍生品授权外,二次元IP游戏化是当前最有盈利前景的变现模式。

在活跃用户数方面,目前活跃用户最多的网络动漫平台为快看漫画、腾讯动漫、看漫画。其中,快看漫画和腾讯动漫活跃用户数居于行业绝对主导地位,行业头部平台优势明显。

(四) 网络游戏

近年来,网络游戏用户规模稳步上升,根据CNNIC数据,截至2020年3月,我国网络游戏用户规模达到5.32亿,较2018年年底增加4798万,占网民总体的58.9%;其中,手机网络游戏用户规模为5.29亿,较2018年年底增加7014万,占手机网民的59.0%;伴随着人口红利的消失,网络游戏玩家渗透率将接近饱和,网络游戏行业正面临着"95后"和"00

---

① 中国互联网络信息中心(CNNIC).第45次中国互联网络现状统计报告报告[R].2020-04-28.

后"人口红利消失的新局面。

伴随着国内游戏市场日渐饱和,出海发展成为国内游戏厂商的不二选择。多款国内开发的移动游戏全球月活跃用户数、下载量、用户支出等数据居世界前列。国产游戏在海外表现亮眼主要体现在网络游戏厂商拓宽收入渠道为增强抵御风险能力创造了条件。

长期以来,我国国内游戏市场也受到众多海外企业的青睐。国际知名游戏平台的引入为我国网络游戏用户获得良好的游戏体验和游戏选择创造了条件,也为增强国内游戏市场竞争程度,从而为不断学习先进国外游戏制作经验打入国际市场提供了良好机遇。

随着科技的进一步发展以及5G商用的实现,"云游戏"从概念逐步走向落地。所谓"云游戏",就是通过云端集中运算减少游戏对客户硬件的需求,从而使更多用户享受高质量的游戏体验。腾讯、完美世界、网易等网络游戏企业先后推出多个游戏平台,并加强了与中国联通、华为等企业的合作,已在"云游戏"领域斩获先机。[①]

腾讯是当之无愧的手游榜第一企业,畅销榜前20款游戏中,腾讯占半壁江山,网易紧随其后,占据其中5款。2019年,腾讯游戏多款自研手游表现亮眼,随着腾讯对自主研发的重视和投入,整体而言腾讯手游产品结构以发行代理为主逐步向"自研+代理"并重发展。目前,腾讯游戏的自研手游包括《王者荣耀》《和平精英》《火影忍者手游》《穿越火线:枪战王者》等。发行手游包括《天龙八部手游》《剑侠情缘》《我的起源》《完美世界》等。2020年1月腾讯手游《王者荣耀》和《和平精英》的日活量近亿级。[②]

(五)网络音乐

由于各大网络音乐平台的正版黏性和新兴互联网演艺平台的社交吸引力,网络音乐用户规模持续大幅增长,移动音乐用户渗透率继续提升。根据中国互联网络信息中心数据,截至2020年3月,网络音乐用户规模达6.35亿,较2018年年底增加5954万,占网民总体的70.3%。其中,手机网络音乐用户规模达到6.33亿,较2018年年底增加7978万,占手机网民的70.5%。[③]

2015年,国家版权局发布《关于责令网络音乐服务商停止未经授权传播音乐作品的通知》,对网络音乐版权进行专项整治,要求各网络音乐服务商必须将未经授权的音乐作品全部下架。经过规范整治之后,国内的网络音乐版权问题明显得到改善,直接推动网络音乐行业突破长久以来的盗版困局,有效培养了用户的付费习惯,市场规模进一步提升。

网络音乐的版权问题专项整治行动对网络音乐行业健康发展起到了十分积极的作用,同时还连带促进了线上直播、线下演出等周边产业环节的发展。随着"泛音乐"时代的来临,O2O、IP艺人开发、粉丝经济的发展使得商业模式进一步升级,产业生态进一步完善。

音乐类App以腾讯为龙头,百度和阿里与之差距明显。QQ音乐、酷狗音乐、酷我音乐为音乐类月活跃用户最多的平台,QQ音乐为腾讯旗下自主产品,酷狗音乐、酷我音乐均曾获腾讯产业共赢基金投资。以用户来看,QQ音乐、酷我音乐为行业龙头,且月活跃用户差距较小,呈现"双龙头"局面。阿里旗下虾米音乐、百度旗下产品百度音乐与头部音乐平台相

[①] 中国互联网络信息中心(CNNIC). 第45次中国互联网络现状统计报告报告[R]. 2020-04-28.
[②] 2019—2020年中国移动游戏行业年度报告[EB/OL]. https://www.sohu.com/a/386389091_533924.
[③] 中国互联网络信息中心(CNNIC). 第45次中国互联网络现状统计报告报告[R]. 2020-04-28.

比差异明显。各大音乐平台正在努力拓宽自己的服务版图。以网易云音乐为例,其在基础音乐和 MV 等内容上引入短视频,并建立了以短视频为中心的微博式信息流社区。网易还引入有声书、知识付费板块。相比喜马拉雅等从零开始的音频平台,网易云音乐在主推音乐类课程上有天然优势——网易云用户本身是经过筛选的音乐爱好者,网易甚至可以根据用户订购的音乐类型推荐不同的课程。[①]

(六)网络新闻

网络新闻媒体用户规模持续增加,主要来源于移动新闻客户端用户的增长。根据CNNIC 数据,截至 2020 年 3 月,我国网络新闻用户规模为 7.31 亿,较 2018 年年底增加5598 万,占网民整体的 80.9%;手机网络新闻用户规模达 7.26 亿,占移动网民的 81.0%,较 2018 年年底规模增加 7356 万。[②]

移动端已经成为网民获取新闻的最主要渠道,而移动互联网发展带来的信息膨胀和碎片化,则加速了网络用户对于个性化新闻资讯的需求。移动时代新闻门户转型、自媒体涌现、算法升级,新闻内容生产传播更为"短、平、快",新闻媒体对移动互联网媒体属性增强提出了更高的要求。而网络新闻媒体变现能力也未曾减弱,自媒体、用户属性标签、UGC 成为新闻媒体营收新推力。

以微信公众号为代表的社交网络公众平台促进了自媒体发展,也催生了原生广告。与传统广告相比,原生广告更适用于移动端媒体,效果也更显著。头部门户媒体对移动客户端、原生广告、用户大数据属性的布局,对于新闻行业的营收而言是一种保障;而 UGC、网红内容等新生媒介则需要借助社交网络扩大影响力,其主要收入也是原生广告和视频贴片广告。

新闻类别下月活跃用户数前三名分别为今日头条、腾讯新闻、网易新闻。以今日头条为例,新闻更新主要以算法推送,用户可通过个性定制频道初步定下内容,随后平台将分析用户浏览历史,进行个性化推送。结合人工智能进行精准推送已经成为网络新闻有别于传统新闻的一大特点。

三、互联网对内容生产与消费的影响

20 世纪八九十年代的中国互联网还处于萌芽探索阶段,而到 21 世纪,迅速蔓延扩张的互联网已弥漫到人们社会生活的各个方面,成为一种支配性的力量。

(一)互联网对内容生产的影响

1. 互联网带来新的生产模式,内容生产线上超过线下

互联网取代了印刷机,成为内容生产和传播的新模式。以互联网为代表的数字技术是20 世纪末期以来另一个具有颠覆和超越书写印刷文明的媒体技术,即将一切未被数字化的东西"数字化"从而转化为"互联网的内容"。"数字化"已经成为内容发展的基本方式。互联

[①] 沈明辉,孙婉莹.互联网内容产业报告:内容付费崛起,优质内容为王[R].恒大研究院,2018(07):6-28.
[②] 中国互联网络信息中心(CNNIC).第 45 次中国互联网络现状统计报告报告[R].2020-04-28.

网数字技术诞生之后,一方面解决了存量资源的网络化,之前通过实物载体传播的内容开始在线化。另一方面互联网创造的新增量:网络文学、网络游戏、自媒体、网络视频等层出不穷。

内容发行线上模式超过线下模式,已成为主流。纸质图书、纸媒、CD、DVD 等实物载体内容,不断被电子书、网络音乐、网络视频等赶超,正在逐渐退出历史舞台。随着移动互联网的普及和提升,用户无须下载,可以随时随地获取音乐、视频等内容,由此带来了更好的用户体验。这其中既有时代变迁的缩影,又有技术发展的必然。

2. 内容生产的精准化、协同化

由于互联网内容类型细分的高度化,在粉丝经济、数字化和大数据技术的作用下,互联网内容生产逐渐呈现出精准化的特征。目前,国内外互联网内容平台都更多更频繁地参与内容生产。内容平台在提供服务时掌握了海量的用户数据,所以知道用户的需求偏好,可以进行精准化的内容生产创作。

在 Web3.0 时代,互联网用户不仅仅是在"上网",而是在全面"织网"。在互联网内容生产、创造方面,网民发挥着集体智慧,甚至由此发展出一种商业模式,如国内的知乎。以 Wikipedia 为例,其强调自由内容、协同编辑,十几年时间就以超过 450 万篇条目位居百科全书之首,而且全部内容皆为网友志愿贡献。

3. 内容生产门槛降低,UGC 时代来临

在专业生产内容(Professional Generated Content,PGC)时代,用户的角色只是内容产业的被动消费者,并不参与内容的创作,在用户原创内容(User Generated Content,UGC)时代,互联网激发了社会大众的创作动力和活力,带来了层出不穷的 UGC 生态模式,大批潜在创作者被激活,积极依托自身资源输出信息。用户不再是信息的被动消费者,而成为内容创作的深度参与者。音乐内容提供商还提出了专业用户生产内容(Professional User Generated Content,PUGC)的概念,以 UGC 的形式产出相对接近 PGC 的专业内容,是一种将 UGC 与 PGC 相结合的内容生产模式。[①]

任何优质内容都值得被传播,每个人的才艺都值得被欣赏。PGC 正在内容产业各个子领域内褪色,而 UGC 正在随着创作门槛的降低、内容表达形式的丰富,逐渐成为内容产业主流,图文社区、短视频社区等深度互动模式迅速兴起,互联网内容产业由早期的人与作品互动逐渐演变为人与人的互动,内容的社交属性日益强化,内容生产者与内容消费者之间的界限也逐渐模糊,全民创作成为新时代内容创作的主旋律。[②]

(二)互联网对内容消费的影响

1. 互联网催生多样的付费模式

传统的内容产业消费模式比较单一,而互联网与内容产业的融合催生了多样的付费模式,扩大了付费途径。互联网内容消费两种付费模式,即用户直接付费和广告主付费。

广告主付费是传统的互联网内容付费形式,通过向广告主收取费用,但向用户免费开放

[①] 文娱消费升级下互联网内容产业潜力与趋势|内容产业全景解读[EB/OL]. https://mp.weixin.qq.com/s/3JqXMruNoLhh-7G7WKgx0Q.

[②] 文娱消费升级下互联网内容产业潜力与趋势|内容产业全景解读[EB/OL]. https://mp.weixin.qq.com/s/3JqXMruNoLhh-7G7WKgx0Q.

资源的方式进行运营,而时下 IP 为王,知识付费风潮兴起,用户直接付费逐渐成为各平台的共同趋势。用户直接付费不仅可以提高平台直接收益,而且为用户提供了免广告、高附加值内容的消费体验。

根据用户付费具体时点的不同,可以把用户付费类型进一步细分为"消费前付费"和"消费后付费"两大类。"消费前付费"包含作品型付费、会员型付费、问答型付费、道具型付费、社群型付费,"消费后付费"主要表现为打赏型付费。目前,内容付费仍是以"消费前付费"为主流,"消费后付费"模式主要依赖于客户的自主支付意愿,需要较高的客户忠诚度和持续支付意愿。互联网内容平台在对消费者画像和产品特性进行分析的基础上选择不同的付费方式或付费方式组合实现盈利。

2. 内容消费的个性化

数字化、大数据技术等互联网技术的发展使得内容个性化消费成为可能。此前,人们只能被动接受平面媒体或者网络媒体上的内容,而网络搜索服务的出现消除了个体与信息之间的鸿沟,使得人们能够更加便捷主动地获取信息。通过大数据、数字化等技术挖掘用户需求偏好,可对用户兴趣进行精准定位,以便对其推荐符合其品味的个性化内容。内容推荐在新闻平台中是最常见的,腾讯新闻、今日头条等新闻平台都会根据用户的阅读习惯推送用户感兴趣、有需求的新闻内容。在网络音乐、网络视频、网络文学也存在这种消费模式,做到精准的个性化消费,同样这也是未来内容消费的必然趋势。

3. 流媒体消费成为主导模式

如今,在网络视频、网络音乐、网络文学、网络动漫领域,流媒体消费逐渐成为主导模式。与以往的实体销售或数字销售有所不同,在流媒体模式下,用户不需要下载任何内容,只需在付费订阅之后就可以在线获得高质量的内容服务。在这种环境中,内容产业的保护中心已经从"复制权"过渡到了"传播权"。过去几年,在网络音乐、视频等领域,数字销售、CD 销售等下降趋势明显,而以流媒体为代表的消费模式日益成为主流。

四、互联网内容产业的未来发展展望

虽然近年来我国互联网内容产业发展迅猛,但仍需要在版权制度和内容监管两方面加强监管力度,从而为我国互联网内容产业的进一步发展提供更好的产业环境。

(一)版权制度

在互联网与内容产业的融合过程中,因版权引发的冲突时有发生。爱奇艺状告 B 站侵权、优酷起诉电视猫等版权官司频频发生。事实上,不仅是在长视频领域,在图文、影音,甚至是电视剧综艺等领域,抄袭的指控也不绝于耳。层出不穷的盗版手段增加了维权的难度,盗版牟利形成了产业链也打击了版权所有者的创作热情。

加强版权制度建设势在必行,因为完善的版权保护是内容产业健康发展的关键力量。在我国,连续 15 年的"剑网行动"为代表的版权保护专项行动,以及近几年不断加强的司法保护,加快了正版化进程。同时,我国还加强了网络版权权利、版权避风港、数字权利管理措施等制度建设,既保障了内容产业的发展,又兼顾了互联网技术的创新。

（二）内容监管

微信公众号和小程序数量早已过千万，抖音快手短视频平台上每天都会上传视频，如何抓取用户眼球是每个内容生产者都在思考的问题。抖音、快手等短视频被工信部约谈，小视频下线整改，今日头条永久关闭内涵段子等板块都折射出时下内容质量的参差不齐，甚至低俗消极的问题。"算法没有价值观"曾被人们所诟病，如何通过内容审核机制对内容进行有效的监管是各互联网内容平台和政府管理部门需要积极探索的问题。

拓展阅读 10.2

互联网信息服务行业监管体制及主要政策

第三节 "互联网＋"经济实践的特性

"互联网＋"的概念一经提出，便在信息时代中掀起了一股浪潮，同时也塑造、推动着知识社会创新带来的互联网新形态大变革。"互联网＋"是互联网思维的实践成果，激活了社会经济实体的生命力，为社会各实体改革、创新、发展提供了更广阔的网络平台。通过"互联网＋"的优势可以对传统行业进行优化升级，利用信息通信技术以及互联网平台建设，将互联网与传统行业深度融合，创造发展新业态，实现具有社会意义的"互联网＋实践"的新常态。"互联网＋"代表的不仅是一种新的社会形态，推动互联网在社会资源配置中发挥优化和继承作用，更是将互联网的成果深度融合在经济、社会、文化、生态等各领域之中，对打造大众创业、万众创新，增加公共产品，创新公共服务模式，形成经济发展新动能，实现中国经济提质增效升级具有重要意义。

2015 年 7 月国务院印发的《国务院关于积极推进"互联网＋"行动的指导意见》中提到，在全球新一轮科技革命和产业变革中，互联网与各领域的融合具有广阔前景和无限潜力，正对各国经济社会发展产生着战略性和全局性的影响，已成为不可阻挡的时代潮流。意见印发后，中国坚持开放共享、变革转型、引领跨越、安全有序的基本原则，将互联网与技术、产业等实践行为相融合，充分发挥中国互联网的规模优势与应用优势，推动"互联网＋"经济实践的广泛开展。从这几年的实践来看，"互联网＋"经济实践体现出了以下几方面的特性：

一、普适性

"互联网＋"与实体经济的结合可谓无处不在，互联网与创业创新、协同制造、现代工业、现代农业、智慧能源、普惠金融、益民服务、教育教学、电子商务、医疗服务、物流交通、人工智能等领域之间的互动都属于"互联网＋"实践的融合成果。在中国互联网走向产业融合这一趋势下，通过推进产业深耕或平台赋能，各参与主体都能够在"互联网＋"发展的过程中分一杯羹,由此体现了"互联网+"经济实践的普适性。

二、效率性

"互联网+"实践的背后是大数据的集聚与使用。随着互联网平台的建设,各产业、企业汇聚海量数据于一点,对后台数据进行清洗、筛选、整合、分析,从数据中探究发展趋势,通过对数据的深度利用可提升经济运营效率。对于多数商业组织来说,它们本质上就是一个价值转化系统,包括入口、流程、出口三个环节,又或者说互联网或技术性企业都在围绕这三个环节提供相应的服务,入口即解决供应链采购的问题,云计算、大数据等解决流程的问题,而B2B、B2C、O2O 等企业帮助解决出口问题。例如,"互联网+"电商模式下相关企业的发展,网络的接入为电商带来流量,算法、数据为其了解客户喜好、改善经营销售模式提供条件,京东、天猫等企业可以为货物流转提供便利。这一价值转化体系不仅可以有效降低销售环节的成本,还可以在用户订单集约化的同时提升交付环节的规模效应。另外,"互联网+"实践可以借助互联网信息技术实现空间分散、时间错位之间的供求匹配,从而更好地提高供求双方的福利水平,提升资源配置效率。

三、创新性

社会中的每一个体都被虚化成一个个虚拟的点,各产业、行业间的边界日益模糊,边界的跨越为创新提供了更广泛的可能性,推动了在融合协同基础上的创新。例如,"互联网+"传统集市成就了淘宝,改变了大众的购物方式;"互联网+"传统餐饮成就了美团,响应了快节奏的饮食生活;"互联网+"社交模式成就了腾讯,让距离不再是沟通的障碍;"互联网+"实体企业推动了电子商务的新扩容,以实体为根基整合数据资源;"互联网+"政务打造出智慧政府,提高政府的办事效率,简化办事流程。在"互联网+"实践的红利下,格力电器携手京东集团,聚力产业优势,TCL 联手中国电信探索智慧社区……在可预见的未来,"互联网+"实践的潮流是互联网企业与传统企业、实体经济与虚拟经济、产业资本与金融资本以及三类产业间的边界突破与交融,从而实现经济实践的进一步创新。①

四、开放性

互联网作为一个生态圈本身就具有开放包容的特点。我们推动"互联网+"实践,就是要把过去制约创新的环节化解掉,把以往陈旧的孤岛式环节重新连接起来,发展互联网生态的"命运共同体",从研发到生产再到市场,让参与个体在其中实现个体价值。"互联网+"实践的开放性表现之一是平台的开放,平台开放的要点在于,通过自身服务和第三方应用的互利互惠,提高用户对平台网站的黏性和使用程度,进而增长流量实现盈利,同时通过利益分摊,达到平台自身和第三方应用循环往复而产生的倍速增长。在国家层面,应该设计好顶层

---

① 胡敏.互联网+:跨界与融合[EB/OL]. http://wcm.chinareform.org.cn:8080/pub/people/H/humin/Article/201505/t20150527_226316.htm,2015-5-27.

的"互联网+"的机制和监管标准,把握好"互联网+"开放性的特征,从科技、运营模式、商业应用等方面鼓励开放式的产业融合、商业竞争与合作,努力发展开放平台、开放产业融合、开放生态圈等。

【本章小结】

本章介绍了目前发展较为快速的两个"互联网+"实践——互联网金融和互联网内容产业,同时简述了"互联网+"经济实践的特性。互联网金融是在互联网技术推动下形成的新的金融形式。互联网内容产业就是在计算机技术、通信技术、宽带网络、无线网络与相关设备迅速发展的背景下,互联网与内容产业进行融合之后所产生的新兴业态。除此之外,本章还介绍了互联网金融对于传统金融的改造和冲击,以及互联网内容产业的子产业并对其未来发展进行了预测。

【思考题】

1. 数字货币的重要性日益凸显,请结合互联网金融相关知识探析货币体系的前景。
2. 互联网内容产业具体子产业有哪些?请举例说明。
3. 思考互联网时代网络知识产权的保护路径。
4. 举例说明互联网金融的主要模式。
5. 以某网络视频平台为例说明内容生产的类型与付费方式。

【案例分析】

数字人民币的发行

数字人民币即我国央行数字货币(DC/EP),是由中国人民银行发行的数字形式的法定货币,英文全称为"Digital Currency/Electronic Payment"。"Digital Currency"即数字货币,"Electronic Payment"即电子支付工具。由此可见,数字人民币有两个关键点:一是数字人民币是数字形式的法定货币;二是数字人民币和纸币、硬币等价,数字人民币主要定位于M0,也就是流通中的现钞和硬币。北京大学国家发展研究院副教授、数字金融研究中心高级研究员徐远曾用这样一句话来描述数字人民币:"2020年,将因两件事而刻入历史坐标,一是新冠肺炎疫情,二是数字货币,后者的影响比前者还要深远。"

1. 数字人民币的发展史及运营理念

2014年,中国人民银行成立专门团队对数字人民币的相关发行环境、框架和运行等进行研究。历史6年时间后于2020年在京津冀、长三角、粤港澳大湾区等地区具备条件的部分城市先后开始封闭试点测试工作,测试方法包括在深圳采取"摇号抽签"发放数字人民币红包、在香港地区使用数字人民币进行跨境支付、在苏州采取线上线下数字人民币红包试点工作、在北京东奥试点采用可穿戴设备钱包使用数字人民币等。

数字人民币是由国家信用背书、有法偿能力的法定货币,因此其安全性和效力是比特币等虚拟货币无法媲美的。另外,数字人民币采取的是双层运营体系。在这种设定下,中国人民银行不直接对公众发行和兑换央行数字货币,而是先把数字人民币兑换给制定的运营机构,如商业银行或者其他金融和商业结构,然后公众与相关运营机构进行兑换,这种运营模式与商业银行的传统运营模式不会构成竞争,反而能提高商业银行和其他金融机构的技术创新能力。这种运营体系基本和纸币的发行相似,所以基本不会影响现有的金融体系和实体经济的稳定。

2. 数字人民币的定位及其与微信、支付宝的关系

数字人民币试点推广工作正在紧锣密鼓地进行中,同时也受到社会各方面的关注。尤其是有关数字人民币的市场定位问题。在现行微信、支付宝等便携支付占据的支付市场上,数字人民币推出的出发点并非竞争甚至取代现有第三方支付方式,而是定位于填补市场空白。

根据中国人民银行数字货币研究生所长穆长春在 2020 年 10 月 25 日举办的第二届外滩金融峰会全球大会上的对数字人民币相关问题的解答,微信和支付宝与数字人民币并不在同一纬度。

微信和支付宝是属于金融基础设施,而数字人民币是支付工具。更形象的比方是,微信和支付宝是钱包,而数字货币是钱包里的钱。在电子支付场景下,微信和支付宝的这个钱包里装的是商业银行存款货币,数字人民币发行后可以继续使用微信和支付宝进行支付,区别是现行钱包里装的内容还增加了央行货币。微信和支付宝对应的腾讯和蚂蚁旗下的商业银行属于运营机构,与数字人民币并不存在竞争关系。引用穆长春的话来讲,"数字人民币的发行和流通,涉及社会的方方面面,从来不是人民银行一家的事,也不是某一个机构能够凭一己之力完成的事"。数字人民币的发行和流通需要全社会的共同努力。

资料来源:Why is China moving to digital RMB? - CGTN. CGTN [2020-12-12]什么是数字人民币?看完这篇文章你肯定就懂了.腾讯网.[2020-10-27]商务部:在京津冀、长三角等具备条件试点地区开展数字人民币试点.新华网.[2020-08-14].

根据上述案例内容,思考以下问题:

1. 结合数字人民币的特点、发展史及运营理念,分析数字人民币的发行与传统银行的运营模式有什么利弊?

2. 数字人民币与传统的金融工具有何区别,将会如何影响传统金融工具的未来发展?

3. 结合数字人民币的发展史,分析数字人民币的发行对于中国在全球金融领域的战略意义。

第十一章
互联网经济的宏观规制

【学习目标】
1. 了解各国推动互联网经济发展的一般公共政策；
2. 理解互联网经济反垄断政策的目标；
3. 了解互联网经济中的反垄断规制；
4. 把握互联网经济下知识产权的特征；
5. 了解互联网经济安全的内涵。

【重要概念】
反垄断规制　知识产权　互联网经济安全

【开篇导读】

我国网络版权治理加速前行，颁布新法加强版权保护

党的十八大以来，我国知识产权事业不断发展，走出了一条中国特色知识产权发展之路。在中央政治局第二十五次集体学习时，习近平总书记从国家战略高度和进入新发展阶段要求出发，再次对知识产权保护工作提出重要要求。2020年，我国网络版权治理在多领域坚实前行，尤其是随着著作权法的修订完成，相关行业与司法的新实践及域外有关立法的进展，一系列新型网络版权问题取得突破，为"十四五"版权产业发展打下了良好的基础。

2020年11月，著作权法第三次修改在历时10年后最终完成，这是我国首次为适应国内产业发展需求，直面互联网发展对我国著作权制度挑战的主动修法，其意义重大，争议多年的新型网络版权问题取得突破。

赛事直播保护问题自2013年前后出现，其核心争议点在于"赛事直播节目"能不能构成我国著作权法保护的"视听或者类电影作品"。在标志性的"新浪诉凤凰案"中，二审法院推翻此案一审判决，认为涉案赛事直播节目不具备我国著作权法要求的"独创性"与"固定性"，无法构成作品。在新法修改讨论进入关键之时，2020年9月，北京高院再审"新浪诉凤凰案""央视诉暴风案"，明确赛事节目的数字化复制和传播，满足类电影作品"可复制性"与"介质固定"要求。赛事直播节目版权保护争议历时7年，终在各界逐渐达成共识的情况下得以解决。

资料来源：http://www.nbdushi.cn/bendichengshi/jj/46362.html.

案例思考：
著作权法的颁布对于版权产业的未来发展有何积极意义？

世界互联网经济蓬勃发展的主要推动力固然来自信息技术的突飞猛进，各国政府推出的各项宏观规制也对互联网经济的健康发展起到了良好的促进作用。本章将从各国针对互联网经济制定的一般公共政策、反垄断、知识产权保护和网络安全维护措施这几个方面分析互联网经济的宏观规制。

第一节　推动互联网经济发展的一般公共政策

各国推动互联网经济发展的一般性公共政策主要包括大力推动信息基础设施的建设、促进互联网在生产要素配置中的优化和集成作用、通过法律法规保障互联网经济的健康发展等。

一、推动信息基础设施的建设

信息基础设施建设是互联网经济发展的硬件基础，各国都非常重视信息基础设施的建设。例如，美国政府早在 1993 年 9 月便宣布实施"国家信息基础设施"计划（National Information Infrastructure，NII），兴建"信息高速公路"，为全体美国人方便地共享海量信息资源提供硬件物质基础。1994 年，美国政府进一步提出了建设"全球信息基础设施"（Global Information Infrastructure，GII）的倡议，主张通过卫星通信和电信光缆连通全球信息网络，从而把信息基础设施建设的目标进一步拓展到了全球。继美国之后，欧洲、亚洲各国也纷纷提出了本国或本地区的信息高速公路计划。1994 年 2 月，欧共体委员会正式成立了信息高速公路工作小组和资金筹划小组，并制订出了预计耗资 9000 亿法郎（折合 1562 亿美元）的欧共体信息高速公路计划（1994—2004 年）[1]。日本于 1992 年 5 月出台了"Mandara 计划"（曼陀罗计划）。[2] 韩国政府 1993 年 3 月 23 日公布了关于建设信息高速公路的宏大计划。1994 年 1 月，新加坡政府以美国的 NII 为蓝本，制订了本国的"国家信息基础设施"总计划。1994 年 6 月，在我国政府公布的《九十年代国家产业政策纲要》中，也明确地提出了在基础产业中要"有重点、分层次地大力推进信息高速公路网络建设"[3]。

二、促进互联网在生产要素配置中的优化和集成作用

在构建完善的信息基础设施的同时，各国政府还致力于充分利用这些信息基础设施，积极探索互联网在生产要素配置中的优化和集成作用，努力在各经济领域实现互联网的创新成果，以此促进经济发展。

---

[1] 刘廷元.全球信息高速公路建设热概览[J].经济导刊，1995(03)：68.
[2] 日本的信息基础设施建设——Mandara 计划[J].信息经济与技术，1994(04)：8.
[3] 刘廷元.全球信息高速公路建设热概览[J].经济导刊，1995(03)：69.

例如,美国商务部设立了网上交易系统、网上投标竞价系统,以及包含有政府信息、采购信息和技术信息的网站,还与农业部和小企业局联合成立了"小企业电子商务工作组",指导和推动小企业发展电子商务[①]。

2003年7月2日,以日本首相小泉纯一郎为部长的日本信息技术战略总部通过了《电子日本战略Ⅱ》,明确指出:日本的信息化建设将转向"支持在医疗、食品、生活、中小企业金融、教育、就业和行政7个领域使用信息技术、创建新产业"的方针,体现了日本利用信息技术发展互联网经济的前瞻性眼光。

我国政府十分重视通过电子商务的发展实现信息技术在经济领域的应用。2009年11月30日,商务部发布《关于加快流通领域电子商务发展的意见》,要求各地商务部门扶持电子商务发展,并提出到"十二五"(2011—2015年)期末,力争网络购物交易额占我国社会消费品零售总额的比重提高到5%以上。杭州、上海、深圳、成都等地方政府,对构建电子商务中心极为支持,对电子商务企业的发展提出了一系列优惠措施。

三、通过法律法规保障互联网经济的健康发展

相较于成熟的工业经济,互联网经济是在信息时代出现新的经济形态,其发展壮大需要良好的外部环境,另外其具体运行也存在一些新特点,为此,各国出台了各项法律、法规以保障互联网经济的健康发展。

例如,1998年10月,美国国会通过了《互联网免税法》,以防止全国各州及地方政府对于网络服务或电子商务的买卖双方课征离线交易所不负担的歧视性税赋或多重课税。2000年6月,美国国会众议院通过了《电子签名法》,赋予了电子签名和书面签名同等的法律效力。

日本政府于2000年制定了《高度信息网络社会形成基本法》。该法律明确了制定信息化政策的基本方针,实施信息化战略的领导机构和信息化重点计划的基本内容。同年,日本修改了商法、民法、刑法等三大基本法律,把商业计算机软件等信息产品规定为"信息财产"并受法律保护,明确规定有关电子商务等的契约规则,加大对非法进入计算机系统等高新技术犯罪的处罚力度[②]。

1994年2月,我国国务院发布了《中华人民共和国计算机信息系统安全保护条例》,为保护计算机信息系统的安全提供了法律保障,以此为促进计算机和信息技术在经济建设中的应用奠定了基础。进入21世纪后,随着电子商务的发展,我国颁布了电子商务方面的系列法律规章,包括《中华人民共和国电子签名法》《电子认证服务密码管理办法》《电子支付指引(第一号)》《关于加快电子商务发展的若干意见》《关于加强银行卡安全管理预防和打击银行卡犯罪的通知》等,积极推动我国电子商务的健康发展。

---

① 胡春,吴洪.网络经济学(第二版)[M].北京:清华大学出版社·北京交通大学出版社,2015:286.
② 胡春,吴洪.网络经济学(第二版)[M].北京:清华大学出版社·北京交通大学出版社,2015:288.

第二节 互联网经济与反垄断

一、互联网经济反垄断政策的目标

在世界范围内,一批占有较大市场份额的互联网巨头企业,如微软、谷歌、雅虎、亚马逊等为了谋求或巩固其市场优势地位,纷纷采取并购、掠夺性定价、排他性交易等排斥竞争的垄断行为,也因此受到了各国反垄断规制的高度关注,互联网企业的反垄断诉讼案件也频频出现在大众视野,如从1998年起持续了十多年的微软反垄断案、2000年美国在线(AOL)和收购时代华纳并购、2012年奇虎360和腾讯QQ间的反垄断诉讼案等。国内软件界的元老倪光南先生曾说过这样一句话:软件市场具有天然的垄断性。其实除了软件市场,很多网络产品市场也都具有类似的属性。由于垄断问题产生于市场竞争,为了防止其对互联网经济的正常运行产生不良影响,所以同样有必要对其进行一定程度上的反垄断规制。但是,在对互联网经济进行反垄断规制之前,我们需要明确其规制的目标究竟是什么,正如美国法官波克所说,"直到我们能够对这样一个问题做出判断,反垄断法才会变得理性,即法律的关键是什么——它的目的是什么?"

(一)促进和保护竞争

我国《反垄断法》中第一条就提出"为了预防和制止垄断行为,保护市场公平竞争,提高经济运行效率……";《谢尔曼法》的前提依据也是不受限制的竞争会产生最优的资源配置、最低的价格、最高的质量和最大的物质进步,同时会创造一个有助于维护我们民主的政治和社会的制度环境。因此,维护市场公平竞争、提高市场效率、增强市场竞争活力就是对互联网经济进行反垄断规制的首要目标。

(二)促进创新和技术进步

创新是互联网企业赖以生存的基础,更是企业主要的竞争优势,互联网的发展之所以如此惊人,离不开互联网经济强大的创新性。技术创新作为互联网企业充分竞争的基础,但垄断却会在一定程度上破坏新兴互联网企业的创新动力,阻碍技术进步,因此,将促进科技创新与技术进步作为网络经济反垄断的目标不仅有利于保护互联网经济的技术发展,而且有利于提高互联网产业的市场效率,促进产业发展。

(三)提高消费者福利

在传统经济中,消费者用他们手中的"货币选票"选择质高价低的商品和服务,在互联网经济中也是如此。虽然互联网经济中很多企业所提供的便捷服务是"免费"的,如各种免费使用的App,但互联网企业除了争夺直接的"货币选票"外,还有用户之争。如果由于垄断的存在降低了市场的竞争效率,那么消费者的"货币选票"和用户体验均会受到损失,最终无法实现消费者效用最大化,因此,为了能够提高消费者福利,就必须对互联网经济中的反竞争现象进行规制,才能有效地将消费者福利与企业利益相联系。

但是，由于信息产业具有较高的固定成本，而边际成本极低，所以不存在价格高于边际成本的情况。虽然互联网经济的规模效应和系统经济效应共同作用会使利润向少数优势企业转移和集中，但这并不违背社会福利最大化目标。因此，是否要对互联网企业进行规制，关键是要看其对消费者的福利水平会产生怎样的影响，如果一种市场集中度提高的行为并没有减少消费者的福利，甚至还有利于消费者福利的增加，那就没有充足的理由对其进行反垄断规制。

二、互联网经济中的反垄断规制

（一）互联网经济中垄断结构的规制

目前，对互联网经济中的垄断规制尚无专门的立法，所以在对互联网企业的反垄断规制中依旧以我国的《反垄断法》为指导，但《反垄断法》中对具有市场支配地位的垄断结构的判定标准在互联网经济环境下却不完全适用，所以在具体执行中还需进一步斟酌。

在互联网经济中，企业往往面临着高风险与高收益相伴而生的市场属性。由于互联网行业"赢者通吃"基本生存法则的存在，在进行新市场的开拓过程中，往往是多家企业进行激烈的角逐，因此，对在激烈的市场竞争中生存下来的企业仅因为其市场集中率较高就判定其对行业进行垄断而对其进行反垄断规制并不公平，也不利于互联网产业的长远发展。此外，由于网络外部性和锁定效应的存在，互联网经济必然会形成占有较大市场份额的企业，如果单纯以产品在市场上的占有率来判断是否形成垄断，无疑漠视了互联网经济的本质特征；同时，互联网经济属于德姆塞兹在不同效率假设中指出的优势厂商天然倾向于主导市场的产业，强行对这些优势企业实施反垄断政策，也将会损害效率和消费者的福利[①]。

在互联网经济下，由于互联网产品的市场结构本身就有逐步趋向于寡头垄断甚至完全垄断结构的趋势，并且具有较高市场占有率的垄断结构也是企业不断寻求技术创新、追逐规模经济和范围经济的主要目的，这也是互联网经济得以繁荣发展的源泉，只有具有较高的市场份额才是企业具有较强市场竞争力的体现，如果仅因为该企业具有较高的市场份额就去对其进行规制，无异于是"把下金蛋的鹅拖到反托拉斯的切肉墩子上去"。因此，市场结构并不能再作为企业寻求垄断势力、谋求超额利润、限制市场有效竞争的主要依据，而应更关注垄断行为。

（二）互联网经济中垄断行为的规制

1. 对掠夺性定价的规制

虽然我国《反垄断法》中已明确禁止滥用市场支配地位的企业实行掠夺性定价的行为，但随着互联网经济的快速发展，互联网产品"免费"供消费者使用的形式已屡见不鲜，但我国的反垄断法的立法与执法尚未对这些现象做出回应。其实，不仅在我国，即使是在反垄断法发源的欧美国家，由于对互联网产品缺乏一个普适性的成本测量标准等，在一定程度上也同

---

① 胡春. 网络经济学[M]. 北京：清华大学出版社，2010.

样存在传统反垄断法无法有效应对互联网企业普遍存在的"掠夺性性价"现象。在美国1998年的微软案中,美国司法部就因为对软件产品缺乏一个普适的成本判定标准而导致无法认定其销售行为构成掠夺性定价,转而指控其构成搭售[①]。

虽然世界上大多数国家的反垄断法都对掠夺性定价作了相关规定,如美国的《罗宾逊—帕特曼法》第2条、德国的《反限制竞争法》第20条、欧盟《欧共体条约》第102条和我国的《反垄断法》第17条等,但由于反垄断法立法与理论研究的滞后性,并且基本是立足于传统经济而制定的,并没有将互联网经济的特有属性对互联网企业掠夺性定价的规制所产生的影响考虑进去,使得其面对新型的互联网经济时,对于互联网企业的掠夺性定价的规制缺乏针对性和合理操作性。综上所述,在对互联网企业的掠夺性定价行为进行规制前,首先要从形式上分析行为主体是否为具有市场支配地位的互联网企业,以及互联网企业实施的行为是否属于反垄断法规制范围的低于成本价销售行为;其次,从实质上分析互联网企业低于成本价销售行为是否没有正当理由。若互联网企业实施的行为同时满足这两个条件,方可按照掠夺性定价的垄断行为进行规制。

2. 对排他性交易的规制

在互联网经济中,排他性交易不仅存在于上下游厂商之间,也存在于互补品厂商之间,如设备制造商和软件开发商之间,互联网经济中的排他性交易不一定要有明确的协议,如微软公司只需对每个制造商授权,使其免费安装操作系统就可实现独占,此外,排他性交易的存在也可能会导致占领市场的并不是最优等的技术。因此,对排他性交易的规制也一直受到政府和反垄断学者的关注。

随着经济学的不断发展和互联网经济等新型经济形态的出现,反垄断法对排他性交易的规制也先后经历了"本身违法原则"[②]到"合理原则"[③]的转变。为阻止竞争的排他性交易行为,各国都相应出台了一系列政策法规,如针对通信行业的排他性交易行为,欧盟在2002年出台《电子通信管制框架》中规定,网络所有者要向新进入者开放其网络。2010年,欧盟委员会颁布新规则,大型电信商有义务在向规模较小的竞争者提供无差别的价格的前提下开放高速光纤宽带网络,任何网络运营商均不得垄断向光纤有线网络扩张以及使用该网络的权利[④]。我国《反垄断法》第十七条第四点中规定:"禁止具有市场支配地位的经营者,没有正当理由,限定交易相对人只能与其进行交易或者只能与其指定的经营者进行交易。"现今,美国的反垄断法对排他性交易行为的认定运用"合理原则"时,具体评估的标准包括多方面,如竞争者受排斥的程度、企业的市场力量、市场进入壁垒高低、限制行为是否会带来经济效率、协议期限等。其根本在于权衡排他性交易对市场竞争秩序的负效应和其能带来的经济效率增长,即从长期来看究竟是否增加了社会福利[⑤]。

---

① 查尔斯·F.儒勒著,宋飞译.美国诉微软//收录于项阳主编.法律界名人英语演说辞[M].北京:中国对外经济贸易出版社,2000.

② "本身违法原则"为哈佛学派观点,其对市场经济运作的假设为"市场失灵难以通过市场机制自动纠正,需要通过反垄断政策来干预市场结构和行为"。

③ "合理原则"为芝加哥学派观点,其对市场经济运作的假设为"市场能够有效地发挥作用,政府干预市场结构只能破坏市场机制"。

④ 蒋岩波.互联网企业排他性交易行为的反垄断规制(上)[N].中国工商报,2014-02-13(003).

⑤ 郭齐.排他性交易的反垄断法问题研究[D].中国政法大学,2009.

3. 对水平兼并的规制

我国《反垄断法》中虽然对经营者集中合并和滥用市场支配地位等涉嫌垄断的行为都具有相应的反垄断规制,但互联网企业与传统企业不论在运作模式还是在企业定价方案等方面均存在较大不同,而我国现行的《反垄断法》是 2007 年通过的,那时互联网经济的发展与现今状况存在巨大差异,加之水平兼并的存在虽然一方面使市场中竞争者数量减少,削弱竞争,可能会导致经济效率的降低;但另一方面有利于实现规模经济,提高经济效率。因此,这也对互联网企业水平兼并的反垄断规制问题提出了新的挑战。

由于交叉网络外部性的存在,互联网企业的水平兼并可以使与其链接的任意一方用户接触到更大规模的另一方用户,进而提高用户福利。因此,在对互联网企业的水平兼并行为进行反垄断规制的过程中不能以偏概全,一概而论,对互联网企业由此带来的市场份额和营业额变化的关注可以适当淡化,如果过分拘泥于此反而对反垄断监管的实践有所阻碍,而对于水平兼并背后的限制竞争行为,如阻碍用户的多归属行为、对某些商家进行独家支持等会降低用户福利的企业才应该是反垄断规制的重点对象[①]。

拓展阅读 11.1

中华人民共和国反垄断法

第三节 互联网经济与知识产权保护

一、知识产权概述

在知识经济时代,知识作为一种无形资本和经济成功的决定要素,其稀缺性不言而喻,人们对知识的争夺也愈演愈烈,知识产权问题日益成为人们关注的焦点。互联网经济是以信息技术为主要生产要素,以信息产品为主要产品的产业经济,而信息产品的本质是一种知识产品,因此,对知识产权的保护在互联网经济的发展中起着至关重要的作用。

(一) 知识产权的概念

知识产权(intellectual property)是人类创造性成果在法律上被作为一种财产权对待时的统称,是一种关于智力活动成果的权利,知识产权是随着商品经济和科学技术的发展而历史地产出的一种无形财产权[②]。广义的知识产权应该包括人类智力创作的一切成果。知识产权是某项智力成果的创造者依法应该享有的权利,包括版权、专利权、设计权、商标权等。伴随着计算机和互联网的大范围普及,知识产权已不再局限于工业产权和著作权,互联网知

---

① 谢运博,陈宏民. 互联网企业横向合并的反垄断监管难点与建议[J]. 管理现代化,2016,36(6):16-18.
② 秦玉琴. 新世纪领导百科全书(第 5 卷)[M]. 北京:中国言实出版社,1999.

识产权简称"Internet IPR",是在互联网经济背景下,由信息网络的不断发展更新所引发的相关各种知识产权,以及以信息技术成果形式所依法享有的排他性专有权利。它包括发表权、署名权、修改权、专利权和保护作品完整权,如网络文学及影视作品的著作权、文学作品的版权、网络上软件产品的专利权等[1]。具体表现为三类:一是拥有传统知识产权的权利人将其作品用于网络环境所享有的专有性权利,如作品通过网络数据库进行的上传与传播;二是完全产生于互联网网络的知识产权,如搜索引擎、深度链接、域名等;三是网络中的虚拟财产权,如软件中的代币等[2]。

(二)互联网经济下知识产权的特征

随着计算机技术和互联网信息技术的迅猛发展,人们已步入互联网经济时代,互联网经济以信息和计算机技术为核心生产要素和竞争优势,其涉及的知识产权问题也日益受到重视。技术的不断更新换代与快速发展也为知识产权保护提出了许多新问题,在研究如何对互联网经济下的知识产权进行更好的保护前,我们需要明确互联网经济中的知识产权有何新特征,或者说互联网经济的发展对传统知识产权的特征产生了哪些冲击与变化。

1. 专有性弱化

法律在赋予知识产权权利主体享有其对该知识产权专有权的同时,也对其设定了许多限制,所以知识产权也可以说是一种有限制的专有权。互联网经济下,知识产权面临着新的利益平衡问题,其实质就是对知识产权权利人专有权的限制程度,即是弱化还是强化专有权[3]。

由于互联网具有较高的开放性、透明性和高速传播性,使得数字产品的复制与传播更加便捷,这也削弱了知识产权权利人对其智力成果的垄断与控制,若每项知识的使用都必须经过权利人许可,既无法完全实现也无法使网络发挥其真正的作用,甚至可能阻碍其发展,因此,应当对权利人的专有性进行适当的弱化。另外,在网络的传播中,知识产权的自身价值在这种"共享"中不断扩大,适当的放松对知识产权专有性的控制能起到提升知识产权价值的目的。

2. 地域性淡化

互联网不同于传统的领海、领空、领土等,因此也将其称为"第五空间"。但是,知识产权属于每个国家行使其国家主权而各自制定的国内法,并且只有在其依法产生的区域内有效,所以互联网的无国界性使得知识产权在传统上的国界概念被打破,在这"第五空间"中,权利的产生地、侵权行为的发生地和侵权结果的发生地往往都不一致,国与国之间侵权行为的产生只有"一键之隔"。由于互联网知识产权地域性的淡化,也对处理世界范围内的知识产权纠纷提出了挑战,各国也因此加速了知识产权保护国际化标准的制定。

3. 时间性缩短

知识产权时间性的长短要根据该智力成果的成本回收周期与社会综合利益与技术进步的速度来平衡确定,既要保证权利人能够在较为充足的时间内将其智力成果的投入成本收回,又要让该智力成果能够无偿地奉献社会,推动社会进步与发展。在互联网经济背景下,

---

[1] 许子薇. 网络经济时代知识产权的保护[D]. 吉林大学,2008.
[2] 龚红卫. 网络知识产权的刑事法保护——以其对传统知识产权的特征变异为视角[J]. 特区经济,2011(12):256-258.
[3] 许子薇. 网络经济时代知识产权的保护[D]. 吉林大学,2008.

信息传播的速度更快、范围更广,一方面使得知识产权的无形损耗加大,另一方面也使得知识产权所有人能够更快地发布和传播其智力成果,提高知名度,从而使其能够在更短的时间内收回其投入成本,并获得更高的投资收益,因此,对支持产权的保护期限也应基于利益平衡原则适当缩短。

二、互联网经济下我国知识产权侵权的主要形式及原因分析

互联网的开放性、连通性、共享性为人们获取知识提供了便利,但同时也使得网络知识产权侵权问题层出不穷,由于其成本低、范围广、隐蔽性强的特点,更不容易进行有效规制。本节我们将首先对网络知识产权侵权的主要形式进行分析,并在此基础上分析我国网络知识产权侵权现象严重的主要原因。

(一)我国网络知识产权侵权的主要形式

对于网络知识产权的侵权主要指利用互联网对他人的知识产权进行侵犯,或直接对完全依附于物联网的知识产权进行侵犯的违法行为。目前,存在的网络侵权主要可分为对个人和组织知识产权的侵害、对社会公众利益的侵害和对国家利益的侵害三个层面。侵权的形式主要有以下几种:(1)未经权利人许可将传统形式的著作权作品经过数字化转换,制作成网络多媒体或数据库后在网络上传播;(2)未经作品创造者许可将数字化作品上传到网络;(3)未经许可在网页中使用受到版权保护的图像或音乐;(4)未经许可擅自破解著作权人对其作品进行的技术保护措施;(5)未经允许转载或下载他人网络作品并用于商业目的。

网络服务商(internet service provider)是互联网产生与发展不可或缺的参与者,也是网络知识产权侵权的主要侵权主体和责任主体,除此之外,个人网络用户也可能成为侵权的责任主体。如果个人主体只是由于其个人爱好而下载网络作品,则并不构成侵权行为,但如果擅自对他人作品进行修改删减就构成侵权。

互联网经济下知识产权侵权也同样包括著作权、商标权和专利权。其中,著作权主要分为精神权利和经济权利,精神权利主要有发表权、署名权、修改权、保护作品完整权;经济权利主要有复制权、出租权、信息网络传播权等,商标权侵权的主要形式有域名侵权、元标记[①]、网络链接[②]、未经网站许可弹出广告等。

(二)我国网络知识产权侵权的原因分析

我国不论在网络规模、网民数量还是网络交易额上均居全球首位,所以虽然目前我国对知识产权的保护已有一系列立法,但现有网络知识产权保护制度仍严重滞后于互联网迅猛的发展态势,法律的灰色地带仍然很多,这就为网络知识产权侵权提供了可乘之机,法律的

---

① 位于源文件中的特殊代码,当事人若将商标放在网页元标记中,网络使用者会在使用搜索引擎时根据出现的商标找到该网站,而此网页并不是行为人自己的网页,行为人只是通过元标记让网络使用者通过别人的网页进入自己的网站。

② 把他人的商标、网站等使用到自己的网页上,使网络用户产生混淆,认为此链接内容与此网页的拥有者存在许可或直接关系。

不完善、针对性不强、界定模糊等不足是我国目前网络知识产权侵权行为产生的主要原因。例如,网络环境中产生的著作权纠纷类型十分复杂,对于侵权责任的认定仍存在一定争议,立法上的不够完善使得法官面对不同案件时就需要根据自身经验谨慎判断,这也使得许多侵权纠纷搁置许久。此外,在互联网经济下若对著作权进行全面的保护,会在一定程度上形成文化垄断,因此,如何平衡著作权人的权利和网络用户对著作权的合理使用权,这仍是一个悬而未决的问题。

三、互联网经济下知识产权保护对策

(一)国外知识产权保护相关措施

面对互联网经济的发展,发达国家在原有著作权法的基础上对其进行了修正和发展。1994年8月澳大利亚版权集中讨论工作组公布题为"不断变化的信息高速公路等新型通信环境中的版权"的报告;1995年7月19日欧洲共同体委员会拟定"信息社会的版权和有关权绿皮书",简称为"欧盟绿皮书";同年9月5日,美国信息基础设施专门工作组(IITF)下属的知识产权工作小组在绿皮书的基础上又公布了一份关于"知识产权和国家信息基础设施"的白皮书,该报告用一半以上篇幅对包括数字传输技术在内的数字技术对版权法的影响进行了讨论,并提出相关立法建议,但并未涉及信息网络内部运营与服务引起的著作权问题。

1996年12月20日,在世界知识产权组织主持下,120多个国家缔结了《世界知识产权组织版权条约》(WCT)和《世界知识产权组织表演和唱片条约》(WPPT),条约中对网上作品的传输行为进行了直接描述,表现出了网络环境下的权利融合与技术中立[①]。1998年10月,美国政府颁布《数字千年版权法》(简称 DMCA)。作为美国《数字千年版权法》中最具知名度和影响力的内容——"避风港制度",其立法初衷,是希望在以下两个利益诉求之间实现有机平衡:一是为信息服务行业提供明确的责任预期从而促进产业的持续繁荣,避免在线服务商因为用户的版权侵权行为承担潜在的、不可估量的赔偿负担;二是保护版权人的合法利益免受日益激增的、低门槛的网络侵权行为的威胁。从2015年开始,美国版权局应众议院司法委员会的要求,开启了对"避风港制度"长达5年的调研,收获了两种截然不同的意见:在线平台商认为"避风港制度"不仅促进了信息服务行业的繁荣,也满足了公众对于信息内容获取的需求;版权人则认为"避风港制度"并没有实现对网络版权侵权的有效打击,平台虽然依据"侵权通知"移除了特定的侵权内容,但却放任新的侵权内容再次被发布和传播。在前期调研的基础上,美国版权局作出了对于"避风港制度"的评估结论:国会通过"避风港制度"希望实现的立法平衡目标实际已经失效,需要对"避风港制度"进行修订。美国版权局向国会提出了以下修订建议:一是需要回应不断出现的新型在线服务商的侵权责任判定问题;二是需要明确对反复侵权行为的惩戒规则;三是需要明确对在线服务商"知道标准"的判定。

---

① 杨强. 网络时代版权保护法律问题研究[D]. 中国政法大学, 2001.

（二）我国知识产权保护的创新探索

为了在网络经济下能够有效地保护知识产权，并且正确审理和把握涉及计算机网络的著作权纠纷案件，我国最高人民法院依据《民法通则》《著作权法》和《民事诉讼法》等法律，发布了《最高人民法院关于审理涉及计算机网络著作权纠纷案件适用法律若干问题的解释》（2000年11月22日最高人民法院审判委员会第114次会议通过），对网络著作权进行了规范①，并在其第2条中写明"受著作权法保护的作品，包括著作权法第三条规定的各类作品的数字化形式"。在网络环境下无法归于著作权法第3条列举的作品范围，但在文学、艺术和科学领域内具有独创性并能以某种有形形式复制的其他智力创作成果，人民法院应当予以保护②。2001年，我国《著作权法》进行第一次修订，并在参照WCT和WPPT相关规定的基础上，在作品新的传播形式中增加了信息网络传播权。关于计算机软件的保护，我国1991年就根据1990年的《著作权法》中第58条要求颁布了《计算机软件保护条例》，并在2001年对其进行了修正。2020年11月11日，中华人民共和国第十三届全国人民代表大会常务委员会第二十三次会议通过《全国人民代表大会常务委员会关于修改〈中华人民共和国著作权法〉的决定》，自2021年6月1日起施行。新著作权法在作品类型中以视听作品代替原有的电影和类电作品，从而可以涵盖更多类型的视听内容，不再拘泥于作品本身创作的手段和技术，很好地回应了网络媒体平台产业发展的需求。

网络的发展离不开ISP提供的服务，它们是网络信息传播的枢纽，在网络发展中起着至关重要的作用。我国《侵权责任法》中规定："网络服务提供者知道网络用户利用其网络服务侵害他人民事权益，未采取必要措施的，与该网络用户承担连带责任。"③这一条同样适用于知识产权侵权情形中，所以在实践中要对善意的网络服务商进行准确的判定，对于知道在自己提供的网站上发生侵权行为而不制止的要承担连带责任。

除了对网络知识产权的法律保护措施外，还有技术保护措施，主要有以下几种：（1）反复制设备，即阻止复制作品的设备，在它的支持下系统可以阻止用户进行某些被限制的行为；（2）电子版权管理系统，可识别作者的身份，通过加密对作品进行保护的同时又可以像电子契约一样与使用者进行交易，并收取使用对价；（3）电子水印、数字签名和数字指纹技术，可识别作品及版权人，鉴定作品真伪；（4）追踪系统，即确保数字化作品始终处于版权人控制之下，并且只有在版权人授权后方可使用软件；（5）标准系统，即按地区设定不同的标准以避免对版权作品的侵权行为④。

拓展阅读 11.2

著作权法修改，时事新闻作品纳入著作权法保护

---

① 苏灵麒. 论知识产权对网络经济发展的作用[J]. 网络法律评论，2001(00)：234-245.
② 张海红. 网络环境中知识产权侵权问题研究[D]. 青海民族大学，2014.
③ 《侵权责任法》第36条第3款。
④ 郭卫华. 网络中的法律问题及其对策[M]. 北京：法律出版社，2001.

【本章小结】

健康有序的互联网经济发展离不开国家、政府以及该国公民的用心维护。各国为加强网络生态治理,维护良好网络秩序,打造风清气正的互联网空间制定了系列治理办法,如美国的《互联网免税法》、日本的《高度信息网络社会形成基本法》、中国的《中华人民共和国计算机信息系统安全保护条例》等,保障互联网经济的健康发展。我国《反垄断法》的推出规范了我国市场行为,大大保护了市场中主体的合理竞争,同时促进了互联网产业的市场效率。知识经济时代下的知识产权问题日益显现,如何避免侵权与保护是需要认真思考的问题。

【思考题】

1. 知识产权的分类与特征分别有哪些?
2. 思考互联网经济中垄断行为对社会经济发展的影响。
3. 互联网时代数据收集与隐私的两难问题是什么?我们应该怎么做?
4. 通过查阅资料,探讨迪士尼对知识产权进行保护的措施。

【案例分析】

央视国际网络有限公司与上海全土豆文化传播有限公司侵害作品信息网络传播权纠纷案

2012年5月,《舌尖上的中国》第一季在CCTV1《魅力记录》栏目首次播出。作为由中央电视台摄制的一部大型美食类纪录片,播出后收受社会大众喜爱,反响热烈,享有较高知名度。中央电视台此后将该节目的著作权授予央视国际网络有限公司。然而,节目播放近一周左右的时间,在土豆网上便也能搜索到该片的播放链接。

此后,央视国际在向公证机关申请证据保全后,将上海全土豆文化传播有限公司(经营土豆网)告上法庭。2012年5月23日,上海市静安公证处应原告申请,对上海全土豆文化传播有限公司在其经营的网站"土豆网"(网址www.tudou.com)上提供涉案节目的在线点播服务的行为进行了公证。原告认为,土豆网未经许可,在涉案节目热播期内提供在线点播服务,严重侵犯其合法权益,给原告造成了重大经济损失,故诉至法院,请求判令被告赔偿经济损失80万元及为调查取证所支付的合理费用5万元。

经法院取证审理,判定涉案作品是我国著作权法规定的类似电影摄制方法创作的作品,应受著作权法保护。上海全土豆公司未经授权于作品热播期内在其经营的网站上提供涉案作品的在线点播服务,是典型的侵犯作品信息网络传播权的行为,应该承担相应的侵权责任。虽然上海全土豆公司辩称其提供存储空间服务,涉案作品系网友上传,但就该主张未提供证据证明;且有关实际上传者的信息属于其自行掌控和管理范围之内,理应由其举证,其自行删除原始数据导致该节事实无法查明,应对此承担不利后果。据此判决全土豆公司赔偿央视网络公司经济损失24万元,合理费用8000元。

该案是典型的互联网中侵犯作品信息网络传播权纠纷的案例。涉案作品体现了较高程度的独创性,享有较高的社会知名度。作为专业视频分享网站的土豆网是影响力较大的专业网络服务提供者,其在涉案作品热播期就擅自传播涉案作品,且侵权行为持续的时间较长,给权利人造成了较大的经济损失。在确定法定赔偿金额的时候,法院充分考虑了涉案作品的类型、社会知名度、侵权行为的性质以及侵权网站的经营规模、经营模式、影响力等因素,判决了共计 248 000 元的赔偿金额,不仅有利于弥补权利人的经济损失,并促使各互联网视频提供者的自律和行业管理,也顺应了依法加强互联网知识产权保护的趋势,对日益多发的互联网视频侵权的案件有警示作用。

资料来源:http://www.ciplawyer.cn/article1.asp?articleid=13514.

根据上述案例内容,思考以下问题:

1. 文化作品在网络传播中应该如何保障权益?
2. 互联网经济下,网络作品侵权的动因是什么?
3. 为维护互联网安全,公民应该怎样做?

参 考 文 献

[1] Ho C C, Tseng S F. From digital divide to digital inequality: the global perspective[J]. International Journal of Internet & Enterprise Management, 2006, 4(3): 215-227.

[2] Gao Y, Zang L, Sun J. Does Computer Penetration Increase Farmers' Income? An Empirical Study from China[J]. Telecommunications Policy, 2018, 42(5): 345-360.

[3] Dupor B, Liu W F. Jealousy and Equilibrium over Consumption[J]. American Economic Review, 2003 (3): 423-430.

[4] Wendner R. Will the consumption Externalities' effects in the Ramsey model please stand up? [J]. Economics Letters, 2011(2): 210-221.

[5] Areeda P, Turner D F. Predatory Pricing and Related Practices under Section 2 of the Sherman Act [J]. Harvard Law Review, 1975, 88(4): 697-733.

[6] Ross, Catherine E. and John Mirowsky. Sex Differences in the Effect of Education on Depression: Resource Multiplication or Resource Substitution? [J]. Social Science & Medicine, 2006, 63(5): 1400-1413.

[7] Ram, Rati. Educational expansion and schooling inequality: International evidence and some implications[J]. The Review of Economics and Statistics, 1990: 266-274.

[8] Hovenkamp H. The Areeda-Turner Test for Exclusionary Pricing: A Critical Journal[J]. Review of Industrial Organization, 2015, 46(3): 1-20.

[9] Edlin A S. Stopping Above-Cost Predatory Pricing[J]. Yale Law Journal, 2002, 111(4): 941-991.

[10] Belzil, Christian, and Jörgen Hansen. Unobserved ability and the return to schooling [J]. Econometrica, 2002, 70(5): 2075-2091.

[11] Sean Bechhofer, Andreas Harth. The Semantic Web Challenge 2014. 2015 [M]. Journal of Web Semantics, 35: 141-141.

[12] 曹燕青,郑会颂. 网络媒体的经济外部性问题探讨[J]. 南京邮电大学学报(社会科学版), 2006, (01): 45-50+61.

[13] 荆文君,何毅,刘航. 中国互联网经济与互联网经济学20年: 1998—2018[J]. 山西财经大学学报, 2020, 42(05): 46-60.

[14] 方兴东,钟祥铭,彭筱军. 全球互联网50年: 发展阶段与演进逻辑[J]. 新闻记者, 2019(07): 4-25.

[15] 刘泰致,许学军. 互联网垄断性的经济学分析[J]. 科技和产业, 2017, 17(04): 94-98.

[16] 汪婷婷,康蓉. 新经济时代企业价值网络竞争优势形成机制及锁定效应研究[J/OL]. 管理学刊, 2016, 29(03): 35-40.

[17] 李凌. 平台经济发展与政府管制模式变革[J]. 经济学家, 2015(07): 27-34.

[18] 周正,陈飞. 网络经济自然垄断的存在性分析[J]. 对外经贸, 2015(02): 42-43+51.

[19] 姜浩端. 信息爆炸时代的信息稀缺[J]. 新经济导刊, 2014(10): 5.

[20] 郑耀群. 路径依赖与产业集群演进中的制度锁定效应研究[J]. 商业时代, 2012(05): 109-110.

[21] 李明,王云美,司春林. 网络经济下锁定效应的经济学本质及成因研究——基于非转移成本的视角[J]. 上海管理科学, 2009, 31(05): 14-19.

[22] 纪汉霖,管锡展. 双边市场及其定价策略研究[J]. 外国经济与管理, 2006(03): 15-23.

[23] 何艳. 网络经济的正反馈效应[J]. 商业研究, 2004(18): 173-174.

[24] 吕本富.强者越强弱者越弱——谈网络经济的正反馈原理[J].互联网天地,2004(03):79-80.

[25] 陈耀刚,姜彦福.美国网络经济研究现状及趋势[J].经济学动态,2000(12):64-68.

[26] 韩耀,刘宁,庄尚文.网络经济背景下的市场均衡[J].产业经济研究,2007(04):53-56.

[27] 郝国彩,武志博.网络外部不经济及其对实现预期需求曲线的影响[J].经济与管理评论,2014,30(06):11-17.

[28] 张林兰,彭显琪.基于消费者偏好的数字产品供应链最优策略[J].统计与决策,2017(23):49-51.

[29] 杨锁强,沈晶晶,程少川.数字产品的动态成本与效用集成定价模型[J].情报杂志,2005(04):2-4+7.

[30] 芮廷先.网络经济学[M].上海:上海财经大学出版社,2017:1-301.

[31] 傅瑜,隋广军,赵子乐.单寡头竞争性垄断:新型市场结构理论构建——基于互联网平台企业的考察[J].中国工业经济,2014(01):140-152.

[32] 张益群,高丛,吕廷杰.中国电子商务第三方支付市场的单寡头竞争性垄断市场结构实证研究[J].商业经济研究,2018(01):83-86.

[33] 陈楚庭,王学真.数字经济视阈下企业组织形态和劳动关系新变化及工会应对策略[J].山东工会论坛,2020,26(02):26-32.

[34] 张曙.工业4.0和智能制造[J].机械设计与制造工程,2014,43(08):1-5.

[35] 周大鹏.制造业服务化对产业转型升级的影响[J].世界经济研究,2013(09):17-22+48+87.

[36] 彭剑锋.互联网时代的人力资源管理新思维[J].中国人力资源开发,2014(16):6-9.

[37] 韩沐野.传统科层制组织向平台型组织转型的演进路径研究——以海尔平台化变革为案例[J].中国人力资源开发,2017(03):114-120.

[38] 毕马威,阿里研究院.从工业革命到决策革命——通向智能制造的转型之路[R].2019.

[39] 韩长根,张力.互联网普及对于城乡收入分配的影响——基于我国省际面板数据的系统GMM分析[J].经济问题探索,2017(08):18-27.

[40] 华昱.互联网使用的收入增长效应:理论机理与实证检验[J].江海学刊,2018(03):219-224.

[41] 赵伟,赵嘉华.互联网应用与我国技术进步的要素偏向[J].浙江社会科学,2019,000(007):4-13.

[42] 陈步青.心理学视域下的网络非理性消费行为探析[J].心理技术与应用,2017,5(05):308-317.

[43] 吴卓群.平台经济的特点、现状及经验分析[J].竞争情报,2014(02):42-52.

[44] 贺宏朝."平台经济"下的博弈[J].企业研究,2004(12):20-24.

[45] 崔晓明,姚凯,胡君辰.交易成本、网络价值与平台创新——基于38个平台实践案例的质性分析[J].研究与发展管理,2014,26(03):22-31.

[46] 叶秀敏.平台经济的特点分析[J].河北师范大学学报(哲学社会科学版),2016,39(02):114-120.

[47] 郑联盛.中国互联网金融:模式、影响、本质与风险[J].国际经济评论,2014(05):103-118+6.

[48] 龚明华.互联网金融:特点、影响与风险防范[J].新金融,2014(02):8-10.

[49] 王天捷,张贻瑆.基于互联网金融模式的中小企业融资问题研究[J].中国市场,2013(45):134-136.

[50] 陶娅娜.互联网金融发展研究[J].金融发展评论,2013(11):58-73.

[51] 谢清河.我国互联网金融发展问题研究[J].经济研究参考,2013(49):29-36.

[52] 黄海龙.基于以电商平台为核心的互联网金融研究[J].上海金融,2013(08):18-23+116.

[53] 中共中央马克思恩格斯列宁斯大林著作编译局.马克思恩格斯选集(第三卷)[M].北京:人民出版社,1995:304.

[54] 马歇尔著,廉运杰译.经济学原理[M].北京:华夏出版社,2005.

[55] 卡尔·夏皮罗,哈尔·瓦里安著,张帆译.信息规则:互联网经济的策略指导[M].北京:中国人民大学出版社,2000:103.

[56] 克拉克著,陈福生等译.财富的分配[M].北京:商务印书馆,1959.

[57] 约瑟夫·阿洛伊斯·熊彼特. 叶华,译. 经济发展理论：对利润资本信贷利息和经济周期的探究[M]. 北京：九州出版社, 2007.

[58] 黄岚,王喆. 电子商务概论[M]. 北京：机械工业出版社, 2016：5-7,13.

[59] 邢苗条,刘红梅. 电子商务概论[M]. 北京：电子工业出版社, 2019：3-12.

[60] 仝新顺,王初建,于博. 电子商务概论[M]. 北京：清华大学出版社, 2017：2-8.

[61] 胡春. 网络经济学[M]. 北京：清华大学出版社, 2010.

[62] 张铭洪. 网络经济学教程[M]. 北京：科学出版社, 2010.

[63] 高鸿业. 西方经济学. 微观部分(第五版)[M]. 北京：中国人民大学出版社, 2019.

[64] 戴龙. 滥用市场支配地位的规制研究[M]. 北京：中国人民大学出版社, 2012.

[65] 胡志兵. 网络效应判定准则及相关概念辨析//中国通信学会. 通信发展战略与管理创新学术研讨会论文集[C]. 中国通信学会：中国通信学会, 2006：496-501.

[66] 陈飞. 网络经济自然垄断存在性及市场规制研究[D]. 哈尔滨商业大学, 2015.

[67] 陆敬文. 双边市场条件下互联网产业相关市场的界定[D]. 扬州大学, 2016.

[68] 闫德利. 数字化的知识和信息成为新的生产要素[N]. 人民邮电, 2017-07-07(008).

[69] 2019年中国社交电商行业研究报告[R]. 艾瑞网, 2019(7).

[70] 2020年中国视频内容电商行业白皮书[R]. 艾瑞网, 2020(9).

[71] 2020社交电商发展报告[R]. 亿邦智库, 2020(9).

[72] 2020数字化医疗洞察报告[R]. 波士顿咨询, 2020(7).

[73] 2020年上半年度中国移动医疗市场研究报告[R]. 比达咨询, 2020(9).

[74] 从工业革命到决策革命——通向智能制造的转型之路[R]. 毕马威&阿里研究院, 2019.

[75] 朱开鑫. "避风港制度"该何去何从[N]. 中国新闻出版广电报, 2020-07-02(007).

[76] 唐亚南. 新著作权法视角下的知识产权保护[N]. 人民法院报, 2021-04-22(005).

教学支持说明

▶▶ 课件申请

尊敬的老师：

您好！感谢您选用清华大学出版社的教材！为更好地服务教学，我们为采用本书作为教材的老师提供教学辅助资源。该部分资源仅提供给授课教师使用，请您直接用手机扫描下方二维码完成认证及申请。

任课教师扫描二维码
可获取教学辅助资源

▶▶ 样书申请

为方便教师选用教材，我们为您提供免费赠送样书服务。授课教师扫描下方二维码即可获取清华大学出版社教材电子书目。在线填写个人信息，经审核认证后即可获取所选教材。我们会第一时间为您寄送样书。

任课教师扫描二维码
可获取教材电子书目

 清华大学出版社

E-mail: tupfuwu@163.com	网址：http://www.tup.com.cn/
电话：010-83470332 / 83470142	传真：8610-83470107
地址：北京市海淀区双清路学研大厦B座509室	邮编：100084